"一带一路"系列丛书

国家出版基金项目
NATIONAL PUBLICATION FOUNDATION

GZC 高校主题出版
GAOXIAO ZHUTI CHUBAN

"一带一路"国别概览

俄罗斯

李向阳　总主编

姜振军　编著　　傅全章　审定

大连海事大学出版社

ⓒ 姜振军　2018

图书在版编目(CIP)数据

俄罗斯 / 姜振军编著. — 大连：大连海事大学出
版社，2018.11

("一带一路"国别概览 / 李向阳总主编)
国家出版基金项目
ISBN 978-7-5632-3743-2

Ⅰ.①俄… Ⅱ.①姜… Ⅲ.①俄罗斯-概况 Ⅳ.
①K951.2

中国版本图书馆CIP数据核字(2018)第273287号

大连海事大学出版社出版

地址：大连市凌海路1号　邮编：116026　电话：0411-84728394　传真：0411-84727996
http://www.dmupress.com　E-mail:cbs@dmupress.com

大连海大印刷有限公司印装　　　　　　　　　　大连海事大学出版社发行

2018年11月第1版　　　　　　　　　　　　2018年11月第1次印刷
幅面尺寸：155 mm×235 mm　　　　　　　　　　　印数：1～3000册
印张：14.25　　　　　　　　　　　　　　　　　字数：211千

出　版　人：徐华东　　　　　　　　　　　　　项目策划：徐华东
责任编辑：孙夏君　董洪英　　　　　　　　　　责任校对：王　琴
装帧设计：孟　冀　解瑶瑶　张爱妮

ISBN 978-7-5632-3743-2　　　　　　　　　　定价：71.00元

"一带一路"国别概览

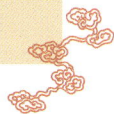

丛书编委会

总序

2013 年秋，国家主席习近平在哈萨克斯坦和印度尼西亚出访期间，先后提出共建"丝绸之路经济带"和"21 世纪海上丝绸之路"的倡议，倡导共商、共建、共享理念，得到国际社会广泛关注和积极响应。"一带一路"倡议旨在积极发展与沿线国家的经济合作伙伴关系，共同打造政治互信、经济融合、文化包容的利益共同体、命运共同体和责任共同体。

"一带一路"倡议源自中国，更属于世界，它面向全球、陆海兼具、目的明确、路径清晰、参与方众、反响热烈。五年间，"一带一路"倡议从理念转化为行动，从愿景转变为现实，在顶层设计、政策沟通、设施联通、贸易畅通、资金融通、民心相通等方面都取得了显著的成果，为实现世界共同发展繁荣注入推动力量、增添不竭动力。目前，我国已与 100 多个国家和国际组织签署了共建"一带一路"合作文件。共建"一带一路"倡议及其核心理念被纳入联合国、二十国集团、亚太经合组织、上合组织等重要国际组织成果文件。

"一带一路"沿线国家地理地貌、风俗人情、经济发展、投资环境各不相同，极有必要对其进行系统的介绍和分析。此外，目前针对"一带一路"沿线国家的研究仍不够深入，缺少系统、整体的研究资料。大连海事大学出版社组织策划的"'一带一路'国别概览"丛书（首批 65 卷）适逢"一带一路"倡议提出五年后下一个阶段深入推进的需要之时，也填补了国内系统地介绍"一带一路"沿线国家国情的学术专著的空白，获得了国家出版基金项目资助，并入选教育部全国高校出版社主题出版选题。

"'一带一路'国别概览"丛书（首批 65 卷）联合中国社会科学院、北京大学、山东大学、宁夏大学、广西民族大学、上海对外经贸大学、黑龙江大学等多家高校及研究机构编写，并组织驻"一带一路"沿线 65 个国家的前大使对相关书稿进行审定。本套丛书不仅涵盖了各国地理、简史、政治、军事、文化、社会、外交、经济等方面的内容，突出了各国与丝绸之路或海上丝绸之路的历史渊源，力争为读者提供全景式的国情介绍，还从"一带一路"政策出发，引用实际案例详细阐述了中国与各国贸易情况及各国的投资环境，旨在为"一带一路"的推进提供强大的智力支持，加快科技成果转化，促进合作人才培养，帮助我国"走出去"的企业有效地防控风险，从而全方位地助推"一带一路"建设。

"'一带一路'国别概览"丛书（首批65卷）的顺利出版得益于大连海事大学出版社的精心策划和组织，也凝聚着百余位相关领域专家学者的心血，在此深表感谢。

国家主席习近平曾深情地说："'一带一路'建设承载着我们对美好生活的向往，将把每个国家、每个百姓的梦想凝结为共同愿望，让理想变为现实，让人民幸福安康。"我们也希望本套丛书可以为"一带一路"建设架起一座沟通的桥梁，推动"一带一路"倡议在沿线国家向更深远和平稳的方向发展。

"'一带一路'国别概览"丛书编委会
2018年6月

前言

俄罗斯是中国重要的邻国之一，中俄建立了全面战略协作伙伴关系，两国关系达到了历史最好水平。在推进"一带一路"倡议，尤其是落实《中华人民共和国与俄罗斯联邦关于丝绸之路经济带建设和欧亚经济联盟建设对接合作的联合声明》《建设中蒙俄经济走廊规划纲要》的过程中，俄罗斯发挥着重要的作用。中俄两国和区域间要素禀赋互补性强，具有推进和完善"政策沟通、设施联通、贸易畅通、资金融通和民心相通"的良好现实条件。

随着"一带一路"建设的稳步推进，人们对于加深了解沿线国家的愿望日益增强。俄罗斯是古代丝绸之路和今天陆上丝绸之路上的重要国家之一，对于联通中国与欧洲国家的往来发挥过且发挥着重要的桥梁作用。我们加强对俄罗斯政治、经济、军事、外交、历史、文化、社会等方面的研究，旨在让开展对俄合作的各界人士更加全面、系统、深入地了解俄罗斯国情，并为我国各级政府部门、企事业单位和个人在与俄罗斯沟通、交流与合作时提供参考。

本书由教育部人文社会科学重点研究基地黑龙江大学俄罗斯语言文学与文化研究中心研究员姜振军组织编写，为教育部人文社会科学重点研究基地重大项目"'一带一路'框架下中俄合作机制、模式与路径研究"（项目编号：17JJDGJW004）的阶段性成果，同时被纳入教育部人文社会科学重点研究基地黑龙江大学俄罗斯语言文学与文化研究中心"俄罗斯百年文库"丛书。

在写作过程中，由于中外文文献资料的局限，对有些问题的论述尚不够全面、系统，有些数据资料没有形成完整的体系，但我们尽可能地对其发展走势做出较为切合实际的判断。另外，有些问题仅仅找到了有关学者的研究成果和电子文献资料，但是有些数据通过各种途径和方法都搜集不到，我们不得不在文中"过度"引用，并加以说明和注释，以尊重原作者的著作权，在此表示衷心的感谢。同时，也向其他对我们研究提供帮助的有关专家、学者致以真诚的谢意。

由于本人的知识水平有限和时间仓促，本书可能存在许多欠缺之处，恳请有识之士不吝赐教，以推动相关领域研究深入发展，也恳请读者批评指正。

编　者
2018年6月

目 录

上篇

第一章　地理

俄罗斯地缘政治环境独特，是一个地跨欧、亚两大洲的国家，处于欧亚大陆的核心地带，交通四通八达，拥有较为优越的自然地理环境。俄罗斯地势地貌、气候复杂多样，大部分地区冬季和夏季温差较大。俄罗斯地形总体呈现出西低东高、北低南高的特点。俄罗斯自然资源丰富，其总价值位列世界第一。俄罗斯是世界上淡水资源保障最好的国家之一，拥有世界最大的淡水储备量，但水资源分布不均衡。俄罗斯联邦行政区划比较复杂，83个联邦主体是最基本的行政单位，联邦主体又被划分为8大联邦区，并在各联邦区派驻总统全权代表。

第一节　地理位置

俄罗斯地理位置独特，占据欧洲东部和亚洲北部，是一个地跨欧亚大陆的国家。

领土的大小是一个国家重要的地理特征。俄罗斯是世界上疆域最大的国家，领土面积为1 707.54万平方千米。俄罗斯领土约占据欧亚大陆面积的1/3，其中占欧洲面积的42%，亚洲面积的29%。俄罗斯从东到西长9 000千米，横跨11个时区；南北最长为4 000千米。边界线总长度为60 932.8千米，其中陆界为14 509.3千米，海界为33 807千米，江河界为7 141千米，湖泊界为475千米。

俄罗斯北临北冰洋的巴伦支海、白海、喀拉海、拉普捷夫海、东西伯利亚海、楚科奇海；东临太平洋的白令海、鄂霍次克海、日本海；西濒大西洋的波罗的海；南临黑海和亚速海。

俄罗斯与挪威、芬兰、爱沙尼亚、拉脱维亚、立陶宛、波兰、白俄罗斯、乌克兰、格鲁吉亚、阿塞拜疆、哈萨克斯坦、蒙古国、中国和朝鲜等14个国家接壤。

第二节　气候

从地理位置来看，俄罗斯领土基本处于中纬度和高纬度，气候复杂多样，温差普遍较大。俄罗斯主要位于3个气候带：寒带、亚寒带和温带，黑海地区处于亚热带。北冰洋沿岸及其岛屿和北部地区为寒带大陆性气候，夏季会出现壮美的极昼景观。俄罗斯大部分地区位于温带，温带包括4种气候类型：温和的大陆性气候（俄罗斯欧洲部分）、大陆性气候（西西伯利亚）、显著大陆性气候（东西伯利亚、远东地区大部分）和季风性气候（远东地区东南部），以大陆性气候为主。俄罗斯最冷的地方是远东地区北部的有"北半球寒极"之称的奥伊米亚康，最低气温曾达–71 ℃。俄罗斯全年气温温差较大：1月份平均气温为–50~–1 ℃，7月份平均气温为1~25 ℃[1]。

俄罗斯年平均降水量为150~1000毫米，山区的降水量相对较多，平原降水较少。

俄罗斯年光照时间最长（2 500小时以上）的地方在外贝加尔南部，年光照时间最短（1 100小时以下）的地方在北极地区和千岛群岛。布里亚特共和国首府乌兰乌德是俄罗斯阳光最充足的城市，年光照时间达2 797小时，整个布里亚特共和国的年平均光照时间为2 524小时。

第三节　地势地貌

乌拉尔山脉将俄罗斯国土分为东、西两部分。该山脉以西以平原和低地为主，以东多为高原和山地。俄罗斯总体地形呈现西低东高的特征。俄罗斯有东欧平原（俄罗斯平原）和西西伯利亚平原两大平

---

[1]　Россия.https://ru.wikipedia.org/wiki/。

原；主要高原和山地有中西伯利亚高原、南西伯利亚山地、东西伯利亚山地和远东山地；主要山脉有阿尔泰山脉、萨彦岭、斯塔诺夫山脉（外兴安岭）、上扬斯克山脉、切尔斯基山脉、锡霍特山脉、朱格朱尔山脉等。乌拉尔山脉、大高加索山脉是欧亚分界线的一部分，大高加索山脉同时也是俄罗斯与格鲁吉亚和阿塞拜疆的界山。

第四节　地质

从地壳的构造来看，一个国家地形的最大特征是由其地质结构和构造特征所决定的。俄罗斯地跨欧亚大陆板块，主要由地台、地盾和褶皱带等大型地质构造组成，其形成原因为大岩石圈板块及其组成部分的逐渐接近和碰撞。在现代地形地貌上表现为山脉、低地和高地等各种形式。

俄罗斯境内有两种前寒武纪地台——东欧地台（俄罗斯地台）和西伯利亚地台。在东欧地台西半部有波罗的海地盾；西伯利亚地台包括阿尔丹地盾和阿拉巴尔地盾。在东欧地台，分布着俄罗斯板块，板块上分布着东欧平原；在西伯利亚地台分布着勒拿–叶尼塞板块，板块上分布着中西伯利亚高原。

俄罗斯的地质演变经历了漫长的过程。7亿~5.2亿年前，贝加尔和раннекаледонской褶皱区形成了贝加尔沿岸和外贝加尔地区、东萨彦岭、图瓦、叶尼塞河与季曼河的连绵山脉。4.6亿~4亿年前，褶皱区形成了西萨彦岭、阿尔泰山。3亿~2.3亿年前海西褶皱形成了乌拉尔山脉。1.6亿~0.7亿年前，中生代褶皱形成了东北俄罗斯、锡霍特山脉。0.3亿年至今，新生代褶皱形成了高加索、科里亚克高地、堪察加半岛、萨哈林岛（库页岛）、千岛群岛。

火山间歇泉、从陨石坑和裂缝中排放的气体以及活跃的地震及其引起的海水震动证明了强大的造山运动和欧亚大陆板块的漂移仍在持续。

在地壳下沉时期，陆地被海水覆盖，物质开始沉积成岩，形成了年轻的地台如西西伯利亚地台、伯朝拉地台，这些地台都有褶皱基底。西西伯利亚板块上分布着西西伯利亚低地，伯朝拉板块分布着伯朝拉低地，西徐亚板块分布着北高加索平原。局部地壳出现抬升，形成山脉和南西伯利亚高原、东北西伯利亚高原、远东南部高原、乌拉尔高原和泰米尔高原。

第五节   水文 [①]

    俄罗斯是世界淡水资源保障最好的国家之一，拥有世界最大的淡水储量。从淡水地表水储量来看，俄罗斯占据世界第一位；多年平均河川径流资源为4 270米/年（约占世界径流的11%），位居巴西之后，排在第二位。俄罗斯84%的地表水集中在乌拉尔山脉以东，因此欧洲部分水资源不足。从经济角度看俄罗斯基本水源的地域分布不合理：水资源绝大部分分布在俄罗斯的欧洲部分北部、西伯利亚地区和远东地区，而在这些地区生活的居民人数仅占俄罗斯总人口的1/5，工业企业和农业活动较少。

1. 河流

    俄罗斯境内河流纵横交错，有200多万条河流，河流总长度为900多万千米。大部分长度在100千米以下，径流量占其河流总径流量的50%；长度在500千米以上的大河流大约有200条；只有50多条河流长度在1 000千米以上。

    鄂毕河注入喀拉海，长度为5 410千米，河流长度在俄罗斯排第一位；阿穆尔河（中国称黑龙江）注入鄂霍次克海，长度为4 440千米，排第二位；勒拿河注入拉普捷夫海，长度为4 400千米，排第三位；叶尼塞河注入喀拉海，长度为4 130千米，排第四位；伏尔加河注入里海，全长3 690千米，排第五位，是欧洲最长也是水量最丰富的河流，享有"俄罗斯的母亲河"之美誉。

2. 湖泊

    俄罗斯湖泊星罗棋布，有6个世界著名的湖泊，面积都在3 000平方千米以上。

    贝加尔湖是世界上最深的淡水湖，最深处达1 620米，蓄水量占世

---

①   Гидрография России. https://knowledge.allbest.ru/geography/3c0b65625b3bd69a4c53a88421206d36_0.html。

界淡水储量的1/5，面积为3.15万平方千米，有336条河流的丰沛河水注入湖中。贝加尔湖风光旖旎，是世界著名的旅游休闲胜地，且渔产丰富。

里海是俄罗斯与哈萨克斯坦、土库曼斯坦、伊朗和阿塞拜疆的界湖，是世界上面积最大的内陆咸水湖，面积为37.1万平方千米，蕴藏着丰富的油气资源、鱼类资源。世界著名的鲟鱼及其鱼子就产自里海。

拉多加湖是欧洲第一大湖，面积为1.84万平方千米，鱼类资源丰富。

兴凯湖是中俄界湖，面积为0.438万平方千米，北部属中国，南部属俄罗斯，其名字意为"兴隆凯宁之湖"。兴凯湖鱼类资源丰富，大白鱼尤其出名。

奥涅加湖是欧洲第二大湖，面积为0.972万平方千米，从该湖可通往白海、波罗的海和伏尔加河，货轮可由此直达欧洲邻近国家。

泰梅尔湖属于淡水湖，面积为0.456万平方千米，处于北极地区，封冻时间较长。

3. 近海

俄罗斯共有12个近海，太平洋有3个，大西洋有3个，北冰洋有6个。

白令海是亚洲大陆和北美洲大陆的分界线，面积为230.4万平方千米，是重要的北极航运通道节点。

鄂霍次克海面积为160.3万平方千米，毗邻俄罗斯远东地区、萨哈林岛、堪察加半岛、千岛群岛和日本的北海道岛，鱼类资源十分丰富，是俄罗斯重要的捕鱼区。

日本海面积为10.6万平方千米，毗邻俄罗斯、朝鲜和韩国，日本列岛和萨哈林岛、鄂霍次克海、东海和太平洋，是重要的国际海上航运通道。

波罗的海面积为41.9万平方千米，是俄罗斯进出大西洋的最便捷的水上通道，鱼类资源丰富。

黑海面积为42.2万平方千米，与刻赤海峡、亚速海、伊斯坦布尔海峡（博斯普鲁斯海峡）、恰纳卡莱海峡（达达尼尔海峡）和地中海相通，索契是俄罗斯在黑海的著名疗养胜地。

亚速海是世界上最浅的海，面积为3.9万平方千米，与刻赤海峡和黑海相通。

　　巴伦支海面积为140.5万平方千米，位于北极圈内，因有大西洋暖流经过，其西南部冬季不结冰，具有重要的航运和战略意义，是世界著名的水产品捕捞区。摩尔曼斯克是俄罗斯北极圈内的不冻港。

　　白海面积为9万平方千米，与里海、黑海、亚速海、巴伦支海和波罗的海连通，是俄罗斯北方重要的水上通道。

　　喀拉海面积为88.3万平方千米，因海水常年温度很低，有"冰袋"之称，鱼类资源丰富。

　　拉普捷夫海面积为66.2万平方千米，冰冻期长达9~11个月。

　　东西伯利亚海是俄罗斯北部最浅的海，面积为91.3万平方千米，一年中只有8月和9月可以通航。

　　楚科奇海面积为59.5万平方千米，经过白令海与太平洋相通。

第六节　自然资源

　　俄罗斯的自然资源非常丰富，总量居世界第一位。作为世界自然资源大国，俄罗斯自然资源的总价值约为28万亿美元，居世界首位。由俄罗斯科学院社会政治研究所2004年出版的《俄罗斯：复兴之路》报告称，俄罗斯是世界上唯一一个自然资源几乎能够完全自给的国家。俄罗斯矿产资源潜力尤其巨大，拥有量约占世界总量的37%。

一、矿产资源

（一）能源矿产

　　俄罗斯的石油、天然气和煤炭已探明储量分别占世界总储量的30%、21%和12%。俄罗斯是世界上石油、天然气、煤炭、核燃料和水力资源蕴藏最丰富、生产能力最大的国家之一。近些年来，石油和天然气在燃料动力平衡表中的地位不断上升，而煤炭排名已由20世纪40年代的第一位降到目前的第三位，位于石油和天然气之后，核能的增长很明显，电力生产也增长了6倍多[①]。

1. 石油

俄罗斯石油蕴藏量占世界石油总储量的14%。根据俄罗斯《2020年前能源发展战略》预测，俄罗斯的石油资源蕴藏量为440亿吨。中国海洋石油总公司的数据显示：俄罗斯已探明石油储量为800亿桶（约为106亿吨），占全球总储量的10%。

俄罗斯原油主要蕴藏在东部与北部地区，仅西西伯利亚和伏尔加-乌拉尔地区的原油储量就占全俄罗斯储量的3/4左右，其次为季曼-伯朝拉地区。俄罗斯的主要油田有西西伯利亚油田、伏尔加-乌拉尔油田和季曼-伯朝拉油田。除上述三大油田外，还有北高加索油田（年产1 000万吨左右）和萨哈林油田（年产250万吨左右）等。

2. 天然气

俄罗斯是世界上天然气资源最丰富、产量最多、消费量最大的国家，也是世界上天然气管道最长、出口量最多的国家，有"天然气王国"之美誉。俄罗斯天然气的已探明储量为48.14万亿立方米，占世界天然气总储量的38%~45%，年开采量在4 950亿~5 970亿立方米，占世界年开采总量的25%~27%[②]。据估计，俄罗斯尚未探明的天然气远景资源量为161.3万亿立方米，按照现在的开采水平可开采81~97年，如果按世界平均开采水平可开采66.7年。

俄罗斯的天然气蕴藏地主要分布在西西伯利亚地区，其已探明储量占全俄储量的4/5左右，其次为伏尔加-乌拉尔区、科米共和国、北高加索等地[③]。此外，东西伯利亚的雅库特、伏尔加-乌拉尔地区的奥伦堡、伏尔加河口的阿斯特拉罕和科米共和国的乌克特尔等，也是俄罗斯重要的天然气产地。

3. 煤炭

俄罗斯煤炭资源总地质储量为6万亿吨以上，其中焦煤占1/5，硬

[②]　《俄罗斯的主要工业部门》，http://www.n318.com/edu/freeja/rjbxjc/200605/edu_33869.html。

[②]　斯·日兹宁：《国际能源政治与外交》，上海：华东师范大学出版社，2005年，第22页。

[③]　《俄罗斯的主要工业部门》，http://www.n318.com/edu/freeja/cz/qinianji/rjbxjc/200605/.html。

煤和褐煤各占2/5。煤炭资源主要集中分布于北纬60°以北的亚洲地区，特大型的通古斯、勒拿、泰梅尔和济良煤田均位于此区，可是目前还没有条件开采，因此煤炭开采工业主要分布在北纬60°以南地区。乌拉尔以东地区的煤炭储量占全俄罗斯储量的9/10以上，煤炭产量占4/5，而消费量仅占1/5。俄罗斯80%以上的煤炭储量集中在西伯利亚，现有储量可保障动力煤年开采量达到15亿吨。俄罗斯煤炭已探明储量为5万亿吨，占世界煤炭总储量的12%，仅次于美国和中国，居世界第三位。俄罗斯拥有的硬煤储量占世界硬煤总储量的37%，居世界第一位，褐煤储量占世界褐煤总储量的6%，居世界第五位。俄罗斯现有156座竖井煤矿和82座露天煤矿。俄罗斯三大主要煤田有库兹巴斯煤田、坎斯克-阿钦斯克煤田、伯朝拉煤田。

俄罗斯煤炭具有储量大、品种全，资源与生产布局集中以及储、产、销之间分布不平衡等特点。储、产、销的分布不平衡，必然造成煤炭向欧洲地区大量远距离运输。

（二）金属矿产

俄罗斯金属矿产资源较为丰富。俄罗斯黄金储量与加拿大并列世界第四位，为3 500吨，排在前三位的是南非、美国和澳大利亚。2013年，俄罗斯黄金产量为248.8吨，居世界第三位；2014年增加到272吨，成为世界第二大黄金生产国，位列中国（2014年为465.7吨）之后，而2014年全球黄金总产量仅为3 109吨。俄罗斯白银储量居世界第一位，年平均产量为1 640吨。

从总储量和证实储量来看，俄罗斯的铁矿储量位居世界第一，达2 640亿吨，占世界已探明铁矿储量的26.9%。但其铁矿石较贫，铁含量为16%~32%（巴西、澳大利亚等国的铁矿石较富，铁含量高达55%~60%），矿物成分的特点是强度大和复合度高。

俄罗斯铜矿已探明储量为0.2亿吨，总储量为0.835亿吨，约占世界铜矿总储量的10%。俄罗斯铝土矿的表内储量超过4亿吨，但只有50%左右可进行商业开采。俄罗斯氧化铝的自给率约为50%，铝的年产量约为3 200万吨，居世界第三位，仅次于美国和中国。俄罗斯最大的4座炼铝厂都设在西伯利亚，其铝产量占俄罗斯总产量的80%左右。

俄罗斯铅已探明储量居世界第三位，为920万吨。布里亚特共和国的奥泽尔矿和霍洛德纳矿以及克拉斯诺亚尔斯克边疆区的戈列夫矿床3个最大的铅矿的铅储量占俄罗斯总储量的70%以上。但是俄罗斯的铅产量不能自给，50%的需求缺口通过从国外进口来解决。俄罗斯已探明锌储量占世界锌总储量的15.3%，居世界第一位，为4 540万吨，其中约50%集中在布里亚特共和国。俄罗斯铜锌矿石的综合利用系数仅为0.65~0.75，在选矿过程中，锌的回收率不超过71%，选矿废物中的平均锌含量为0.3%~1.22%。

俄罗斯锰储量为1.88亿吨，占世界锰总储量的2.7%。俄罗斯经济锰矿石的年产量很少，不到2万吨，仅占世界锰矿石产量的0.1%，铁锰合金和硅锰合金产量不到世界总产量的3%。俄罗斯冶金工业每年需要120万吨锰矿石，几乎完全依靠进口。

俄罗斯镍储量占世界镍储量的33%，达1 740万吨，居世界第一位，已探明储量达660万吨，占世界已探明镍储量的13.2%。钴储量居世界第三位，为73万吨。俄罗斯主要镍钴矿床的矿石品位高，富矿石含镍4%、含钴0.1%。俄罗斯镍和钴的开采量居世界第一位，镍出口量居世界第一位，钴出口量排世界前十名。

俄罗斯锡储量达360万吨，占世界锡总储量的7.6%，已探明储量处于世界前列，排在第六位，俄罗斯锡矿石的纯度为0.4%~0.6%。俄罗斯钨储量居世界第三位，达0.4亿吨，占世界钨总储量的14%。俄罗斯的钨矿石和钨精矿产量居世界第二位，仅次于中国。俄罗斯钼储量相当可观，经济储量达24万吨，总储量为36万吨，居世界第三位。但俄罗斯几乎90%的钼产于原生单金属矿床，矿石质量一般较差，钼的平均含量多低于0.1%。

俄罗斯钛储量巨大，居世界第二位，但年产量为1 000~2 000吨，仅占世界钛总产量的0.1%。因此，俄罗斯国内冶金工业和油漆颜料工业所需的钛产品大部分依赖进口。

俄罗斯铌储量居世界第二位，仅次于巴西，为500万吨。钽储量居世界第一位，65%以上的钽矿石集中在东西伯利亚，摩尔曼斯克州占30%左右。俄罗斯虽拥有丰富的原料资源，但国内很少生产铌和钽，每年需要进口1 000多吨铌、钽产品。

（三）非金属矿产

俄罗斯的泥炭储量达1 600亿吨，占欧洲泥炭总储量的24%，占亚洲泥炭总储量的76%，已探明和确认4.6个泥炭矿。其中西西伯利亚的储量高达188亿吨，占俄罗斯总储量的15%。

俄罗斯白云母资源丰富，在世界上居第二位，仅次于印度。金云母也很丰富，居世界第三位，排在马达加斯加和巴西之后。同时，俄罗斯拥有世界上最大的磷灰石矿，以及世界上著名的纤维石棉矿、金刚石矿、高岭土和膨润土也拥有较高的品位[①]。

❀ 二、植物资源

俄罗斯植物种类繁多，从植被类型来看，主要分为森林植被和草甸植被。

俄罗斯是世界上森林资源第一大国。根据俄罗斯林务局的统计，俄罗斯森林总面积为7.635亿公顷，约占全球森林面积的22%；森林覆盖率为45.2%。林木总蓄积量为807亿立方米，占全球森林总蓄积量的22%左右。

俄罗斯的森林主要为国有林，属俄罗斯林务局管辖的森林面积约占全国森林总面积的94%，按蓄积量计算，约占全国总蓄积量的91%。集体农庄和国有农场拥有的森林占全国森林总面积的4%。

俄罗斯林务局所属森林多为成熟林、过熟林，而且主要分布在亚洲地区。按经济区域划分，俄罗斯全国分为欧洲地区和亚洲地区两大部分。亚洲地区又包括西西伯利亚、东西伯利亚和远东三个部分，森林覆盖率分别为52.9%、56.9%和45.1%。俄罗斯的珍贵树种主要集中在远东地区，该地区也是单位面积立木蓄积量最高的地区。俄罗斯林务局管辖的森林中，针叶林面积为5.08亿公顷，软阔叶林面积为1.13亿公顷，硬阔叶林面积为1 700万公顷。针叶林的最主要树种为落叶松，其覆盖面积超过其他针叶树种的总和。软阔叶林的代表树种为桦树，主要是疣皮桦和毛桦，其次为山杨。硬阔叶林的优势树种为橡树，其中约55%分布在欧洲地区，主要为夏橡；其余橡林大多分布在

---

① 李华、杨恺：《俄罗斯矿产资源现状及开发》，《中国煤炭地质》2012年第12期。

远东地区，主要树种为蒙古栎。此外，在东西伯利亚和远东地区还生长着一些材质坚硬的桦树，如岳桦、黑皮桦等，其覆盖面积仅次于橡树，居第二位。其他一些硬阔叶树种，如千金榆、椴树和榆树等的覆盖面积都很小。针叶林蓄积量为577亿立方米，软阔叶林蓄积量为121亿立方米，硬阔叶林蓄积量为18亿立方米。

冻原沿北冰洋被冰雪覆盖的岸边绵延数千米，冬季漫长寒冷，冰雪覆盖时间超过半年，温度在-50 ℃以下，寒风凛冽；夏季短促、凉爽，在最热的时候，土壤结冻不到1米，因此被称为"永冻地带"，那里的植物只能抓住这短暂的生长期尽快生长，开花结果。主要植物有金发藓、地衣、矮白桦、岩高兰、兴安悬钩子、蓝莓等。

草原土地肥沃，生长着鼠尾草、补血草、草原樱桃、黄芪、郁金香等野生植物。草原的植物世界绚丽多彩。春天，紫罗兰竞相绽放，黄色的郁金香沐浴阳光。

俄罗斯境内荒凉的沙漠分布在里海沿岸低地。在干燥的气候条件下，沙漠拥有独特的植物品种，且品种多样，地表植株不高，但根系发达。常见的植物有蒿、骆驼刺等。

俄罗斯山脉主要分布在南部和东部边境地区，南部最高的山脉是大高加索山脉。其余的山脉分布在西伯利亚南部和东北部以及远东地区。高山气候垂直变化，高度越高越寒冷，气候条件严酷，树木生长困难，多见矮棵的草本植物。在低山丘陵和山脚下到处是森林草原、落叶林和混交林、针叶林，生长着松树、冷杉和落叶松、西伯利亚小檗、雪绒花等。

第七节　行政区划

俄罗斯联邦的行政区划比较复杂，最基本的行政单位为联邦主体，后又把联邦主体划分为联邦区，并在各联邦区派驻总统全权代表，以加强对各联邦区的垂直领导。

俄罗斯联邦最初由89个联邦主体组成。2003年12月—2007年3月，俄罗斯共进行了5次联邦主体合并，从89个联邦主体减少至83个，包括21个共和国、9个边疆区、46个州、2个联邦直辖市、

1个自治州、4个民族自治区。

21个共和国包括：阿迪格共和国、戈尔诺-阿尔泰共和国、巴什科尔托斯坦共和国、布里亚特共和国、达吉斯坦共和国、印古什共和国、卡巴尔达-巴尔卡尔共和国、卡尔梅克共和国、卡拉恰伊-切尔克斯共和国、卡累利阿共和国、科米共和国、马里共和国、莫尔多瓦共和国、萨哈（雅库特）共和国、北奥塞梯共和国、鞑靼斯坦共和国、图瓦共和国、乌德穆尔特共和国、哈卡斯共和国、车臣共和国、楚瓦什共和国。

9个边疆区包括：阿尔泰边疆区、克拉斯诺达尔边疆区、克拉斯诺亚尔斯克边疆区、滨海边疆区、斯塔夫罗波尔边疆区、哈巴罗夫斯克边疆区、堪察加边疆区、彼尔姆边疆区、外贝加尔边疆区。

46个州包括：阿穆尔州、阿尔汉格尔斯克州、阿斯特拉罕州、别尔哥罗德州、布良斯克州、弗拉基米尔州、伏尔加格勒州、沃洛格达州、沃罗涅日州、伊万诺沃州、伊尔库茨克州、加里宁格勒州、卡卢加州、克麦罗沃州、基洛夫州、科斯特罗马州、库尔干州、库尔斯克州、列宁格勒州、利佩茨克州、马加丹州、莫斯科州、摩尔曼斯克州、下诺夫哥罗德州、诺夫哥罗德州、新西伯利亚州、鄂木斯克州、奥伦堡州、奥廖尔州、奔萨州、普斯科夫州、罗斯托夫州、梁赞州、萨马拉州、萨拉托夫州、萨哈林州、斯维尔德洛夫斯克州、斯摩棱斯克州、坦波夫州、特维尔州、托木斯克州、图拉州、秋明州、乌里扬诺夫斯克州、车里雅宾斯克州、雅罗斯拉夫尔州。

2个联邦直辖市包括：莫斯科直辖市、圣彼得堡直辖市。

1个自治州包括：犹太自治州。

4个民族自治区包括：涅涅茨自治区、汉特-曼西自治区、楚科奇自治区、亚马尔-涅涅茨自治区。

第二章 简史

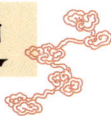

第一节　　上古历史

在俄罗斯的早期发展中，斯拉夫人及之前的人类留下了鲜明的印记，尤其是其后代在当代俄罗斯生活中占据显著位置。[①]

🐾 一、斯拉夫人出现前的俄罗斯

原始人在大约70万年前生活在俄罗斯的这片土地上，在北高加索地区和库班河南部流域发现了早期人类最早的生活遗迹。早期人类逐步向北移动，并且随着冰川的消退，迁徙进程明显加快。到公元前5世纪，俄罗斯所属的欧洲和亚洲大部分地区都有人类居住。

西徐亚人的国家诞生于公元前6世纪，大体上位于今乌克兰境内，中心在克里米亚，其东部包括顿河流域的俄罗斯土地。西徐亚人非常强大，曾与希腊诸多城市开战。西徐亚人的国家东部是与其文化上接近的萨尔马特人（即萨夫罗马特人）。自公元前4世纪末起，萨尔马特人与其亲缘部族开始渡过顿河，抢占西徐亚人的生存空间，到公元前2世纪，已占据了西徐亚王国大部分土地，形成了萨尔马特人新的部落联盟。后来，萨尔马特族逐渐成为东欧最强大的一个民族，曾一度对罗马帝国的边界构成威胁。

[①]　Вронский О. Г. иКолосов Д. В. иРодин А. В.. История отечества с древнейших времен до наших дней. М.: ЗАО «Славянский дом книги», 2003 г., стр. 6.

15 ▶

🍂 二、斯拉夫人的迁徙

在西徐亚人和萨尔马特人生活区域的北部、日耳曼人生活区域的东部，在奥得河、维斯拉河及第聂伯河流域生活着斯拉夫人，他们创造了一系列文化。希腊历史学家常常把斯科洛特人（西徐亚人自称）、维涅德人、安迪人（4—6世纪居住在德涅斯特河和第聂伯河之间的东斯拉夫部族）、斯科拉文人（斯拉夫部落的一支）当作斯拉夫人。关于斯拉夫人的信息太少，因而许多研究者都把上述部族视为斯拉夫人的祖先。

第一批记载斯拉夫人的可靠资料的时间是4世纪。从4世纪末起，斯拉夫人开始大迁徙，人口分布在东欧辽阔的土地上。斯拉夫人的迁徙主要沿着3个方向：巴尔干、东欧平原、中欧地区。由此形成斯拉夫人的3个分支：南斯拉夫人、东斯拉夫人和西斯拉夫人。

斯拉夫人的迁徙是缓慢的、基本和平的。到5世纪时，形成了东斯拉夫人这一支，即后来的俄罗斯人、白俄罗斯人和乌克兰人。到了8世纪，迁徙基本完成。

第二节　　中古历史

俄罗斯的中古历史主要包括留里克王朝和混乱时期两个阶段。在这个历史时期，俄罗斯不断扩大对外交往，接受基督教，与欧洲先进文化对接。

🍂 一、留里克王朝

随着社会经济的发展，9世纪东斯拉夫人建立了一些村镇。受到周边拜占庭、立陶宛等国家的影响，东斯拉夫人产生了建立国家的愿望，于是在862年邀请来自北欧斯堪的纳维亚半岛的诺曼人留里克建立了诺夫哥罗德公国。

留里克是沿"瓦希水陆"①往返于斯堪的纳维亚半岛和拜占庭之间的一位商人，东斯拉夫人称其为"瓦良格人"②。留里克在位期间（862—879）不断对外征战，扩大对外联系。879年留里克去世，其继承人奥列格（879—912年在位）于882年南下征服了基辅等几个小公国，将国都迁至基辅，标志着留里克王朝（862—1598）的正式建立。

10世纪末到11世纪中叶，弗拉基米尔大公和"智者"雅罗斯拉夫大公在位期间，对内加强国家治理，对外开展战争外交和联姻外交，留里克王朝的发展日渐兴盛起来。988年，弗拉基米尔大公（980—1015年在位）从拜占庭引进基督教，即"罗斯受洗"③，将基督教定为国教，对俄罗斯政治、经济、社会、文化和对外关系等方面产生了重大影响。"智者"雅罗斯拉夫大公（1019—1054年在位）统治时期，基辅罗斯的政权不断巩固，与拜占庭和欧洲国家的对外交往日益增多，教育和文化得到良好发展，并颁布了基辅罗斯第一部巩固封建关系的《罗斯法典》。

1054年雅罗斯拉夫大公去世，王位争夺战和外部势力侵扰等因素，最终导致基辅罗斯政权完全解体，分裂成几十个公国。

1240—1480年，鞑靼蒙古人建立的金帐汗国对基辅罗斯进行了长达240年的统治。从正面影响来看，这对客观上维持业已分裂的基辅罗斯的整体性发挥了较大的作用，东方草原文化成为俄国专制政治形成的一个重要影响因素；但同时，也对俄国城镇、人口、经济和社会等方面造成了较大的损害。

---

① "瓦希水陆"是指9—12世纪从北欧斯堪的纳维亚半岛瓦良格人居住地到希腊拜占庭的一条古代商路。北起波罗的海，经涅瓦河、拉多加湖、沃尔霍夫河、伊尔门湖、洛瓦季河，通过连水陆路到达第聂伯河和基辅，再顺流入黑海，驶抵终点君士坦丁堡。该商路于9世纪开通，对促进东西方的贸易和文化交流起重要作用。12世纪以后，由于地中海商路兴起以及北方的普里皮亚特-布格河和西德维纳河等通向西欧航线的开辟，这条古商路遂息衰落。

② "瓦良格人"是东斯拉夫人对来自北欧斯堪的纳维亚半岛商人的称呼。

③ "罗斯受洗"是指988年弗拉基米尔大公接受基督教这一隆重仪式，1054年基督教分化为以希腊语地区为中心的东派和以拉丁语地区为中心的西派。君士坦丁堡和罗马遂成为东、西教会的宗教中心。在俄罗斯的这一支发展成为东正教。

伊凡四世于 1547 年加冕为俄国历史上第一位沙皇。在其统治时期，一方面推行涉及政治、行政、法律和军事等方面的改革，如设立"缙绅会议"（即"重臣会议"），对中央和对方管理机构进行改革，颁布 1550 年法典，设立特辖区，成立新军和特辖军；另一方面不断对外扩张，兼并周边汗国，拓展疆域范围，1552 年征服喀山汗国，1556 年征服阿斯特拉罕汗国，1581—1598 年兼并西伯利亚汗国，发动了试图夺取波罗的海出海口的立窝尼亚战争（1558—1583），未遂其愿。

❦ 二、混乱时期

1584 年伊凡四世去世，费多尔一世（1584—1598 年在位）继任，他体弱多病，执政能力不足，其妻子的哥哥鲍里斯·戈都诺夫大权在握。1598 年，费多尔一世去世，"缙绅会议"选举戈都诺夫为沙皇。1598—1612 年，俄罗斯历史进入"混乱时期"。沙皇戈都诺夫（1598—1605 年在位）统治时期，由于实行禁锢农奴的法令，引起民众不满，再加之 1601—1603 年又发生大范围歉收和饥荒，各地百姓纷纷揭竿而起，国内局势动荡。

动荡的国内局势引起波兰政府的关注，一个波兰青年自称伊凡四世儿子的季米特里（即伪季米特里一世），得到波兰各方的支持。波兰方面企图假借季米特里来干预俄国内部事务，率领军队开进俄国，一路长驱直入，1606 年夺取了政权。1606 年 5 月 17 日，该政权被大贵族瓦西里·舒伊斯基发动政变推翻。同年 5 月 29 日，瓦西里·舒伊斯基即位沙皇。

1607 年 6 月，又出现一个自称季米特里的人，即伪季米特里二世。在波兰的支持下，伪季米特里二世率军队进攻莫斯科，在距离莫斯科 17 千米的图希诺设立伪朝廷，1610 年 12 月被其属下处死。1610 年 6 月，瓦西里·舒伊斯基政权被推翻。

1610 年至 1613 年 2 月，波兰通过"七大贵族"政府来操控俄国。1612 年，波扎尔斯基和米宁组建民族义勇军，以抗击波兰侵略者，并最终胜利，国家得以收复，俄国重新获得独立。

第三节　　近代历史

　　俄罗斯的近代历史自罗曼诺夫王朝至二月革命结束、两个政权并存局面开始。"混乱时期"结束后，俄罗斯历史进入罗曼诺夫王朝，该王朝统治俄罗斯长达305年，既创造了俄罗斯历史诸多的辉煌，也成为一个时代的终结，开启了一个新的纪元。

一、罗曼诺夫王朝

　　1613年2月，"缙绅会议"选举米哈伊尔·罗曼诺夫为沙皇，由此俄罗斯步入罗曼诺夫王朝（1613—1917）时代。米哈伊尔在位期间（1613—1645），实际权力掌握在其父亲费拉列特·罗曼诺夫的手里，社会经济平稳发展。

　　罗曼诺夫王朝时期，彼得一世、叶卡捷琳娜二世和亚历山大一世、亚历山大二世的统治使俄国实力增强，提升了国际影响力。彼得一世在位时间为1682—1725年，而实际执政时间为1689—1725年。他推行一系列改革：实行军事改革；健全国家和地方行政机构；实行宗教改革，加强皇权；实行重商主义，兴办近代工业；扶植商业，发展贸易，以改变俄国经济的落后状况；对日常生活进行改革。1697年，彼得一世组织"超级使团"赴欧洲考察：一方面了解到当时欧洲各国主要关注王位争夺问题，无暇东顾俄国；另一方面学习欧洲的各种先进技术，尤其是造船技术。"超级使团"的欧洲之行开启了俄罗斯现代化进程。

　　彼得一世以海洋战略思想为指导，制订了全方位的对外扩张计划：向西控制涅瓦河河口，进入波罗的海，从而进入大西洋；向南控制黑海，到达印度洋；向东控制黑龙江，进入鄂霍次克海和太平洋。1695年和1696年，彼得一世先后远征亚速，获得了亚速海出海口；建立塔甘罗格海军基地，成立黑海舰队。为夺取波罗的海出海口发动了对瑞典的北方战争（1700—1721），并取得胜利，从而使俄国跻身于欧洲强国之列，走上了争夺世界霸权的舞台。从此，俄国正式更名为俄罗斯帝国，这是俄国发展史上的一个里程碑。

叶卡捷琳娜二世（1762—1796年在位）是俄罗斯历史上第二位外族沙皇，为重振俄国国威，逐步形成了独立的外交意识，确立了大国外交思想，实行独立自主的对外政策，努力扭转俄国国际地位下降的态势。1780年，叶卡捷琳娜二世发表的《武装中立宣言》成为现代海战法的一个基本原则，对国际关系的发展也产生了重大的影响。通过两次俄土战争（1768—1774，1787—1791），俄国将克里米亚半岛和黑海沿岸土地并入其版图，从而确定了现代俄罗斯的南部边疆，巩固了在南方的出海口，加强了在黑海地区的地位。1772—1795年，俄国、普鲁士王国、奥地利帝国三国达成三次瓜分波兰的协议，俄国获得了12万平方千米国土，现代俄罗斯西部边界的基本走向得以确认。

亚历山大一世（1777—1825）改革俄国兵制，设立军团制，改变了伊凡四世以来的贵族统兵制。在与土耳其的战争（1806—1812）、与瑞典的战争（1808—1809）中取得了一系列重要胜利，极大地巩固和提升了俄国在国际舞台上的地位。亚历山大一世因此被欧洲各国和俄国人民尊为"神圣王"、欧洲的"救世主"。在亚历山大一世执政期间，俄国相继吞并了东格鲁吉亚（1801年）、芬兰（1809年）、比萨拉比亚（1812年）、阿塞拜疆（1813年）和华沙公国（1815年）。在亚历山大一世时期，俄国的西部边界固定下来并一直维持到1918年。

亚历山大二世（1855—1881年在位）对俄罗斯的社会发展做出了历史性的贡献，因而被称为"俄罗斯近代化的先驱"。1861年，他下诏废除农奴制，加速了俄国资本主义的发展。1858—1864年，俄国强迫中国清政府签订一系列不平等条约，割占中国150多万平方千米的领土。1881年3月13日，亚历山大二世在圣彼得堡遭民意党成员刺杀身亡。

1905年1月22日（俄历一月九日），圣彼得堡工人罢工，要求沙皇停止俄日战争，进行社会改革，不超时工作，合理待遇。但是，起义遭到俄国政府的镇压。此后，俄国各地发生一系列革命活动，史称"1905年革命"。尽管起义失败，但这次革命沉重地打击了沙皇专制制度，使广大劳动群众和布尔什维克党得到了锻炼并受到了教育，为十月革命的胜利做了比较充分的准备。"1905年革命"是俄国第一次资产阶级民主革命，俄国无产阶级从此作为独立的政治力量登上政治舞台。

❦ 二、二月革命

1914年7月，俄国加入协约国，参加第一次世界大战，结果前线俄军因装备落后、指挥不力，接连惨败，百姓厌战情绪日益高涨。再加之沙皇重用臭名昭著的拉斯普京，导致朝政腐败、经济下滑。1917年1月22日（俄历一月九日），彼得格勒工人在布尔什维克的号召下罢工，遭到沙皇军警的镇压。1917年2月8日，圣彼得堡市民走上街头示威，要求军队尽快退出战争，推翻沙皇政府。沙皇对示威民众进行镇压，激起民众开展更广泛、更剧烈的革命。军队受到革命的感召，先后转到起义人民一边。1917年2月27日，彼得格勒武装起义胜利。1917年3月2日，沙皇尼古拉二世被迫退位，罗曼诺夫王朝覆灭。

1917年俄国二月革命推翻了罗曼诺夫王朝，结束了其长达300多年的封建专制统治。但革命后，俄国出现了两个政权并存的局面，即资产阶级临时政府和苏维埃政权。

❦ 三、十月革命

1917年4月17日，列宁在布尔什维克召开的会议上做了《论无产阶级在这次革命中的任务》的报告，即著名的《四月提纲》。《四月提纲》为布尔什维克党确立了从资产阶级民主革命过渡到社会主义革命的路线和任务，指明了革命发展的方向。

因临时政府继续参与具有帝国主义性质的第一次世界大战，引起民众的强烈不满，1917年11月7日（俄历十月二十五日），以列宁为首的布尔什维克党领导了十月革命，布尔什维克武装力量向资产阶级临时政府所在地圣彼得堡的冬宫发起总攻，推翻了以克伦斯基为首的资产阶级临时政府，建立了苏维埃政权。十月革命的胜利开创了人类历史的新纪元，为世界各国无产阶级革命、殖民地和半殖民地的民族解放运动开辟了前进的道路。

第四节　现代历史

　　自1917年苏维埃政权建立，到1922年苏维埃社会主义共和国联盟（简称"苏联"）成立，直至1991年苏联解体，其间经历了列宁时期、斯大林时期、赫鲁晓夫时期、勃列日涅夫时期和戈尔巴乔夫时期。苏维埃政权建立和苏联解体，成为20世纪震惊世界的两件大事。

一、列宁时期

　　苏维埃成为苏俄无产阶级专政的政权组织形式，1918年1月25日，全俄苏维埃第三次代表大会宣布苏俄为工农兵代表苏维埃共和国，同年7月10日，通过的《俄罗斯苏维埃联邦社会主义共和国宪法（根本法）》（简称《苏俄宪法》），确立了以苏维埃为基础的社会主义的政治制度。

　　新生的苏维埃政权面临着国内外反动势力的绞杀。1918—1922年，高尔察克、尤登尼奇和邓尼金等国内反革命武装和英、法、日、美等外国干涉军欲置苏维埃于死地，双方展开的这场较量称为苏联国内战争或干涉和反干涉战争。为了集中财力、物力、人力，从1919年开始，苏俄推行战时共产主义政策，主要内容包括余粮征集制、将企业收归国有等，引发了民众的怨恨和骚乱。面对严峻的形势，1921年3月，列宁实行新经济政策。该政策规定，以粮食税代替余粮征集制，允许私人从事经营活动，开设小型工业企业等，受到人民欢迎且赢得了广泛的支持。1922年10月，苏俄红军赢得了战胜内外敌人的最终胜利。

　　1922年12月30日，苏联苏维埃第一次代表大会宣告苏维埃社会主义共和国联盟成立。1924年1月31日，苏联苏维埃第二次代表大会通过了《苏维埃社会主义共和国联盟宪法》（简称《苏联宪法》），确认苏联为统一的苏维埃社会主义联盟国家。

❧ 二、斯大林时期

1924年1月24日，列宁逝世后，斯大林成为苏联共产党中央委员会总书记，开始领导苏联社会主义建设。在经济发展方面，他放弃了列宁实行的新经济政策，着力实现社会主义工业化和农业集体化，使苏联成为拥有强大重工业的军事大国。1925年12月，联共（布）"十四大"通过了社会主义工业化的总方针，目标是把苏联从农业国变为工业国，重点发展重工业。

1927年12月，联共（布）十五大确立农业集体化方针，即把个体小农经济联合并改造为大规模集体经济。农业集体化为苏联实现工业化创造了必要的条件，但存在着严重的问题和失误，破坏了农业生产力，初期造成了普遍饥荒，其后农业生产长期停滞落后，严重阻碍了经济的发展。

1936年，第八次苏维埃代表大会通过的新版《苏联宪法》规定，苏联是共产党领导的工农社会主义国家，标志着社会主义基本制度在苏联得以确立，同时也标志着以权力高度集中为特征的政治体制和计划经济体制，即斯大林–苏联模式的形成。该模式在实践中主要表现为：在经济领域，推行过度集权的经济管理体制，所有制结构单一，公有制占据绝对高度比例，实行指令性计划经济管理体制，运用行政手段来管理经济。这种僵化的生产关系极大束缚了社会生产力的发展。

在对外关系方面，首先，为争夺世界霸权，苏联和美国两个"超级大国"在政治、经济、军事等领域展开了相互遏制的冷战。1946年3月，英国前首相丘吉尔在美国富尔敦城发表"铁幕演说"，正式拉开了冷战序幕。1947年，美国杜鲁门主义的出台标志着冷战开始。1949年4月4日，美国、法国、英国、意大利等12个国家在华盛顿签署了《北大西洋公约》；1949年8月24日，北大西洋公约组织（即北约）正式成立。

其次，以苏联为首组建的社会主义阵营对抗以美国为首的资本主义阵营。1949年，苏联、民主德国和南斯拉夫等9个东欧社会主义国家以及中国、朝鲜等4个亚洲社会主义国家构成社会主义阵营，社会主义阵营与资本主义阵营长期对立。

1955年，华沙条约组织（即华约）的成立标志着两极格局的形成。1955年5月14日，为对抗北约，东欧社会主义国家（除南斯拉夫以外）在华沙签署《华沙条约》，并全部加入华沙条约组织。在亚洲方面，除中国和朝鲜外，其他社会主义国家都是华约组织的观察员国。

❖ 三、赫鲁晓夫时期

1948年以来，马林科夫被确定为斯大林的接班人。1952年10月，斯大林取消了总书记一职，改任中央委员会书记，1953年3月5日，斯大林逝世，马林科夫成为中央委员会书记。在争夺接班人的残酷斗争中，赫鲁晓夫胜出。1953年9月13日，赫鲁晓夫当选苏联共产党中央委员会第一书记，兼任苏联部长会议主席。

赫鲁晓夫试图对苏联经济，特别是对农业进行改革，大力倡导开垦荒地运动，将全苏联玉米播种面积从1953年的350万公顷扩大到1960年的2 800万公顷，结果因不尊重科学，不考虑气候、地质，即不因地制宜而最终归于失败。他还提高农产品的收购价格，鼓励发展副业；增加肉类产量，使人均肉类产量赶上美国；成立机器修配站；将中央直属企业下放到加盟共和国管理，同时扩大了加盟共和国的管理权限，但是企业的经营自主权没有得到扩大，导致地方本位主义意识增强。不过，在此期间苏联工业领域实行了一些改革，用物质刺激和鼓励劳动的积极性，同时开始注重生产成本与利润核算，从而使经济取得了较大的发展。

从政治改革来看，将中央委员会会议人数扩大到数百人，将地方党委分为两个平行的分别负责农业和工业的结构，在某种程度上造成了管理上的混乱，但分散了过度集中的权力。

1956年2月14日—25日，在苏联共产党第二十次代表大会上，赫鲁晓夫做了《关于个人崇拜及其后果》的秘密报告，谴责斯大林"个人迷信"以及30年代"大清洗"和驱逐少数族裔的种种恶行。这份秘密报告重挫国际共产主义运动，引发了社会主义阵营的政治思想混乱。匈牙利事件就是例证。

在苏联共产党第二十次代表大会上，赫鲁晓夫提出了处理与帝国主义国家关系的"三和路线"（即"和平共处、和平过渡、和平竞赛"）。但是，赫鲁晓夫的对外政策依然导致了苏美核武器对抗、第二次柏林危机、古巴导弹危机等事件的发生，使苏美游走在核战争的边缘。

在军事改革上，赫鲁晓夫重视发挥核武器的战略作用，大幅度裁减陆军和海军，引起军界的不满。在科技方面，苏联取得了巨大进步。1957年10月4日，苏联成功发射第一颗地球人造卫星，标志着苏美拉开太空竞赛的序幕。1961年4月12日，苏联宇航员尤里·加加林乘坐载人飞船"东方1号"进入太空，成为进入太空的第一人，这充分体现了苏联强大的综合国力。

1964年10月14日，赫鲁晓夫在勃列日涅夫精心策划的"宫廷政变"中被迫下台。

四、勃列日涅夫时期

赫鲁晓夫下台后，勃列日涅夫接任苏联共产党中央委员会第一书记。1966年4月8日，最高苏维埃决定恢复总书记职位，勃列日涅夫接任苏联共产党中央委员会总书记。但从勃列日涅夫开始，苏联共产党中央委员会总书记不再兼任苏联部长会议主席，而是兼任苏联最高苏维埃主席团主席，同时兼任苏联国防会议主席。

从经济发展来看，1965—1981年，苏联的经济实力明显增强，有20多种重要产品位列世界第一，与美国在经济实力上的差距逐步缩小。1974年，有第二条西伯利亚铁路之称的"贝阿铁路"全线通车，将苏联东部太平洋沿岸与欧俄、东欧国家和西欧联系起来，促进了苏联经济的发展。

勃列日涅夫宣称，苏联已"建成发达的社会主义社会"并处于"成熟的发达的社会主义阶段"。他认为，"发展重工业，过去和现在都是苏联经济政策的不变原则"，是实现所有国民经济目标的一个重要条件。因此，苏联政府把大量（85%以上）的工业投资着力用于发展重工业。

在政治上，勃列日涅夫强调稳定，重新确立党高于一切的原则，以保持个人统治的稳定性。从苏联共产党二十三大到二十六大，苏联共产党中央委员会实际连任率达到90%，高层机关长期不更新，出现了干部队伍老化，即"老人政治"的停滞局面。勃列日涅夫取消了干部轮换制，导致了领导体制僵化。20世纪70年代中期以后，勃列日涅夫放弃了集体领导原则，加强个人权力。1977年，勃列日涅夫再兼任最高苏维埃主席团主席，至此独揽了苏联党和国家的最高领导权力。

苏联与美国两个超级大国激烈争夺世界霸权。勃列日涅夫执政时期，苏联军费逐年提高，每年的军费开支占国民生产总值的12%~14%，洲际弹道导弹数量（1 300枚）首次超过了美国的数量（1 054枚）。到20世纪70年代初，苏联取得了对美国的战略均势地位，两国在全球范围内的利益博弈进一步加剧。

20世纪60年代末70年代初，苏美核军备竞赛及华约与北约两大军事集团在欧洲的军事对峙，令双方不堪重负，于是才有了20世纪70年代的东西方缓和时期，才有苏美核均势的系列核协定。然而，苏联利用美国陷入越战的困境，开始在亚洲大肆扩张，直至入侵阿富汗，这一进攻战略让美国不得不处于防守境地。

❀ 五、戈尔巴乔夫时期

1982年勃列日涅夫去世，安德罗波夫和契尔年科先后担任苏联共产党中央委员会总书记，但他们的工作时间总共不到3年，相继病逝。1985年3月11日，戈尔巴乔夫成为总书记，后任总统，在其任内苏共分裂，最终苏联解体。

戈尔巴乔夫在1986年举行的苏联共产党二十七大上提出了"进入发达社会主义"，以取代"建成发达社会主义"，同时提出"加速战略"和实行"彻底改革"的方针。1987年6月25日—26日，苏联共产党中央决定扩大企业自主权，进行经济体制改革。

戈尔巴乔夫的"加速战略"始终推广不动，经济改革不见成效。于是戈尔巴乔夫转而就政治改革发力，大力倡导"公开性"。1990年，废除与书刊检查制度相关的法律，在苏联历史上出现了从未有过的言论自由，打破了政治禁锢。1990年3月，苏联人民代表大会通过决议，规定苏联共产党不再具有法定的一党执政地位。1990年7月，苏联共产党二十八大以后，苏联正式宣布实行多党制。与此同时，戈尔巴乔夫用"人道的民主社会主义"取代马克思列宁主义，解除苏共政治思想武装。

在社会和民族问题上，戈尔巴乔夫大搞反酗酒运动，引起一系列社会矛盾和民众的不满；推行的改革措施不当，导致民族关系问题激化，使苏联陷入了前所未有的民族关系危机的旋涡之中。三个波罗的海加盟共和国最先宣布脱离苏联独立，成为苏联后来解体的初始信号。

在对外关系方面，戈尔巴乔夫提出"外交新思维"，强调"全人类利益高于一切""全人类的价值高于阶级利益"，缓和与西方国家的矛盾。为此，戈尔巴乔夫与美国总统在马耳他会晤中承诺对东欧国家的"西倾"不予干涉，直接导致柏林墙倒塌与随之而来的东欧剧变。

1989年5月，戈尔巴乔夫对中国进行正式访问，为中苏两国关系实现正常化做出了贡献，也为后来的中俄关系快速发展打下了良好基础。

1991年7月1日，华约正式解散。1991年12月25日，苏联解体，冷战结束，两极格局结束。

第五节　当代历史

苏联解体后，俄罗斯走上了独立发展的道路。在叶利钦执政时期，由于实行激进的名曰"休克疗法"的经济改革，经济发展持续衰退，政治局势动荡不定。2000—2008年，在普京总统连续两个任期内，俄罗斯经济逐步企稳回升，步入快速发展的轨道。同时，俄罗斯国内政治形势日趋稳定。2008—2012年，"梅普组合"时期，俄罗斯经济遭受国际金融危机冲击，经济发展进入调整期，国内政治局势稳定。2012年，普京再次当选俄罗斯总统，俄罗斯进入新普京时期。因乌克兰危机，俄罗斯遭受西方制裁，经济受到较大冲击，发展速度迟缓，但国内政治形势依然稳定。

❖ 一、叶利钦时期

1992—1999年，叶利钦执政时期，政党林立、派别众多，在关于国家发展道路、经济改革路径和政体等一些重大问题上展开了激烈的较量。

第一，实行激进政治经济改革。

俄罗斯独立后，叶利钦政府急于推行改革，忽视本国国情，对国家发展方针缺乏缜密的思考，盲目地接受西方学者所设计的改革方案，政治上实行民主，走西方民主化道路，实行执行权、立法权和司法权"三权分立"。

　　经济上实行自由化，即价格自由化、贸易自由化和金融自由化。1992年年初，一次性大范围放开物价，出现了恶性通货膨胀，紧缩财政货币，推行私有化，俄罗斯经济连续下降。1992—1998年，俄罗斯国内生产总值变化幅度依次为-18.5%、-12%、-15%、-4%、-5%、-0.4%、-4.6%，累计下降近60%。这一降幅超过俄罗斯历史上第一次世界大战时期（下降25%）、国内战争时期（下降23%）、卫国战争时期（下降25%）和1929—1933年的大萧条时期（下降30%）。[①]

　　第二，府院博弈，政令不通。

　　由于议会和政府之间矛盾重重，国家杜马中占有多数席位的俄罗斯联邦共产党等反对派与政府处处作对，政府与议会关系紧张，大大削弱了政府的执政能力，导致政令不通，多数方针政策难以贯彻落实。

　　新生的俄罗斯的政党制度从一党制过渡到多党制，1993年的《俄罗斯联邦宪法》中规定："俄罗斯承认政治多元化和多党制。"俄罗斯形成了左、中、右三派政党格局，以俄罗斯联邦共产党为代表的左派力量在议会中影响力较强，制约了俄罗斯政府执政能力的发挥，政令无法畅通，施政目标难以实现。

　　第三，国际影响力下降。

　　叶利钦实行的"亲西方"外交政策使其在国际舞台的总体地位不高，无力维护国家利益。

　　在种种因素的综合作用下，叶利钦时期俄罗斯政局是动荡不定的。

❖ 二、普京时期

　　从2000年起，俄罗斯进入了普京总统执政时代，普京总统通过一系列强有力的改革，使国家走上了政局稳定、经济稳步增长、社会日趋安定的发展道路。

　　第一，对俄罗斯政党制度进行改革。

　　通过了2001年《政党法》和2004年《政党法》修正案，使俄罗斯政党政治更加规范化。2005年的《国家杜马代表选举法》规定，国家

---

① 郑羽：《俄罗斯国家经济安全战略与1998年金融危机》，《东欧中亚研究》1999年第6期。

杜马选举按照"比例代表制",使政党成为选举的唯一主体。在国家杜马中,占多数席位的"统一俄罗斯"政党给予了普京大力支持,被称为"政权党",使政府与议会的关系达到高度和谐,政令畅通。

第二,将全俄罗斯划分为七大联邦区。

普京将全俄罗斯划分为七大联邦区,并向每个联邦区派驻总统全权代表,以便于垂直领导,这样确保政府的方针政策得以贯彻落实。

第三,提出"强国富民"思想。

普京提出"把俄罗斯变成一个伟大的国家和富足的民族"的战略目标。普京采取了较为符合俄罗斯国情的政策,使俄罗斯经济步入稳步增长的轨道。2000年,俄罗斯国内生产总值增长8.3%;2001年,增长5.5%;2002年,增长4.3%;2003年,增长7.3%;2004年,增长7.1%;2005年,增长6%;2006年,增长6.5%;2007年,增长7.8%;2008年,增长5.6%。俄罗斯经济连续9年保持较快的增长速度,国家综合实力显著提高,居民收入稳步增长,人民生活水平明显改善。

第四,实行"务实主义"外交。

普京实行"务实主义"外交,一切对外活动均以维护国家利益为第一标准,不得损害国家利益。

普京对内实行"强国富民",对外实行"务实主义"外交,其治国方略得到了社会各个阶层的支持,支持率一直保持在很高的水平上。民意调查结果显示,民众对普京的满意率很高,大多数人认为,普京实施的方针提高了俄罗斯的国际地位并巩固了国家主权。

总体来看,普京执政时期,俄罗斯政府的执政能力很强,民众的支持率居高不下。

❀ 三、"梅普组合"时期

2007年12月11日,梅德韦杰夫阐述其当选俄罗斯总统后的执政纲要时指出,俄罗斯的政治道路会沿着普京这8年的道路继续向前走。有评论认为,这样的决定既符合时宜又对国家长远发展有利[①]。

2008—2012年,梅德韦杰夫担任总统,普京任总理,俄罗斯国内

---

① 《俄"准总统"梅德韦杰夫阐述执政纲领》,http://news.sina.com.cn/w/
2007-12-12/020313061162s.shtml。

政局较为稳定。在国家杜马中，占多数席位的统一俄罗斯党继续支持梅德韦杰夫，保持了政府与议会的良好关系。尽管受华尔街金融风暴冲击，俄罗斯经济自2008年下半年增长速度放缓，居民生活受到严重影响，出现了一些游行抗议活动，但是俄罗斯国内政局总体依然是稳定的。

四、普京新时期

2012年，普京再次出任俄罗斯总统，开始了普京新时期。这一年，在俄罗斯政治领域发生了重大变化。普京总统重新建立起"超级总统制"，"梅普组合"时期形成的最高行政权力的相互制约与制衡不复存在，对威权体系进行了一系列改革。放宽了对政党登记的限制，2012年4月4日生效的新《政党法》放宽了政党登记条件，每个政党党员最少人数从原来的4万名减少到500名，到2012年10月，俄罗斯在司法部注册的政党从原来的7个增加到了40个。还决定恢复杜马的"混合选举制"，除225名国家议员按政党比例选出外，另外225人由选区选出，以增强议员的地区代表性。把政党进入议会的最低得票率从原来的7%降低到5%。

普京明显加大了反腐败的力度。对拥有海外资产的官员处以巨额罚款和判刑，监督官员开支，公布官员的支出和收入来源。普京每年公布自己的收入和支出清单，为官员们做出表率。

针对国内持续不断的反对派大游行和外国势力的干涉，普京努力将之纳入法治化管理轨道。2012年7月21日，普京签署《非营利组织法》的修正案，规定从国外获得资金并且参与政治活动的非营利组织必须以"外国代理人"的身份进行登记，这些组织将被列入特别名录。2012年10月23日，国家杜马通过了《叛国罪修正案》，更有力地打击一些国际组织和非政府组织，它们利用各种幌子在俄罗斯从事间谍活动和试图改变俄罗斯政权的活动。

俄罗斯正努力完善政治体制，把国家的管理纳入法治化的轨道。俄罗斯已经建立起社会与政权的互动机制，正通过改革实现社会的稳定发展。

在对外关系方面，俄罗斯频繁采取大动作处理地区问题，并且取得明显效果。在叙利亚问题上，当巴沙尔政权处于危急时刻时，俄罗斯应叙利亚政府的邀请，出兵打击其境内的极端组织"伊斯兰国"，同时支持叙利亚政府打击反政府武装。美国则支持叙利亚反政府武装。在这场俄美争夺叙利亚乃至整个中东势力范围的较量中，俄罗斯在叙利亚军事上显然占了上风。美国并不甘心，依然不肯撤出在叙利亚部署的军事基地。巴沙尔政权得以存活下来，而且解放全境在望，从而保证了俄罗斯在叙利亚乃至整个中东的战略利益，美国及其北约盟国不会接受，争夺仍未有穷期。

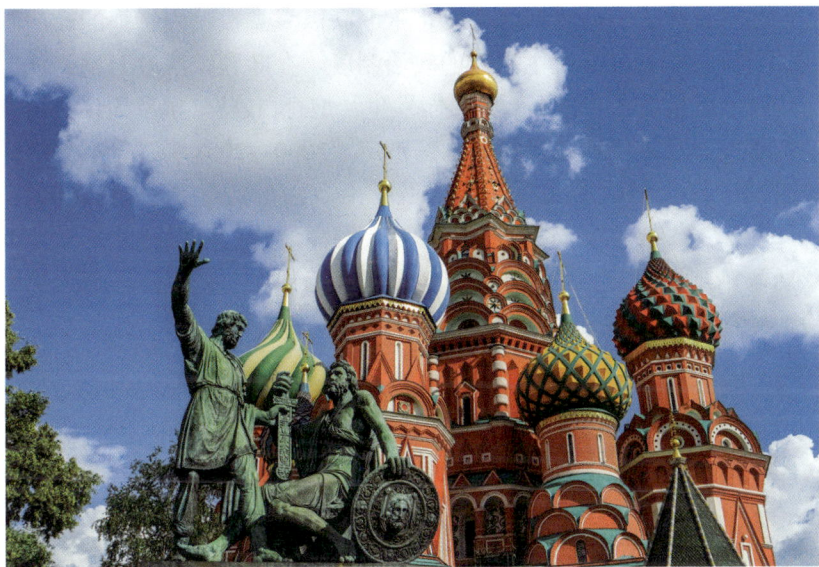

第三章　政治

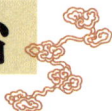

苏联解体后，俄罗斯完全废止了苏联以一党执政为特征的政治制度，实行"多党议会民主制"的政治制度。在叶利钦执政时期，议会与政府矛盾重重、斗争不断，直至发生"炮打白宫"（俄罗斯议会所在地）事件导致俄罗斯政治局势动荡不定。2000—2008年，普京总统执政时期，议会与政府关系和谐，俄罗斯政治形势逐步稳定。2008—2012年，"梅普组合"时期，议会与政府和谐的关系保持并延续，俄罗斯政治形势稳定。2012年，进入新普京时期，议会与政府关系融洽，尽管出现了一些反对势力，但俄罗斯政治形势总体稳定。

第一节　国家标志

国家标志包括国名、国旗、国徽、国歌等，具有独特性、代表性。俄罗斯的国家标志特色鲜明，代表性强。

❖ 一、国名和国旗

（一）国名

俄罗斯联邦，亦称俄罗斯。

（二）国旗

俄罗斯国旗为白、蓝、红三色旗，旗面由三条平行且相等的自上而下排列的白、蓝、红长方形组成。从自然角度来解释，白、蓝、红三种颜色代表三个气候带：白色代表寒带，一年四季被白雪覆盖；蓝色代表亚寒带，象征着俄罗斯森林和地下矿藏、水力等丰富的自然资源；红色代表温带，象征着俄罗斯的悠久历史和对人类文明的贡献。从人文层面来说，白色是真理的象征，蓝色代表纯洁与忠诚，红色则是美好和勇敢的标志。

为俄国海军设计军旗时，彼得一世选择了白、蓝、红三色，成为后来的泛斯拉夫颜色。1883年5月7日，这面旗帜正式成为俄国国旗，1917年十月革命后三色旗被废除。1991年8月21日，这面旗帜重新被启用，成为独立后的俄罗斯联邦的国旗。但当时所采用的国旗长宽比仍为苏联时期的2∶1，在1993年以后俄罗斯国旗的长宽比被修改为3∶2。

❧ 二、国徽

1993年，叶利钦总统签署法令，正式使用红色背景的金色双头鹰为新的国徽。

新国徽保留了许多不平凡的俄罗斯历史标志，同时被赋予了新的政治含义。双头鹰头上的三顶皇冠被保留了下来，作为俄罗斯联邦整体团结的象征，权杖和宝球象征国家的权力，圣乔治屠龙的纹章作为捍卫正义、惩处邪恶、保卫祖国、追求自由的标志。俄罗斯古老而光荣的历史在这里凝结，并且将焕发出新的活力。

❧ 三、国歌

2000年12月25日，俄罗斯联邦总统普京正式签署了一项关于俄罗斯联邦国歌的法案，确定了俄罗斯的国歌歌词，歌名为"俄罗斯，我们神圣的祖国"，沿用的是苏联时期国歌《牢不可破的联盟》的旋律，以表达俄罗斯人渴望祖国重现历史辉煌和强盛的愿望。国歌歌词由C.米哈尔科夫作词，由帕维尔·奥夫相尼科夫编曲，歌词的中文大意如下：

俄罗斯，我们神圣的国家，
俄罗斯，我们挚爱的祖国。
你刚强的意志，你辉煌的声誉，
是你永恒的财富将万古流芳！
（副歌）
为自由的祖国，来高声颂扬——
各民族友谊的可靠保障。
让先辈的功业，让人民的智慧，
引导着我们向胜利远方。

从南方的海岸到北极的边疆，
你森林啊苍茫，你田野宽广。
你屹立在世上，你举世啊无双，
是上帝所佑护的可爱家乡！
（副歌）
为自由的祖国，来高声颂扬——
各民族友谊的可靠保障。
让先辈的功业，让人民的智慧，
引导着我们向胜利远方。

给生活以希望，给理想以翅膀，
你未来的岁月更光芒万丈。
也无论是过去，也无论是将来，
哦，忠诚于祖国就有无穷力量！
（副歌）
为自由的祖国，来高声颂扬——
各民族友谊的可靠保障。

让先辈的功业，让人民的智慧，
引导着我们向胜利远方。

第二节　宪法

俄罗斯联邦现行宪法的制定经历了苏联解体前和苏联解体后两个阶段。苏联解体前的宪法宣布准备建立三权分立的总统制共和国。苏联解体后的宪法，即 1993 年 12 月 12 日通过的俄罗斯联邦现行宪法。俄罗斯联邦现行宪法确认了苏联剧变、俄罗斯独立的事实，确认了法国式总统制，赋予总统极大权力。

下面简要介绍一下《俄罗斯联邦宪法》关于宪法的基本原则、公民权利与自由、意识形态、对私有财产的保护、土地等资源的所有制形式、国家地位、联邦主体、三权分立、宪法的权威性等方面的内容：

第一，将西方"民主政治"的基本原则作为宪法的基本原则。俄罗斯联邦现行宪法将联邦制、共和制、三权分立作为宪法制度的基础，确定了俄罗斯的经济社会制度。现行宪法规定，俄罗斯联邦是具有共和制政体的、民主的、联邦制的法治国家。俄罗斯联邦的国家权力由俄罗斯联邦总统、联邦会议（联邦委员会和国家杜马）、俄罗斯联邦政府和俄罗斯联邦法院行使。俄罗斯联邦主体的国家权力由它们所组成的国家权力机关行使。议会是俄罗斯联邦的代表与立法机关。俄罗斯的执行权力由俄罗斯联邦政府行使。俄罗斯联邦境内的审判权只由法院行使。法官是独立的，只服从俄罗斯联邦宪法和联邦法律。俄罗斯联邦由共和国、边疆区、州、联邦直辖市、自治州、自治区——俄罗斯联邦的平等主体组成。共和国（国家）拥有自己的宪法和法律。边疆区、州、联邦直辖市、自治州、自治区拥有自己的规章和法律。在同联邦国家权力机关的相互关系方面，俄罗斯联邦所有主体平等。

在俄罗斯联邦，保障经济空间的统一，商品、服务和财政资金的自由转移，支持竞争和经济活动的自由。在俄罗斯联邦，私有财产、国有财产、地方所有财产和其他所有制形式同等地得到承认和保护。

第二，尊重人的基本权利与自由，同时规定了人应尽的义务。现行宪法规定，在俄罗斯联邦，根据普遍公认的国际法原则和准则并根据本宪法承认和保障人与公民的权利和自由。人的基本权利和自由是不可让与的，属于每个人与生俱有的。实现人和公民的权利和自由不应侵犯他人的权利和自由。在法律和法庭面前人人平等。每个人都有生存权。每个人都有自由和人身不受侵犯的权利。

每个人都有私生活、个人和家庭秘密不受侵犯、维护其荣誉和良好声誉的权利。每个人都有通信、电话交谈、邮政及电报和其他交际秘密的权利。只有根据法庭决定才可限制这一权利。未经本人同意不得搜集、保存、利用和扩散有关其私生活的材料。

保障每个人的信仰自由、信教自由，包括单独地或与他人一道信仰任何宗教或者不信仰任何宗教、自由选择、拥有和传播宗教的或其他的信念和根据这些信念进行活动的权利。保障每个人的思想和言论自由。每个人都有利用任何合法方式搜集、获取、转交、生产和传播信息的权利。构成国家秘密的信息清单由联邦法律规定。

每个人都有受教育的权利。保障国家或地方教育机构和企业中的学前教育、基础普通教育和中等职业教育的普及性和免费性。每个人都有权在竞争的基础上获得在国家或地方教育机构和企业中接受高等教育的权利。基础普通教育为义务教育。父母或其替代者应保证使孩子受到基础普通教育。俄罗斯联邦规定联邦的国家教育标准，支持各种形式的教育和自修。

保障每个人都有权获得高水平的法律帮助。在法律所规定的情况下，法律帮助是免费的。

俄罗斯联邦宪法中列出的基本权利和自由不应做出否定或损害人和公民的其他普遍公认的权利和自由的解释。在俄罗斯联邦不得颁布废除或损害人和公民的权利和自由的法律。

人和公民的权利和自由，只能在捍卫宪法制度基础，他人的道德、健康、权利和合法利益，保证国防和国家安全所必需的限度内，由联邦法律予以限制。

每个人都必须爱护自然和环境，珍惜自然财富。保卫祖国是俄罗斯联邦公民的职责和义务。俄罗斯联邦公民依据联邦法律服兵役。俄罗斯联邦公民在其信念或信仰与服兵役相背离以及联邦法律规定的其他情况下，有权以选择文职代替兵役。俄罗斯联邦公民自18岁起即可完全独立实现其权利和履行义务。

第三，承认意识形态多样性，承认政治多样化、多党制。现行宪法规定，俄罗斯联邦承认意识形态多样性。任何意识形态不得被确立为国家的或必须服从的意识形态。俄罗斯联邦承认政治多样化、多党制。

第四，私有财产神圣不可侵犯。现行宪法规定，私有财产权受法律保护。每个人都有权拥有为其所有的财产，有权单独地或与他人共同占有、使用和处分其财产。任何人均不得被剥夺其财产，除非根据法院决定。为了国家需要强行没收财产只能在预先做出等价补偿的情况下进行。土地和其他资源可以属于私有财产、国有财产、地方所有财产和其他所有制的形式。

第五，明确了俄罗斯的国家地位。现行宪法规定，俄罗斯联邦在其全部领土上享有主权。俄罗斯联邦宪法在俄罗斯全境具有最高法律效力、直接作用并适用。俄罗斯联邦主体所通过的法律和其他法律文件不得同俄罗斯联邦宪法相抵触。国家权力机关、地方自治机关、公职人员、公民及其团体必须遵守俄罗斯联邦宪法和法律。俄罗斯联邦的联邦制建立在俄罗斯联邦国家完整、国家权力体系一、俄罗斯联邦国家权力机关和俄罗斯联邦主体的国家权力机关之间划分管辖对象和职权、俄罗斯联邦各民族平等与自决的基础上。俄罗斯联邦总统和俄罗斯联邦政府拥有根据俄罗斯联邦宪法保障俄罗斯联邦全境实现联邦国家权力的全权。

第三节　政党

《苏维埃社会主义共和国联盟宪法》（1977年）第六条明确规定：苏联共产党是苏联社会的领导力量和指导力量，是苏联政治制度以及国家和社会组织的核心。1990年2月，受当时形势所迫，苏共中央二月全会提出对苏联共产党进行"重大改革"，并将苏联宪法第六条修改为"苏联共产党、其他政治组织以及工会、共青团及其他社会团体和群众运动通过自己选出人民代表苏维埃的代表并以其他形式参加制定苏维埃国家的政策，管理国家和社会事务"[1]。

1990年3月，苏联第三次人民代表大会通过了苏联宪法修改法案。第六条宪法修改法案的通过意味着苏联共产党的领导地位被取消了，在苏联国家制度层面明确了多党制的内容和基本原则。

一、1992—1999年的俄罗斯政党

1992年6月，在俄罗斯司法部门正式登记的政党和组织有1 000多个。1993年12月通过的《俄罗斯联邦宪法》规定，俄罗斯联邦承认政治多样化、多党制；社会团体在法律面前一律平等。根据新宪法和新的国家杜马选举规则举行的国家杜马选举，成为俄罗斯多党制发展的重要里程碑。议会党团的出现，使各党派有了新的政治活动平台，促进了多党制在俄罗斯的进一步发展[2]。

1993年俄罗斯国家杜马选举后，国家杜马中的议会党团有8个，到1995年选举后，国家杜马中的议会党团缩减至4个。据统计，到1998年6月，在俄罗斯，全俄性政党和社会组织有225个，到1999年1月1日，则减少到141个。

这一时期，俄罗斯政党和组织数量众多，其特点是大多数政党和组织缺乏统一的和明确的政治纲领、缺少牢固的群众基础、基层组织不健全、党员人数过少等。

这一时期，俄罗斯政党在国家政治生活中发挥着较为重要的作用。俄罗斯联邦共产党在国家杜马中占有多数席位，对俄罗斯政府行为具有很大的制衡作用。

二、2000年以来的俄罗斯政党

到2001年年中，在俄罗斯正式注册的政党和组织近200个。此后的两年时间里，只有28个改组成为合格的政党，其中影响力较大的政党有俄罗斯联邦共产党、俄罗斯自由民主党和统一俄罗斯党（简称"统俄党"）、右翼力量联盟和"亚博卢"集团。《俄罗斯政党法》生效后的两年里，俄罗斯又出现了20多个政党。

---

[1] 王立新：《试析转轨时期俄罗斯的政党制度》，《世界经济与政治论坛》1999年第5期。

[2] 庞大鹏：《俄罗斯政党制度的发展变化》，《当代世界》2008第5期。

　　2001年12月成立的统一俄罗斯党是支持普京总统的中派政党，在杜马中的议员人数超过了俄罗斯联邦共产党，成为杜马第一大党，俄罗斯联邦共产党退居杜马第二大党。

　　随着经济社会转型期各种矛盾的演化，俄罗斯左、中、右三种政治力量对比发生了根本性的变化，其结果是中派力量日益增强，左、右力量逐步被削弱，俄罗斯政党呈现出多党并存、一党独大、反对党不断分化组合的总体格局。

第四节　　议会

　　俄罗斯联邦议会，是俄罗斯联邦的代表和立法机构。联邦议会由上院联邦委员会和下院国家杜马组成。按照宪法过渡性条款，1993年12月，由全民投票选举出第一届议会，任期二年。在第一届议会届满后，到2012年，俄罗斯联邦议会每届任期为四年。2009年1月21日公布的新修订的《俄罗斯联邦宪法》第九十六条规定，国家杜马代表任期从四年延长至五年。

　　国家杜马由450名代表组成。《俄罗斯联邦国家杜马选举法》规定，国家杜马的225名代表在全联邦选举中按党派原则产生，得票率5%以上的政党才能进入国家杜马，并按得票率分配议席。国家杜马另外225名代表则在单席位选区的选举中由多数票产生，即在全国设立225个选区，每个选区产生一名代表。修订后的选举法规定，从2007年第五届国家杜马开始，不再设单席位选区，全部国家杜马代表都按政党比例原则产生，即在全国范围内由各政党提出候选人名单，选民投票给政党，政党根据得票率分配议席，政党进入国家杜马的得票率条件提高到7%，并且不允许政党组建选举联盟联合提出候选人名单。

　　2012年4月4日生效的《政党法》放宽了政党登记条件，每个政党党员最少人数从原来的4万减少到了500名。还决定恢复杜马的"混合选举制"，除225名国家议员按政党得票率选出外，另外225名由选区选出，以增强议员的地区代表性。把政党进入议会的最低得票率从原来的7%降到5%。

俄罗斯联邦国家杜马的职权包括：同意总统对总理的任命；决定对总统的信任问题；任免审计院主席及半数检查员；实行大赦；提出罢免俄罗斯总统的指控；通过联邦法律。

在立法程序上，经国家杜马和联邦委员会通过的法律应在5日内送交总统签署和颁布。如果总统在自收到法律之时起的14日内驳回该法律，国家杜马和联邦委员会可根据宪法所规定的程序重新审议该法律。如在重新审议时，联邦法律未加修改地获两院各自代表总数的不少于2/3多数票的赞成，则总统必须在7日内签署和颁布。

1993年12月12日举行了第一届联邦委员会的选举，第一届联邦委员会选举章程规定：每个联邦主体在议会上院有两名代表，按照联邦主体行政区划的边界划定双席位选区（每个主体为一个选区），代表按多数制方式选举产生。1995年12月5日通过的《俄罗斯联邦会议联邦委员会组成办法》规定，每个联邦主体有两名代表进入上院，分别为联邦主体立法机构的领导人和联邦主体行政机构的领导人。2000年8月生效的《俄罗斯联邦会议联邦委员会组成办法》改变了议会上院的组成方式，上院的代表不再是联邦主体的行政长官和立法机构领导人，而是联邦主体的行政长官和立法机构领导人各自的代表。立法机构的代表由该联邦主体的立法机构选举产生，任期与该立法机构相同。

俄罗斯联邦委员会的职权包括：批准俄罗斯联邦主体间边界的变更；决定能否在俄罗斯境外动用俄罗斯武装力量的问题；确定俄罗斯总统的选举；罢免俄罗斯总统的职务；任免审计院副主席及半数检查员；立法提案权；审议国家杜马通过的有关法律并可否决之，但在国家杜马不同意联邦委员会的决定的情况下，如果国家杜马再次表决时有不少于占国家杜马代表总数的2/3的代表投票赞成，则联邦法律视为通过。

第五节　总统

俄罗斯联邦现行宪法赋予总统比议会、政府和法院更大的权力，总统拥有绝对的权威，其统治地位无法撼动。

🏵 一、有权保障宪法的实施

俄罗斯联邦总统有权采取一切可能的措施捍卫国家主权、独立和领土完整，确保国家权力机关协调一致工作和相互配合；有权废除与俄罗斯联邦宪法、法律、国际义务相抵触或侵犯人和公民权利与自由的联邦主体文件的效力；有权就联邦法律、议会、政府的规范文件是否符合俄罗斯联邦宪法向俄罗斯联邦宪法法院提出询问；有权通过协商程序解决联邦国家权力机关与联邦各主体之间以及联邦各主体国家权力机关之间的分歧；任免俄罗斯联邦总统全权代表；有权决定全民公决；有权成立俄罗斯联邦总统办事机构；决定俄罗斯联邦国籍问题和提供政治避难问题。

🏵 二、拥有立法方面的实权

俄罗斯联邦总统拥有向国家杜马提出法律草案的权力和公布法律的权力。现行宪法规定："通过的联邦法律应在 5 日内送交俄罗斯联邦总统签署和颁布。"总统拥有确定国内外政策基本方针、向联邦会议提交有关国内形势和国内外政策基本方针的年度国情咨文、发布命令和指示的权力。

🏵 三、对政府和议会的领导权

俄罗斯联邦总统对政府有垂直领导权，有权主持俄罗斯联邦政府会议，主持研究国家经济社会发展方面的重大事项。

总统拥有对议会的重要权力：有权召集国家杜马开会；有权解散国家杜马，决定国家杜马选举。

现行《俄罗斯联邦宪法》规定，国家杜马和联邦委员会分别拥有罢免俄罗斯联邦总统的职务、提出罢免俄罗斯联邦总统的指控的权力，但是从宪法规定的实际操作程序来看，真正罢免俄罗斯联邦总统是不可能的，因为俄罗斯联邦总统最终有权解散议会，因此俄罗斯联邦总统是世界上权力最大的总统，即"超级总统"。

🏵 四、对政府和司法部门的权力

俄罗斯联邦总统对联邦政府实行垂直领导，有权主持俄罗斯联邦政府会议。同时对政府和司法部门的关键职位拥有任免权：向国家杜马提名俄罗斯联邦总理人选，如果杜马第三次未予通过，总统有权解散杜马；做出解散俄罗斯联邦政府的决定；任命俄罗斯联邦宪法法院、最高法院、最高仲裁法院以外的其他联邦法院审判员；有权向国家杜马提出俄罗斯联邦中央银行行长候选人，提出解除其职务的问题；向联邦委员会提出俄罗斯联邦宪法法院、最高法院、最高仲裁法院审判员候选人、俄罗斯联邦总检察长候选人；向联邦委员会提出解除俄罗斯联邦总检察长职务的问题。

在司法权力方面，俄罗斯联邦总统拥有特赦的权力。

❀ 五、拥有外交方面的权力

总统在国内和对外关系中代表俄罗斯联邦；同联邦会议相应委员会或杜马和联邦委员会协商后任免俄罗斯驻外国和国际组织的外交代表；接受外国外交代表递交的国书；谈判并签署俄罗斯联邦国际条约；制定俄罗斯外交政策。

2009年1月21日公布的新修订的《俄罗斯联邦宪法》第81条规定，俄罗斯联邦总统任期从4年延长到6年。

第六节　　政府

俄罗斯联邦政府履行俄罗斯联邦的行政执行权。俄罗斯联邦政府主要由俄罗斯联邦政府总理、副总理和各部部长组成。俄罗斯联邦政府总理直接对联邦总统负责。如果俄罗斯联邦总统因健康或其他原因不能履行职责，俄罗斯联邦政府总理临时履行总统职责。

俄罗斯联邦政府制定并向国家杜马提交联邦预算，并确保预算的执行。俄罗斯联邦政府确保在俄罗斯联邦境内推行统一的财政、信贷和货币政策，在教育、文化、科学、社会保障、卫生和生态等领域实行统一的国家政策。

俄罗斯联邦政府管理国家资产，采取措施确保国防安全、国家安全，落实俄罗斯联邦对外政策，采取措施确保法治、维护公民权利、保护财产和公共秩序、打击各种犯罪。

第七节　司法机关

俄罗斯联邦司法机关主要包括联邦宪法法院、联邦最高法院、联邦最高仲裁法院和联邦总检察院。联邦委员会根据总统提名任命联邦宪法法院、联邦最高法院和联邦最高仲裁法院法官以及联邦总检察院检察长。

❦ 一、联邦宪法法院

联邦宪法法院对联邦委员会和国家杜马的法律和决定、联邦总统令、其他联邦机构的文件、各共和国的宪法、联邦主体的法律和章程及其他法规、联邦内部条约和国际条约有权裁定是否与联邦宪法相抵触，以及社会团体的成立和活动是否符合宪法。联邦宪法法院对联邦国家权力机关之间、联邦国家权力机关和联邦主体国家权力机关之间以及联邦各主体国家机关之间的权限纠纷做出裁决。根据联邦法律规定的诉讼程序对法院的活动实行司法监督，并对审判实践问题做出解释。

❦ 二、联邦最高法院

联邦最高法院是俄罗斯联邦的最高司法机构，主要负责处理民事、刑事、行政等方面的案件。

❦ 三、联邦最高仲裁法院

联邦最高仲裁法院是对经济纠纷和仲裁法院审理的其他案件进行裁决的最高司法机关。根据联邦法律规定的诉讼程序对仲裁法院的活动实行司法监督，并对审判实践问题做出解释。

❦ 四、联邦总检察院

联邦总检察院对犯罪案件侦查的合法性进行监督，支持在法院的公诉，为维护国家利益、公民的权利和自由而向法院提起诉讼，就国家机关、地方自治机关和公职人员的违法行为向法院提出异议。检察院系统实行集中统一领导体制。

第四章　军事

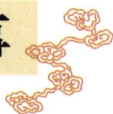

　　俄罗斯从苏联继承了75%的军队、80%的战略核力量和大部分军工企业。1992—1999年，因军费急剧减少，国家军事订货量锐减，俄罗斯武装力量的综合能力被严重削弱，对外影响力明显下降。2000年以来，俄罗斯经济逐步摆脱低迷状态，进入稳步、快速发展的轨道，军费随之不断增加，武装力量大为增强，对外影响力显著提高。

第一节　概述

一、建军简史

　　俄罗斯正规军队的建立始自16世纪中期的伊凡四世执政时期，后经彼得一世、叶卡捷琳娜二世等历代沙皇的军事改革，俄国军队日渐强大，成为对外扩张的有力工具。苏联建立了世界上兵力最多的军队。苏联解体后，俄罗斯军队整体实力下降，但仍保持着强大的核威慑力，跟美国保持大体核均势，是俄罗斯国家安全和大国地位的强大后盾。

　　1550—1571年，伊凡四世采取了一系列措施以提高战斗部队的数量和效率，为未来常备军的建立奠定了基础。1550年，他征召3 000人组建射击军，起初使用火器，后来配备了大炮，这是俄罗斯军队职业化的开端。

　　1692年，彼得一世按照国外模式组建了两个军团进行训练，即普列奥布拉任斯基兵团和谢苗诺夫兵团。彼得一世不断进行军事改革：

所有人不分阶层均应尽有服兵役义务；发展军事工业，更新武器装备，邀请外国工程师；提高军事管理效率，颁布规范文件，按兵种类型进行指挥，成立陆军和海军部；建立海军及其相关基础设施——海军造船厂，开展航海专家培训；建立军事学校。1698年，彼得一世以4个老军团为基础初步组建了新军，人数达3.5万~4万人。1700—1721年，俄国新军最终建成，成为常备军，包括步兵、骑兵、炮兵和卫戍兵。

苏联军队主要包括步兵、防空部队、战略火箭军、民防部队、海军舰队、武装力量后勤保障部队、隶属于克格勃的边防军（1989年前）和内务部的内卫部队（1989年前）等。

到1980年中期，苏联武装力量是世界兵力最多的军队之一，拥有大量核武器和化学武器及其运载系统。除此之外，苏联武装力量拥有世界最强大的坦克集团，约有6万辆坦克和装甲车。

在1987—1991年"改革"期间，苏联推行"防御足够"政策，1988年采取单方面裁减武装力量的措施，裁减50万人。苏联派驻东欧的军队减少5万人，从民主德国、匈牙利和捷克斯洛伐克撤出6个坦克师（近2 000辆坦克）并解散；在苏联的欧洲部分减少了1万辆坦克，8 500门大炮、820架战斗机；从蒙古国撤出75%的苏联驻军，远东地区的驻军数量减少了12万人。

1992年5月7日，俄罗斯联邦武装力量在苏联武装力量的基础上组建起来。2017年7月17日，俄罗斯联邦总统普京签署了《关于确定俄罗斯联邦武装力量编制人数》的总统令，2018年1月1日起生效。该总统令规定，俄罗斯联邦武装力量总人数为190.275 8万，其中军人为101.362 8万。

俄罗斯联邦划分为五大军区：西部军区（总部设在圣彼得堡）、北方舰队（总部设在北莫尔斯克）、南部军区（总部设在顿河畔罗斯托夫）、中部军区（总部设在叶卡捷琳堡）、东部军区［总部设在哈巴罗夫斯克（伯力）］。2014年11月24日，俄罗斯联邦总统普京宣布建立一个新的机构——"北方"统一战略司令部，2014年12月1日正式运行。其责任区包括摩尔曼斯克州和阿尔汉格尔斯克州、科米共和国和涅涅茨自治区。该司令部位于北极圈内，包括陆军、空军和海军部队，北方舰队是其基础。

❀ 二、国防体制

俄罗斯联邦军队实施了一套新的国防体制，主要分为国防领导体制和作战指挥体制。国防领导体制主要是指对军队实行行政管理，总统和国防部部长通过各军兵种部对部队实施行政领导。俄罗斯的四总部没有作战指挥权，只负责部队的训练管理等事务。俄罗斯联邦总统是武装部队的总司令、最高统帅，通过国防部部长和总参谋长对俄罗斯联邦武装力量及其他军队实施全面领导，并通过国防部部长和总参谋长对俄罗斯联邦武装力量实施作战指挥。俄罗斯联邦总统在国防领域的主要职责包括确定国家军事政策的基本方针、批准联邦军事学说、宣布全国总动员或局部动员、宣布全国或局部地区进入战时状态、发布实施战斗行动的命令、批准本土战场作战计划、批准国民经济转入战时计划、批准武器装备和国防综合体发展计划、决定武装力量及其他军队的部署、批准国防做好总参谋部工作条例、批准武装力量及其军队的结构、编成及军人编制人数、颁布征召俄罗斯联邦公民服兵役和参加军事训练的命令、授予高级军衔、任免高级军官、举行谈判或签署俄罗斯联邦国防领域的国际条约。

俄罗斯的作战指挥体制指的是总统和国防部部长通过总参谋部和三个兵种部对战略核力量、天空防御力量以及战略预备队实施作战指挥；总统和国防部部长通过总参谋部和军区司令部对所属的联合部队实施作战指挥。国防部部长通过国防部对俄罗斯联邦武装力量实施直接领导，俄罗斯联邦武装力量总参谋部对武装力量进行作战指挥，通过各军种司令部对武装力量各军种进行指挥。

俄罗斯联邦国防部的基本职责包括参与制定国家军事政策和军事学说，制定联邦武装力量建设构想，协调武装力量和军事技术装备发展的联邦国家计划，提出国防订货建议，提出国防预算草案及其使用办法，组织国防科研和实验设计工作，为武装力量及其他军队订购、生产和采购武器、军事技术装备、食品、被服和其他物资，向总统提交共同条令及有关国防部和总参谋部、国防委员会、预备役委员会的草案条例，负责武装力量的动员准备，等等。

俄罗斯联邦武装力量总参谋部的基本职责包括拟订军事学说建议，制定联邦武装力量建设，协调武装力量和其他军队建设和发展计划的制订工作，协调拟订武装力量和其他军队员额的建议，制订武装力量使用计划、动员计划以及国土战场建设计划，拟订应征服役和参加军事训练公民人数，组织实施保持武装力量战斗和动员准备的措施，组织武装力量和其他军队的协同，组织武装力量和其他军队的动员和战略展开，参与制订民防计划，开展情报活动，等等。

第二节　军种与兵种

俄罗斯武装力量主要由陆军、海军、空军三大军种和战略火箭军、航天兵、空降兵三个兵种组成。

一、陆军

陆军是武装力量中人数最多的作战组成，主要发起进攻以摧毁敌方军团，控制其领土、地区和边界，实施纵深火力打击，反击敌方入侵和空降部队的袭扰。

俄罗斯陆军包括：

摩托化步兵是陆军中人数最多的组成，装备有步兵战车、水陆两用装甲运输车、卡玛斯和克拉斯牌卡车，由摩托化步兵、炮兵、坦克兵等组成。

坦克兵是陆军最基本的打击力量，具有高度的机动性和灵活性，实施纵深突破，能够跨越水沟等障碍，由机械化兵、坦克兵、摩托化步兵、火箭兵和炮兵等组成。

导弹兵和炮兵主要对敌方进行火力打击与核打击，装备有大炮、榴弹炮、火箭炮、反坦克炮、迫击炮等，设有炮兵侦察、管理和保障机构。

陆军防空兵主要保护陆军免受敌方空中打击、拦截敌方的空中侦察，装备有移动式、牵引式和便携式地空导弹，高射炮系统。

特种兵是陆军的一个综合功能组成，完成专业任务，确保武装力量的战斗和日常活动的顺利进行，主要由防辐射兵、防生化兵、工程兵、通信兵、无线电电子对抗兵、汽车兵等组成。

❧ 二、海军

海军能够对敌方海上和岸上力量实施常规及核打击，摧毁海上通信，投放海军陆战队等。俄罗斯的海军舰队由波罗的海舰队、北方舰队、太平洋舰队、黑海舰队及里海舰队组成。

俄罗斯的海军舰队主要包括：

潜艇部队是舰队的主要打击力量，能够隐蔽出海，抵近敌方并对其实施突然而有力的常规及核打击。该部队包括多用途舰、鱼雷艇和导弹巡洋舰。

水面舰队能够保障潜艇部队隐蔽出海和展开部署，并安全返航；能够运送并掩护海军陆战队登陆，布设或拆除水雷，摧毁敌方通信，保持己方通信畅通。

海军航空兵是海军的航空部队，包括战略、战术、舰载和岸上航空兵。对敌方军舰和岸上兵力实施轰炸和导弹打击，对敌方潜艇进行无线电侦察和搜索，并予以摧毁。

海岸部队主要保护海军基地和舰队母港、港口、重要岸上区域、岛屿和海湾免受敌方军舰和海军陆战队的攻击。其武器装备包括岸基导弹系统和火炮、防空导弹系统、水雷和鱼雷，以及专门的岸防军舰。为确保海岸防御，海岸部队建有岸上碉堡。

❧ 三、空军

俄罗斯空军主要对敌方进行侦察，确保己方保持空中优势，保护本国经济地区、军事地区和设施及部队免受敌方空中打击，预防敌方空中进攻，打击敌方具有军事和经济军事潜力基础的设施，给予陆军和海军舰队空中支援，空降海军陆战队，运送部队和物资。

俄罗斯空军主要包括：

远程航空兵是空军主要打击手段，打击敌方空军、海军，并摧毁其重要军事、军工和能源设施、战略战役纵深的通信等。对敌方进行空中侦察和轰炸。

前线航空兵是空军的主要打击力量，完成诸兵种作战、联合作战和独立作战任务，打击敌方纵深的空中、地面和海上的军队和设施，对敌方进行空中侦察和轰炸。

陆军航空兵是通过对敌方在前沿和战术纵深内的地面移动装甲设施进行打击来给予地面部队空中支援，确保多兵种合成作战和提高部队的机动性。陆军航空兵完成火力攻击、登陆运输、侦察和特种作战任务。

军事运输航空兵是俄罗斯联邦武装力量中空军的组成部分，保障作战部队、作战装备和物资的运输，空投空军陆战队。在和平时期执行突发的自然和人为的危及国家安全的紧急情况任务以及地区冲突事件、保障军队在不同地区的正常活动。其主要任务是确保俄罗斯武装力量的战略机动性。

特种航空兵完成较为广泛的任务，如远程无线电探测与指挥，开展电子战、侦察和目标指示，保障指挥和通信，确保空中飞机加油，进行无线电、化学和工程侦察，疏散伤员和病员，搜索和救援飞行机组等。

防空导弹部队保护俄罗斯重要行政区和经济区设施免受敌方空中攻击。

无线电部队进行无线电侦察、传递防空导弹部队和空军雷达以及监控空间使用所需的信息情报。

四、战略火箭军

战略火箭军是俄罗斯战略核力量的主要组成部分，对可能来自敌方的入侵展开核遏制，依靠单独核导弹或多枚核导弹打击敌方位于一个或几个空天战略方向的具有军事和经济军事潜力的战略设施。战略导弹兵的武器装备主要是陆基洲际弹道核导弹。

（一）主要组成

俄罗斯战略火箭军的组成包括：三支导弹部队（总部设在奥伦堡、弗拉基米尔、鄂木斯克），第四卡普斯金·亚尔国家中心试验场（包括原位于哈萨克斯坦萨雷–沙甘的第十试验场），第四研究中心（位于莫斯科州科罗廖夫市），培训机构（莫斯科彼得大帝军事学院、谢尔布霍夫导弹兵军事学院），军火库和中央修理厂，武器和军事装备存储基地等。

（二）核力量

目前，战略火箭军、导弹核潜艇部队和战略空军是俄罗斯核力量的3个基本组成部分，即"三位一体"核力量。战略火箭军最为重要，是俄罗斯核力量的骨干力量，实力最强，掌握着俄罗斯60%的战略核力量；其次是导弹核潜艇部队，约拥有俄罗斯35%的战略核力量；而战略空军在战略核力量中占比最低，只有5%。到2015年年初，俄罗斯战略核力量共装备各型战略核弹头4 500个（1 250件运载工具），包括部署导弹和空军基地的约1 780个战略核弹头，处于贮存状态的700个战略核弹头和2 000个非战略核弹头。①

2014年版的《俄罗斯联邦军事学说》阐明了俄罗斯联邦的核原则："在自身和（或）遭受核武器和其他大规模杀伤性武器攻击时，在遭受常规武器侵略、国家处于危亡关头，俄罗斯联邦保留使用核武器的权利。"俄罗斯现有的战略核力量依然能够保证其成为一个超级核大国。

五、航天兵

2015年8月1日，俄罗斯航天兵建立，它是由空军和空天防御部队整合后组建的一支新型部队。

从组织结构来看，航天兵主要包括空军部队、防空和导弹防御部队、航天部队3个组成部分。

俄罗斯航天兵的主要任务有：击退敌方对航空航天领域的侵略，保护国家和军事管理最高中枢、部队集群、政治行政中心、经济工业区、重要经济基础设施免受敌方空天打击；运用常规和核打击手段摧毁敌方设施和军队；给予其他军兵种作战空中支援；摧毁敌方来袭国家重要设施的弹道导弹；向最高管理中枢提供发现敌方弹道导弹初始发射的可靠信息，并发出导弹袭击预警；监控航天设施并发现针对俄罗斯的空天威胁，必要时消除这种威胁；发射在轨航天器，管理军用和军民两用卫星系统，并运用某些卫星确保军队所需的必要的信息等。

---

①　《2015年俄罗斯核力量》，《原子科学家公报》2015年5月4日。

六、空降兵

空降兵主要完成深入敌后破坏其军队指挥系统、后方支援和通信设施，通过精确武器摧毁其指挥点，控制和消灭敌方空降兵等任务。

空降兵是俄罗斯联邦武装力量最高统帅的一张王牌，由空降兵司令直接领导，主要由军事管理机构、集团、各部和机构组成。1930年8月2日为俄罗斯空降兵诞生日。

经过几次改革，俄罗斯空降兵目前主要包括：第三十一库图佐夫勋章青年空降突击队、第七青年空降兵伞降兵团、第二十机械化步兵师第五十六空降突击团等。

第三节　军事改革

1993年11月，总统叶利钦签署的《俄联邦军事学说基本原则》是涉及军事变革的第一个纲领性文件。1999年版的《俄罗斯联邦军事学说》使1999年成为俄罗斯推进新军事变革具有特殊意义的一年。伊拉克战争之后，严酷的战争现实再一次向俄罗斯发出了警示，这在客观上为俄罗斯新一轮军事改革的启动产生了积极的影响。为了应对新的国际形势和维护国家安全，总统普京加大了对俄罗斯军队的改革和建设力度，并取得了显著的成效。2001年1月，总统普京批准俄罗斯联邦安全会议提交的《2001—2005年俄军建设五年规划》后，俄罗斯启动了新一轮军事改革。2006年2月，俄罗斯武装部队总参谋长巴卢耶夫斯基在《总参谋部和军队建设任务》一文中公布了有关对军队进行重大改革计划的要点，并向普京总统递交了《2010年前俄罗斯联邦武装力量建设计划》，拉开了新一轮俄罗斯军队改革的序幕[1]。

---

[1]　赵宗九：《新军事变革大趋势——瞄准科技前沿的各国军队建设》，http://whb.news365.com.cn/20070729.htm。

❧ 一、全面军事改革

（一）进行五次裁军

1992年，俄军组建之初，总兵力达到280万人。战略火箭军26万人，编为5个集团军，拥有19个洲际导弹基地、300个发射控制中心；陆军80万人，编为105个地面作战师；防空军50万人，编为5个防空集团军和莫斯科防空区，装备先进的卫星预警系统、反导弹防御系统、防空导弹和歼击截击机；空军42万人，编为5个战略航空兵集团军、8个军区空军部队和5个运输航空兵团。

俄罗斯先后进行了5次大裁军，以期走上精兵之路。

1. 第一次大裁军

1992年，俄军进行了第一次大裁军，到1996年将其兵力裁减到170万人。战略火箭军15万人，装备SS-18、SS-19、SS-24和SS-25各型陆基洲际导弹发射架756个；陆军64万人，拥有各型主战坦克1.2万辆、装甲战斗车2万辆；防空军20万人，拥有防空导弹发射架2 500部[①]，作战飞机1 250架；空军22万人，拥有各型飞机3 500架；海军27万人，装备各型舰艇1 005艘（其中太平洋舰队329艘、北方舰队372艘、波罗的海舰队172艘、黑海舰队132艘），海军飞机870多架。

2. 第二次裁军

1997年，俄军进行第二次裁军，到1999年将其兵力从当初280万人裁减到120万。此次俄罗斯裁军提出质量建军的追求目标：结构优化、机动灵活、装备先进、有充分遏制能力的现代化职业军队，一支符合国家经济实力、能可靠保障国家安全的军队。俄罗斯更注重质量建设，希望首先通过军事的强大来捍卫自己的大国地位，为此俄罗斯提出了"现实遏制"的军事战略，并把提高军队"质量参数"作为发展方向。

---

① 伦敦国际战略研究所：《1991—1992年国际军事力量对比——俄罗斯部分》，转引自王郦久、刘桂玲主编：《跨世纪的俄罗斯》，北京：时事出版社，1997年，第213页。

3. 第三次大裁军

2000年，俄罗斯着手进行第三次大裁军。此次裁军有些出人意料，因而备受关注。大裁军是俄军改革最重要的内容之一，标志着俄军的精兵之策从此付诸实施。俄罗斯2000年的大裁军所遵循的基本原则是平衡发展，其相应的裁减方案是：陆军裁减18万人，海军裁减5万人，空军裁减4万人，内卫部队裁减2万人，铁道兵裁减1万人，联邦边防军裁减0.5万人，其他强力部门包括联邦安全局、对外情报局以及联邦政府通信和情报署裁减2.5万人。作为俄罗斯国家安全支柱和维护大国地位的战略火箭军也不例外。

俄罗斯第三次大裁军的根本目的是减少数量，提高质量，走精兵之路，因而从1999年的170万人裁减到120万人。普京在2000年8月11日的联邦安全会议上明确指出，俄军今后15年的发展和改革方向必须以经济为基础，过去10年的军事改革没能完成的任务就是因为没有充分考虑到经济基础。

到2005年年底，俄罗斯的武装力量由陆军、空军、海军三个军种和战略火箭兵、空降兵、航空兵三个独立兵种组成，总兵力约113.2万人。实际上，俄军现役有正规军约120万人。

4. 第四次大裁军

2005年年底，俄罗斯军方提出了将军队人数从120万裁减至100万的新目标。由于面临多重阻力，未取得显著成效。不过，俄罗斯质量建军、强军的思想未改变。

5. 第五次大裁军

2008年10月，俄罗斯国防部部长谢尔久科夫说，到2016年，俄军人数将从120万人裁减到100万人，军官人数将从35.5万人降至15万人。军官裁减重点集中在军队参谋指挥部门和后勤保障部门[1]。当时俄军军官比例为30%，而发达国家这一比例为7.5%~15%，因此裁减军官数量势在必行。同时，将每年培养1.5万~1.6万名军官的65所军事院校相应地削减至10所，每年毕业的军官降到7 000~7 500人[2]。

---

[1] 《俄罗斯裁减20万名军官计划不涉及战略火箭兵》，http://www.xinhua-net.com/news200901/06.shtml。

[2] 《金融危机，俄罗斯军事改革放慢步伐》，俄新社莫斯科2009年1月24日电。

2009年1月6日，俄罗斯战略火箭兵司令索洛夫佐夫说，俄罗斯武装力量关于裁减约20万名军官的计划基本上不涉及战略火箭兵，战略火箭兵不会进行结构改革。他还说，战略火箭兵作为俄罗斯战略核力量"三位一体"的基础有着很好的发展前景，将继续发挥核遏制作用①。

但是，由于发生金融危机，俄罗斯军队的改革计划推迟，这从俄罗斯第1878号总统令可以看出，该总统令规定，从2016年1月1日起最终确定俄军编制人数。截至2018年年初，俄罗斯军队人数为79.8万人。

（二）调整军兵种结构

1998年7月，俄罗斯联邦总统批准的《2005年前俄罗斯联邦军事建设的国家政策基础（构想）》规定，2001年前，根据军事组织保障国防和国家安全的任务，计划、组织并保障完成首要的结构性改造，以及其他旨在提高军事组织的质量参数和效能而创造条件的措施。

严格确定和从法律上巩固俄罗斯联邦武装力量的组成和结构。俄罗斯武装力量应包括边防军、内卫部队、铁道兵和国防部队等。武装力量问题是国家安全的一个根本性问题。必须保持武装力量业已形成的传统结构，并对之进行现代化的、高质量的改造。在具体地区、主要战略方向建立的集团军，归所在地区的军区指挥。

2001年5月，根据普京总统签发的命令，成立于1959年的俄罗斯战略火箭军的军事航天部和导弹太空防御部队被改编为战略火箭兵和航天兵。这样俄军由四大军种过渡到陆军、海军和空军三大军种以及战略火箭兵、空降兵和航天兵3个独立兵种。在现代战争中，陆、海、空的行动越来越依赖来自太空的信息支持，太空的制信息权成为决定未来战争成败的关键。

为应对各种突发暴力事件，俄罗斯组建"国民近卫军"。2016年6月22日，俄罗斯联邦国家杜马通过组建"国民近卫军"法案。"国民近卫军"的职能包括有权对公民证件、车辆进行强制检查；突击逮捕并拘押犯罪嫌疑人；有权为公众安全强行进入住宅房屋；有权在紧急情况下实施戒严；有权为制止大规模骚乱实施包围行动；有权通过武力实施反恐行动，并在威胁迫近时无须警告就动用武力，等等。俄罗

---

① 《俄罗斯裁减20万名军官计划不涉及战略火箭兵》，http://www.xinhua-net.com/news200901/06.shtml。

斯内务部下辖的内卫部队总司令佐洛托夫任"国民近卫军"首任总司令，也是总统卫队长、内卫部队总司令，以保证总统直接领导，直接对总统安全负责。

（三）建设职业化的军队

以合同兵役制取代义务兵役制是俄罗斯军事改革的一项战略性举措。在大量裁减军队员额的情况下，俄罗斯军队加快了向合同制方向转化的脚步，走职业化建军之路。

从2001年起，俄罗斯国防部划拨20亿~25亿俄罗斯卢布（以下简称"卢布"），在空降兵第七十六师首先开始合同兵役制试点，合同兵月薪为3 500~4 000卢布（当时约31.40卢布合1美元）。此次试点的经验向全军推广。

俄罗斯国防部计划分两个阶段加快军队职业化改革方案：2003—2007年为第一阶段，所有快速反应部队转为合同制；2008年开始为第二阶段，逐步向完全职业化军队转变。2003年8月，俄罗斯政府批准了2004—2007年用合同制军人配备部队的纲要[①]。

2004—2007年，俄罗斯武装力量常备军——陆军、空降兵部队和海军陆战队实行合同制服役。截至2007年，俄军已有27.7万名士兵和军士签订了服役合同，成为合同制军人。到2008年，俄罗斯70%以上的军人成为合同制军人。针对俄罗斯官兵比例失调，非战斗人员太多的现状，俄罗斯裁减高级将领。截至2017年1月1日，俄军合同制士兵、军士的数量在42万左右。

（四）提高武器装备更新换代比重

俄罗斯相继推出了《武器装备发展长期规划》《2001—2005年武装力量建设与发展计划》《2010年前武器装备规划》3份纲领性文件，为俄罗斯军队的武器装备发展提供行动指南。目前，俄军现代化武器的配备量只占军队武器装备总量的20%~30%，远低于发达国家的70%。

[①] 《在2004—2007年向以合同制军人补充兵团和部队过渡的联邦定向纲要》，http://www.mil.ru/art.shtml。

（五）改革后勤保障体制

俄军新阶段改革的重要方向之一，是通过联合后勤保障体制，使武装力量全部保障过程实现一体化。根据已经启动的后勤改革方案，俄军后勤体制正向国防部领导下的跨部门后勤保障体制过渡[①]。

（六）提高军事组织的质量参数

1998年7月俄罗斯联邦总统批准的《2005年前俄罗斯联邦军事建设的国家政策基础（构想）》规定，2005年前，联邦武装力量完成结构性改造，在此基础上保障军事组织的技术装备程度、动力装备程度、资源保障程度、职业化程度、机动性和其他质量参数的持续增长。

（七）确定统一的最高军事管理机构

俄罗斯联邦国防部的武装力量总参谋部应成为这样的机构：在战时能够协调所有武装力量协调一致共同完成任务，在平时能明确各武装力量机关的职能和任务。负责国防的全部组织工作，制订武装力量和其他军队的调动计划，战时进行全国动员。

❖ 二、明确军队的任务及军事改革和发展的优先方向

俄罗斯联邦国防部在2003年10月通过的《俄罗斯联邦武装力量发展的紧迫任务》中提出了军队应承担的四项任务及联邦军事改革和发展的七大优先方向。

（一）俄罗斯军队应承担的四项任务

遏制对俄罗斯国家安全和利益构成的军事、政治威胁；保护国家在一系列领域的政治和经济利益，包括在武装冲突或其他动荡形势中保护俄罗斯公民的安全，维护国家在海洋和专属经济区的利益，为国家经济安全创造条件等；在和平时期履行应尽的义务，包括根据条约规定的同盟义务，执行维和任务，执行安理会授权的制裁任务，打击恐怖活动和极端势力等；为保卫国家利益而参与各种形式的武装斗争，包括武装冲突、局部战争、地区战争和大规模战争等。

---

① 姜毅：《普京的军事改革与强军计划》，《俄罗斯中亚东欧研究》2005年第5期。

（二）军事改革和发展的七大优先方向

《俄罗斯联邦武装力量发展的紧迫任务》确定了俄罗斯军事改革和发展的七大优先方向：保持战略遏制力量潜力；增加常备部队的数量，并在其基础上组建军队集群；完善战备；实施用合同制军人配备部队的专项纲要；实施武器装备现代化纲要；完善军事科学和军事教育；完善军人社会保障体系。

三、依经济发展不断调整军费

从2000年开始，尽管俄罗斯军费占国内生产总值的比例一直未超过3%，但是呈现出不断增加的态势，到2006年，按照对美元的比价计算，俄军军费实际增加了5倍多[1]。军费支出中的很大一部分用于采购新的武器装备。计划到2025年前装备研制、采购、改造和修理费将占军费的50%~60%。

四、奠定军事安全的法律基础

北约入侵南斯拉夫的新"战略构想"促使俄罗斯在很短的时间内明确了国家军事安全构想，并将其作为保障国家军事安全的国家权力机关和组织活动的理论基础。俄罗斯国家军事安全构想明确了俄罗斯的国家利益，评估了国家安全面临的客观存在的和潜在的危险和威胁[2]。该构想拟订了作为军事改革基础的军事建设的长期计划，武装力量改革计划是其重要组成部分。2003年10月2日—3日，在俄罗斯国防部召开的高级军官会议上通过了《俄罗斯联邦武装力量发展的紧迫任务》的文件，为俄罗斯未来的军事改革指明方向，因而被称为"新的军事学说"。

《俄罗斯国家安全构想》和《俄罗斯联邦武装力量发展的紧迫任务》这两份文件成为俄罗斯军事安全的法律基础。

---

[1] 《俄提升核战略警告北约》，《环球时报》2007年11月22日，第1版。

[2] Омеличев Б. А.О проблемах военной безопасности России (Возможные пути и направления)，http://www.c- society.ru/wind.php?ID=288528&soch=1。

❀ 五、完善军事安全保障体系

不断完善军事安全保障体系是俄罗斯军事安全的一个最为重要的因素，已经写入俄罗斯国家安全体系之中，以法律确保国家军事安全，抵御内外威胁。该体系是俄罗斯联邦国家安全保障体系的最重要的组成部分，是落实确保国家在国防领域安全利益的主要工具。

国家军事组织是军事安全保障体系的基础，其主要包括联邦军队，强力部委的工具，其他能够采取政治、法律、社会、经济、管理、军事等方面的措施来保障国家和社会稳定及能够化解军事威胁的部委等。军事安全保障体系的主要权力结构为：国家和军事管理最高机构——俄罗斯联邦总统及总统办公厅、联邦安全委员会、联邦政府及联邦执行权力机关。最重要的一点是，军事安全保障体系包括俄罗斯联邦武装力量、其他军事组织以及带有相应管理和全面保障体系的机构。

当然，军事安全保障体系也包括与军事建设有关的部分工业和科学综合体、法律法规系统、经济财政保障系统和外交保障机构等。

第四节　　兵役制度

兵役是俄罗斯联邦公民在俄罗斯武装力量及其他军事机构为国家所尽的一种特殊的职业服务活动，履行保障国防和国家安全的职责。服兵役的联邦公民为联邦的军人，并被授予军衔。俄罗斯联邦公民可以在自愿的基础上服兵役或应征服兵役。

❀ 一、义务兵役

义务兵役是俄罗斯联邦公民保卫国家应尽的义务。俄罗斯的义务兵役制包括：进行军人注册、强制性兵役准备、应征服役、成为预备役、选择性兵役等。

1993年俄罗斯通过了《俄罗斯联邦兵役法》，1998年3月6日对其进行修改补充，2006年6月14日通过《俄罗斯联邦兵役法》修正案。自2007年1月1日起开始服役的男性公民的服役期为18个月，自2008年

1月1日起开始服役的男性公民的服役期则为12个月，同时取消了一系列现有的延期服役规定，减少了非军事高校的"军事教研室"数量，对其毕业生的要求更严格。

从2017年春季征兵开始，所有北方舰队军舰和潜艇上服役的士兵应全部是合同兵役制士兵。应征的士兵主要到岸上部队服役。无论是否进行军人注册，18~27岁的男性公民应尽服兵役的义务，但是军人注册是必须的且非预备役。所有公民都必须进行军人注册，具有以下情形的公民除外：按照《俄罗斯联邦兵役法》可免于服兵役的；被确认不适合服役的或因健康状况所限不适合服役的；服兵役与民事服务任选其一者；服刑者；未经过军事专门训练的女性；常住俄罗斯联邦境外的；已获得延期征兵入伍的公民，不被征召服兵役；已经在俄罗斯联邦服过役或正在服役的。

🌸 二、合同兵役

目前，俄罗斯联邦武装力量实行自愿基础上的合同兵役制，服役者需要签署两份标准合同。合同内容包括：兵役义务和忠实履行应尽的义务、服役期、公民的所有信息、军衔、职务、代表国家的签字人姓名。第一份合同由军人持有，第二份合同自履行兵役合同生效之日起存入军人档案。两份合同均盖有所在部队的印章，其有效期自生效之日起计算。国家为服役公民按照其服役的资格和程序提供获得优惠、补贴和津贴的权利。

有意愿签署兵役合同的公民应符合以下基本条件：受过不低于11年的教育；男性公民签署合同年龄为18~40岁，女性公民为20~40岁；符合心理和生理要求，身体素质好；未有刑事案件记录和有罪判决；对男女青年不应有家庭状况和有孩子方面的限制，等等。

从原则上来看，军队工作有诸多优势，其中之一为稳定。军人工资的高低取决于职务、军衔和额外补贴，合同军人的月平均收入为2.5万~4.0万卢布。这些钱基本不用动，可以存起来，因为国家完全承担军人的吃、穿、住，提供免费医疗、临床调查和医疗保险，还提供在任何一所教育机构接受函授学习的机会并免于考试。第二份合同签署后，军人有权参与军事贷款计划，有别于通常的民用住房贷款，享有一系列优惠。

总体来看，俄罗斯军队过渡到合同兵役制是一个富有前景的决定，能够提高武装力量的声誉，确保完成和平时期和战时面临的任务。合同兵役可以保障合同军人获得稳定的工资，并向其提供诸多优势和特权。

❧ 三、选择性民役

选择性民役是俄罗斯联邦公民以为国家和社会劳动来取代服兵役的一种替代性形式。只有两种情况可以选择这种兵役形式：服兵役违背公民的信念或信仰；公民为土著少数民族，保持传统的生活方式，进行传统的经营和从事传统的渔猎。

选择性民役规定了诸多义务和权利限制，凡是参加此种兵役的公民无以下权利：担任领导职务、参加或组织罢工、兼顾兵役与工作、推卸履行应尽义务、在工作期间离开工作地点。不过，依然享有劳动法和其他法律法规所规定的权利和自由。

逃避选择性民役的公民应承担以下刑事责任：罚款 8 万卢布或等额工资或 6 个月内的其他等额收入；做 480 小时的义工；拘留 6 个月。

第五节　军事工业与军事合作

❧ 一、军事工业

军事工业即军事工业综合体（简称"军工综合体"），是俄罗斯的重要经济部门，承担着研究、开发、设计、制造先进武器装备的任务，决定着俄罗斯在世界领域的实力和水平。俄罗斯从苏联继承了庞大的军工综合体，包括数百个国防企业和设计局。俄罗斯军工综合体经历了曲折的发展历程。同时，俄罗斯不断与世界各国开展军事交流与合作，扩大国际影响力。

俄罗斯军工综合体主要包括航空工业和火箭航天工业。航空工业，除了保障国家安全和国防利益外，对确保民用航空技术在国内和国际的运输、飞行器的出口具有更大的意义。火箭航天工业推动国家航天领域的现代化，巩固和有效发挥其潜力以增强国家经济和国防能力，确保国家安全和扩大国际合作。

俄罗斯军工综合体还包括核工业、航空工业、导弹火箭工业、射击武器生产、火炮系统生产、军舰制造、装甲和弹药生产等，其中主要企业有沃罗涅日飞机制造公司、金刚石-安泰防空集团、苏霍伊公司、能源火箭航天集团、俄罗斯弹药公司、俄罗斯国防出口公司、俄罗斯米格飞机制造集团公司、图拉仪器设计局飞行控制公司。

军工综合体在推动社会经济发展产生重大影响的电子、无线电、通信、光学仪器等领域方面发挥巨大作用，这些领域在很大程度上决定俄罗斯的工业技术水平和其在世界工业发达国家和军品出口国中的地位。这是俄罗斯能够在国际市场与高技术产品主要生产国竞争的为数不多的领域。

（一）军工综合体的特点

军工综合体的特点是订货人的垄断性（主要订货人是国家）、对军品的质量和技术性能有特殊要求、军品科技含量高、投资项目具有长期性和资本密集性、必须保持战略原材料储备、生产者的专业化与协作协同、生产和科研的可复制性、限制工艺转让、军工综合体企业走向国际武器市场的复杂性、企业规模巨大等。

俄罗斯军工综合体的军用产品比例为：航空工业产品占43.9%，船舶制造业产品占19.3%，无线电产品占12.6%，武器工业产品占10.6%，弹药产品占5%，航天导弹业产品占4.4%，其他产品占4.2%。

通常情况下，国家是军工综合体企业产品的主要订货人。在发达国家，国家国防订货正是军工产品国内需求的基础，占国防生产量的60%~70%。在俄罗斯，国家国防订货仅占40%。

（二）军工综合体的转型发展

从20世纪90年代起，俄罗斯推行国有资产大规模私有化规划。1991—1998年，军工综合体也进行了股份制改造，军工综合体企业进行了部分私有化，开启了转型进程。

俄罗斯军工综合体企业股份制改造占其企业总数的57%，并且其中28.2%的企业完全没有国有股份。俄罗斯联邦统计署的数据显示，俄罗斯航空工业有230多家企业实行股份制，国有控股的只有7家企业，90多家新股份公司没有国家股份①。在俄罗斯经济向市场转型后，俄罗斯许多军工企业经历了军转民，以适应新的形势。

1998—2008年，俄罗斯军工综合体进行了结构性改革。尽管俄罗斯油气开采、冶金和矿物的采掘与生产的私有化，还有出口规则的自由化，对这些行业快速走出危机发挥了较大的作用，但是上述改革措施对于军工综合体摆脱系统性危机无济于事，出口导向没有解决任何问题。

目前，在俄罗斯军工综合体中国有企业份额占43%，股份公司占57%。在科技产品生产领域，国有企业占主导地位，高达72%。俄罗斯力求在先进武器领域处于领先地位。但是，俄罗斯军工综合体资金严重短缺，能投入到新装备研发的经费太少。

二、军事合作

军工综合体在俄罗斯国家对外经济政策方面发挥着重要作用，出口俄罗斯超过1/3的机器设备，生产约1/3的民用机器。俄罗斯不断加强对外军事交流与合作，其集体安全观念日益增强，通过对外军事交流与合作寻求构建起集体安全机制。

（一）与独联体的军事合作

作为拥有相当雄厚的经济和军事潜力的核大国以及占据独特地缘政治地位的国家，在建立独联体集体安全机制方面，俄罗斯无疑发挥着主导作用，承担着更多的责任和义务。因此，在俄罗斯所进行的军事改革不仅应符合本国的国家安全，而且应考虑到独联体国家的利益②。

独联体集体安全机制逐步完善。1992年5月15日，俄罗斯、亚美尼亚、哈萨克斯坦、塔吉克斯坦、吉尔吉斯斯坦和乌兹别克斯坦6国签署了《独联体集体安全条约》和双边关系条约等文件。1993年，阿

---

① Развитие военно-промышленного комплекса за 1991-2011 гг, http://blizservice.ru/obzor-kompleksa-rossii/。

② Макаренко И.К.,Морозов В.С. Военная безопасность государства: сущность, структура и пути обеспечения на современном этапе，http://www.vrazvedka.ru/main/editor/makarenko.html。

塞拜疆、格鲁吉亚、白俄罗斯先后加入条约。1999 年，在《独联体集体安全条约》着手续约的时候，阿塞拜疆、格鲁吉亚和乌兹别克斯坦宣布退出。2002 年 5 月，独联体成员国首脑举行了集体安全理事会会议。成员国首脑决定，加强集体安全条约的军事成分，特别是加强东欧（俄罗斯—白俄罗斯）、高加索（俄罗斯—亚美尼亚）和中亚（俄罗斯—哈萨克斯坦—吉尔吉斯斯坦—塔吉克斯坦）3 个方向的协作。条约成员国签署了一份文件，按照该文件俄罗斯以优惠的国内价格向条约成员国提供军事技术装备。2002 年 10 月，俄罗斯、亚美尼亚、哈萨克斯坦、塔吉克斯坦、吉尔吉斯斯坦、白俄罗斯签署了《独联体集体安全条约组织章程》及相关法律文件，确定成立独联体集体安全条约组织。

2003 年 4 月，独联体集体安全条约组织首脑会议在塔吉克斯坦首都杜尚别举行。与会各国一致决定成立集体安全条约组织联合司令部和快速反应部队，以应对安全威胁。联合司令部于 2004 年 1 月开始运作。2004 年 8 月 3 日—6 日，独联体集体安全条约组织在吉尔吉斯斯坦北部举行"防线 – 2004"军事演习，其主要目的是检验集体安全条约组织应对恐怖袭击、制定先发制人的措施、跨越国境调遣部队以及采取快速行动的能力。2005 年 6 月 23 日，独联体集体安全条约组织 6 个成员国元首在莫斯科举行年度峰会后通过一项声明，就一系列国际问题阐述了共同看法。声明说，该组织成员国准备在独联体、上海合作组织和欧亚经济共同体框架内开展全面合作，希望同欧盟发展关系，并重申愿意同北约进行沟通和协调。独联体集体安全条约组织的战略目的是促进建立公正民主的国际秩序，保持欧亚大陆的繁荣和安全。2009 年 2 月 4 日，独联体集体安全条约组织成员国首脑在莫斯科举行的特别峰会上一致同意组建集体快速反应部队。2009 年 7 月 31 日至 8 月 1 日，独联体集体安全条约组织成员国领导人出席该组织第二次非正式峰会。会议围绕内部合作和打击地区极端主义、恐怖主义等议题展开了"坦诚而富有建设性"的对话，以期加强各成员国间相互信任，实现该组织由单一"安全"职能向多功能方向拓展的转型。与会各国首脑决定在俄罗斯建立信息安全技术中心。

独联体集体安全条约组织的法律基础、体制机制不断完善和健全，共同应对新的威胁与挑战，共同打击国际恐怖主义和极端主义。

（二）与上海合作组织的军事合作

独联体集体安全条约组织与上海合作组织开展安全领域的合作。

2007年10月5日，上海合作组织与独联体集体安全条约组织在塔吉克斯坦首都杜尚别签署合作备忘录，首次以正式文件的形式确定了共同的合作目标与方向。这两个组织决定联合打击武器走私、毒品交易及有组织的跨国犯罪，共同应对包括恐怖主义在内的新威胁与新挑战，从而维护欧亚地区及世界的安全与稳定。

在"上海五国"及上海合作组织框架内，俄罗斯与中国合作打击"三股恶势力"。2003年8月，上海合作组织举行了"联合-2003"反恐军事演习。为了加大打击和震慑力度，2005年8月18日—25日中俄举行了"和平使命-2005"中俄联合军事演习，此后定期举行"和平使命"中俄联合反恐军事演习。

（三）与北约和美国的军事合作

在国际反恐联盟的基础上，俄罗斯与北约和美国在军事安全领域开展了一定的合作。已经取得的成绩主要包括在军队联合行动、空中合作以及海上搜救等方面的合作。2008年，俄罗斯参与北约在地中海举行的反恐行动。

2001年"9·11"事件以来，俄罗斯积极配合美国打击恐怖主义势力，允许美国军事力量进入其传统势力范围——中亚地区。2005年5月，俄罗斯与美国签署了大幅度削减进攻性核武器协议，双方把两国各自拥有的核弹头数量从6 000枚削减到1 700~2 200枚。这一协议的签署将解决冷战遗留的问题，为俄美关系"开创新纪元"[①]。

2006年10月30日，俄罗斯外交部部长拉夫罗夫与美国参谋长联席会议主席彼得·佩斯会见时表示，军事交流是俄美合作的重要组成部分。拉夫罗夫强调，俄美两国肩负着维护世界战略稳定的特殊责任，世界其他国家也期待俄美在这一领域有所作为。出于这种责任，两国将外交、国防以及情报部门的交流纳入双边合作机制中。佩斯指

---

① 《美俄就削减核武器问题达成协议》，http://news.xinhuanet.com/newscenter/2002-05/14/content_39.htm。

出，两国在保障全球战略稳定方面有很多工作要做①。

在联合打击国际恐怖组织ISIS（"伊斯兰国"）问题上，2015年11月13日法国巴黎遭到严重的恐怖袭击以后，俄罗斯与美国在土耳其安塔利亚召开的G20峰会上达成了联合打击ISIS的共识。

第六节　增强军队战斗力的措施

通过军事改革、加强海军远洋作战能力、加强制空权、增加新的威慑力——"炸弹之父"等各种措施，俄罗斯不断提升武装力量的综合作战能力，以保障国家军事安全。

❖ 一、加强海军远洋作战能力

俄罗斯非常重视在北极、太平洋、印度洋、黑海和地中海等水域的军事存在和影响。

加强在地中海的军事存在，从而拓展俄罗斯在南部的战略空间。俄罗斯拥有33 807千米长的海岸线，被地理分割成互不相连的4块，因而俄罗斯海军的战略机动必须通过公海进行，而地中海是沟通北方舰队、波罗的海舰队以及黑海舰队的必经之路。地中海对俄罗斯还具有经济意义，俄罗斯每年有60%的进口货物经此输入。黑海舰队处于俄罗斯唯一的一年四季均可通航的温带海区。该舰队能常年进出地中海，既牵制部分北约海军力量，又成为联系俄罗斯舰队的纽带。

海外基地的数量和分布对于军力输送和后勤补给非常重要。在地中海保持永久军事存在可以说是俄罗斯扩大海外基地的重要步骤②。地中海海域是俄罗斯黑海石油航运经过的重要路线，对俄罗斯具有战略意义。俄罗斯黑海舰队最主要的基地是1997年从乌克兰租借的塞瓦斯托波尔军港（2013年乌克兰危机后被俄罗斯"接纳"），期限为20年，年租金为1亿美元。随着俄罗斯综合国力的提高，俄罗斯希望恢

---

① 《俄外长称军事交流是俄美合作重要组成部分》，http://www.sxgov.cn/jstd%5Cthdt/2006/11/01.shtml。

② 张立华：《俄海军瞄准地中海抗击美国》，《国防时报》2007年10月29日，第4版。

复在地中海的军事影响，组建相对固定的地中海分舰队势在必行。
2006年6月，俄罗斯与叙利亚达成协议，把拉塔基亚港和塔尔图斯港
建设成俄罗斯地中海分舰队的基地。俄罗斯与叙利亚在军事基地方面
加强合作，是其重振海上雄风的重要步骤。

从2007年下半年开始，俄罗斯加强了在地中海的军事存在，从而
拓展俄罗斯在南部的战略空间。由俄罗斯唯一的航母"库兹涅佐夫元
帅号"领衔的舰队游弋在地中海，世界为之震动。2016年10月21日
晚，以"库兹涅佐夫元帅号"为旗舰的俄舰艇编队，穿越了英吉利海
峡，前往叙利亚海岸，执行打击恐怖分子的任务，引起世界广泛关注。

2000年普京执政后签署了《俄罗斯联邦海军未来十年发展规
划》，根据这一规划，俄罗斯将全面更新海军武器装备，建设一支崭新
的、强大的现代化海军。

为了确保北极俄罗斯部分地区的军事安全，俄罗斯正在加强在北
极地区的兵力部署，在其现有的北方舰队、太平洋舰队以及军区的基
础上组建俄罗斯北极地区军事集团。

❖ 二、加强制空权

俄罗斯国家空天防御系统是包括"防空、反导和太空防御"在内
的一体化综合防御体系，是俄罗斯战略防御体系的主要组成部分和战
略遏制的关键手段之一，包括太空导弹防御系统——导弹袭击预警系
统、宇宙空间监督系统和反导防御系统、国土及部队防空系统、指挥
和其他保障系统等。

俄罗斯空军装备不断升级换代。俄罗斯空军真正的"撒手锏"是
其研制的有"反美之鹰"绰号的第五代战斗机（PAK-FA），通称"苏-
57"。俄罗斯的第五代战斗机满足了战斗机公认的"4S"标准，即超
机动能力、隐形能力、超级信息优势和超声速巡航能力等特点。第五
代战斗机可以携带各类远、中和近程空对空导弹，执行各种距离的空
中打击任务。

❖ 三、增加新的威慑力——"炸弹之父"

俄罗斯军方2007年9月11日宣称，其成功测试了世界上威力最大
的常规炸弹。通过超声速战略轰炸机携带投放，在爆炸后产生了一个

熊熊燃烧的巨大火球，其威力在美军"炸弹之母"[①]的4倍以上。该炸弹可有效保护俄罗斯国家安全，并在打击恐怖主义的战斗中发挥作用。

俄军的这种新型炸弹采用了"两级引爆技术"。首先通过第一级引爆将炸弹主体送入空中，然后再让其发生"第二次爆炸"来杀伤敌人。同传统武器相比，这种新型炸弹产生的冲击波与超高温作用传递更远，爆炸后产生的局部真空环境更能加剧这种炸弹的破坏力，能让现场附近的各类生物"通通蒸发"。

---

① 它是一种通过卫星制导的空投精确打击武器，此前被认为是地球上威力最大的常规炸弹，其弹药重量达到总重的90%，总重为8.16吨以上。其可由B-52战略轰炸机携带升空，主要打击对象为隐藏在地下的各类敌方坚固掩体。

第五章　文化

本章主要介绍俄罗斯的语言文字、文学和艺术等方面。俄语是在基督教传播过程中产生的，逐步发展成现代标准俄语。俄罗斯文学在世界文坛具有较为重要的地位。俄罗斯音乐、绘画、舞蹈和建筑等艺术成就卓著，对世界艺术的发展产生了重要影响。

第一节　语言文字

语言是文化的载体。俄罗斯联邦境内的各民族有100多种属于印欧语系、阿尔泰语系和乌拉尔语系以及高加索和古亚细亚语族的语言和方言，其中使用最广的语言包括俄语、乌克兰语、白俄罗斯语、亚美尼亚语、奥塞梯语和德语（印欧语系），鞑靼语、楚瓦什语和巴什基尔语（阿尔泰语系），乌德穆尔特语、马里语和埃尔齐亚语（乌拉尔语系），车臣语、阿瓦尔语和达尔金语（纳荷-达吉斯坦诸语言），高加索诸语言和古亚细亚语族的语言等。俄语是基督教在古罗斯传播过程中产生的，并随着宗教传播和文学的发展不断完善。俄语是联合国六种官方语言之一。为了保持和巩固俄语作为族际交流语言的地位，俄罗斯正在采取多种措施扩大俄语在国际交流中的影响力。

一、俄语的产生和发展

古罗斯语（斯拉夫语）是现代俄语的前身，也是印欧语系的一支。9世纪，拜占庭帝国的修士西里尔（827—869）和美多德（815—885）创造了早期俄文字母。他们在传教过程中在希腊字母的基础上创造出一套最早的斯拉夫字母——格拉戈尔字母和西里尔字母①，接着又把一些比较重要的宗教书籍译成斯拉夫文。这套字母极大地推动了俄语语言文字在古罗斯社会各阶层的普及。

约在6世纪，斯拉夫语分为东斯拉夫、西斯拉夫和南斯拉夫3个语族。14世纪，东斯拉夫语分化为俄语、乌克兰语和白俄罗斯语。

在988年接受基督教祈祷书的同时，古罗斯也接受了教会的斯拉夫语。古罗斯第一部法律汇编《罗斯法典》、第一部编年史《往年纪事》、第一部史诗《伊戈尔远征记》等均是用教会的斯拉夫语撰写的。

18世纪以前，俄罗斯文字的发展是自然进行的。此后，文字逐渐被纳入国家改革的范畴。彼得一世对语言进行了改革，主张使用普通俄语字母，而不用教会的斯拉夫语字母。彼得一世的字母改革奠定新型标准俄语的基础，又经过1917—1918年的语言改革，形成了现在的俄语字母表。

二、俄语的使用

在苏联时期，俄语是苏联的国家官方语言和全民通用语，是世界范围内第四大通用语言，有1.6亿人将其作为母语，2.9亿人能熟练运用，其影响力辐射中东欧及东亚国家。20世纪七八十年代是俄语及俄罗斯文化的鼎盛时期。苏联解体后，俄语在欧亚地区的优势逐步丧失，各国对俄语地位态度各异，白俄罗斯、哈萨克斯坦和吉尔吉斯斯坦赋予了俄语官方语言地位，土库曼斯坦、塔吉克斯坦、摩尔多瓦把俄语作为族际交流语言，在阿塞拜疆、亚美尼亚、格鲁吉亚和立陶宛的宪法中未明确俄语的地位，拉脱维亚将俄语定为外语。

俄语对于俄罗斯联邦约1.4亿居民（占俄联邦总人口的92%）来说是母语。俄语是俄罗斯境内最普遍的语言，《俄罗斯联邦宪法》第六十八条规定，俄语是俄罗斯的官方语言。此外，俄罗斯境内有8种语言的使用人数超过100万人。各联邦主体有权确定自己的官方语言。各联邦主体的官方语言均应有斯拉夫语字母表。2009年，联合国教科文组织承认俄罗斯境内有136种语言处于濒危状态。

---

① 格拉戈尔字母没有得到传播；西里尔字母成为古罗斯语发展的基础。参见程敏、申达宏、张健：《世界大国（地区）文化外交·俄罗斯卷》，世界知识出版社，2014年，第138~140页。

第二节　文学

这里所说的"俄罗斯文学"是广义上的所有说俄语国家的文学，不仅包括俄罗斯，也包括苏联其他加盟共和国的文学。从时间上来看，主要分为古代文学、近代文学和现代文学。

一、古代文学

988年，基辅罗斯将基督教定为国教，开启并促进了俄罗斯文学的发展。其早期的主要作品有：《伊戈尔远征记》《拔都灭亡梁赞的故事》《亚历山大·涅夫斯基行传》《顿河彼岸之战》，描写的大都是大公们对外征战开疆拓土和抗击入侵保卫家园的英勇壮举。

到17世纪，俄罗斯宗教文学和世俗文学日渐繁荣。阿瓦库姆的《行传》是俄罗斯古代文学中第一部以个人为中心且广泛涉及社会生活的作品，它的语言生动朴素，受到后世广泛关注和推崇。《萨瓦·格鲁德岑的故事》《弗罗尔·斯科别耶夫的故事》《谢米亚克法庭的故事》《棘鲈的故事》等作品或揭露和讽刺社会负面现象，或描述世俗社会生活，或充满对新生活的憧憬。

到18世纪，古典主义在将近半个世纪的时间里成为俄罗斯文学的基本流派。罗蒙诺索夫（1711—1765）使文学体裁和语体规范化。剧作家苏马罗科夫（1717—1777）的悲剧作品和罗蒙诺索夫的颂诗标志着俄罗斯新文学的真正开端。

在古典主义文学中，讽刺作品成长较快，其中最突出的是诺维科夫（1744—1818）主编的《雄蜂》，描写的是像雄蜂一样过寄生生活的地主；《画家》，抨击上流社会崇洋媚外的风气。冯维辛（1744—1792）的优秀喜剧作品《纨绔少年》深刻揭露了农奴主的残暴和寄生性，认为农奴制是俄国的万恶之源，向现实主义迈进了一步。

18世纪末期，感伤主义在俄国兴起，表达了1773—1775年普加乔夫起义失败后贵族的忧伤情绪。伟大的贵族革命家拉季舍夫（1749—1802）的《从彼得堡到莫斯科旅行记》是俄罗斯文学史上第一部激烈反对农奴制的力作，真实地展示了农民的困苦和抗议活动场景。

1812年卫国战争的胜利推动了19世纪初俄罗斯文学的较快发展。克雷洛夫的寓言和格里鲍耶妥夫（1795—1829）的喜剧作品具有鲜明的现实主义色彩。雷列耶夫（1795—1826）和马尔林斯基（1797—1837）等十二月党人的诗歌和小说充满着反对暴政和争取自由的革命思想。

1825年，十二月党人起义的失败和专制农奴制的加强，使俄罗斯文学由浪漫主义转向现实主义成为主流趋势。被尊为"俄罗斯近代文学之父"的普希金、浪漫主义诗人莱蒙托夫、始终保持着浪漫气质的果戈理无不从浪漫主义转向现实主义。通常把从普希金到契诃夫所处的时代称为俄罗斯文学的"黄金时代"（1820—1880）。普希金的诗歌《致恰达耶夫》和小说《上尉的女儿》、莱蒙托夫的长篇小说《当代英雄》、果戈理的作品《死魂灵》《钦差大臣》都批判了现实主义。现实主义从此成为后来半个多世纪俄罗斯文学的主潮。赫尔岑、屠格涅夫、陀思妥耶夫斯基、奥斯特洛夫斯基、列夫·托尔斯泰和契诃夫，以及杜勃留罗波夫、皮萨列夫、丘特切夫、柯里佐夫和尼基金等都秉持着现实主义的创作基调。

❧ 二、近代文学

19世纪40年代，批判现实主义取得了完全胜利，代表性作家及其作品：赫尔岑的《谁之罪？》《偷东西的喜鹊》，屠格涅夫的《猎人笔记》，格里戈罗维奇的《乡村》《苦命人安东》。

19世纪50年代，在俄罗斯文学中出现"多余的人"的形象。如屠格涅夫的《罗亭》《贵族之家》，冈察洛夫的《奥勃洛莫夫》等，预示着地主阶级的没落。

19世纪60年代，战斗的平民知识分子"新人"形象进入文学作品。1860年，屠格涅夫的《前夜》《父与子》在一定程度上体现了这种时代精神。车尔尼雪夫斯基的作品里洋溢着浪漫主义激情，鼓舞了同时代人和后世的斗志，他的作品《怎么办？》描绘的拉赫美托夫是俄罗斯文学里第一个职业革命家。

陀思妥耶夫斯基的《被侮辱与被损害的》《罪与罚》《白痴》贯穿着人道主义精神。列夫·托尔斯泰的巨著《战争与和平》，歌颂俄国人民的勇敢和爱国主义。

19世纪70年代，民粹派掀起"到民间去"运动，代表作有屠格涅夫的《处女地》、涅克拉索夫的《谁在俄罗斯能过好日子》等。还有反映在资本主义冲击下新旧交替时期俄国社会状况的作品，如列夫·托尔斯泰的《安娜·卡列尼娜》，其女主人公安娜在忠于封建操守和要求个性解放的尖锐矛盾中死去；男主人公列文企图以他独特的农村改革来对抗资本主义潮流，在改革失败后皈依东正教。

19世纪八九十年代，反映革命与反革命斗争的作品不断涌现。1881年民粹派炸死亚历山大二世，反动时期从此开始。《祖国纪事》被查封，革命民粹派蜕化成一个自由主义派别，鼓吹"小事论"，提倡改良。列斯科夫的《左撇子》《巧妙的理发师》《岗哨》，柯罗连科的《奇女子》《马卡尔的梦》《在坏伙伴中》《弗洛尔的故事》《盲音乐家》《嬉闹的河》《瞬间》，契诃夫的《苦恼》《万卡》《第六病室》《醋栗》《套中人》《樱桃园》，列夫·托尔斯泰的《复活》等作品抨击了沙皇暴政，号召人民为自由和正义而斗争。

三、现代文学

19世纪90年代中期，俄国解放运动进入无产阶级时期，俄罗斯文学步入一个新阶段，其主要标志是普列汉诺夫、列宁和高尔基的相关著作。高尔基的《海燕之歌》《母亲》标志着社会主义现实主义文学的诞生。

19世纪末20世纪初，俄罗斯文学出现了新的气象。通常把19世纪与20世纪之交的近30年时间称为俄罗斯文学的"白银时代"，因为这一时期俄罗斯开展了一场范围广大、影响深远的思想文化运动。绥拉菲摩维奇和高尔基等作家把现实主义和浪漫主义结合起来，开创了"社会主义现实主义"的先河。还出现了现代主义文学流派，如以梅列日科夫斯基、勃洛克等的作品为代表的象征派诗歌和小说，以古米廖夫和阿赫玛托娃的作品为代表的阿克梅派诗歌，以叶赛宁的作品为代表的意象派和以马雅可夫斯基的作品为代表的未来派诗歌等。

十月革命胜利后至20世纪80年代末，这个时期的文学称为苏维埃俄罗斯文学，提倡以社会主义现实主义为基本创作方法。因此，高尔基、绥拉菲摩维奇、富尔曼诺夫、法捷耶夫、肖洛霍夫、马雅可夫斯基、阿·托尔斯泰、爱伦堡、费定、列昂诺夫等作家进行社会主义现实主义创作，其中值得一提的有肖洛霍夫的《静静的顿河》。第二次世界大战后，诗人特瓦尔多夫斯基，诗人兼戏剧、小说作家西蒙诺夫，小说家柯切托夫、邦达列夫和拉斯普京等的作品具有了社会主义现实主义文学新的特色。

反乌托邦小说家扎米亚金、象征派诗人和小说家帕斯捷尔纳克、剧作家和讽刺小说家布尔加科夫、幽默讽刺作家左琴科、带意识流特色的乡土小说家普拉东诺夫、古风派小说家索尔仁尼琴以及现实批判派作家特里丰诺夫等不按照社会主义现实主义方法进行创作，亦产生广泛影响。

在这里要特别介绍一下俄罗斯"伟大的诗人"叶夫图申科，他是20世纪最杰出的俄语诗人之一，于2017年4月1日逝世，享年84岁。俄罗斯人称其为"伟大的诗人"。从广义上说，他本人不仅是一位诗人，也是一位文化活动家；从狭义上说，他不仅是一位诗人，也是一位电影导演、演员、小说家、评论家、翻译家、摄影家等。[①]2013年，莫斯科埃克斯莫出版社出版了叶夫图申科自选诗集《我不善于道别》，书名取自诗人的同名诗作。

第三节　艺术

俄罗斯音乐、绘画、舞蹈、建筑等艺术独具特色、颇具魅力，在世界艺术殿堂中占有重要地位，对人类艺术的丰富和发展产生了重大影响。

一、音乐

宗教音乐对俄罗斯本土音乐有很大的影响。由此，俄罗斯音乐分为宗教音乐和非宗教音乐，以18世纪为界限，18世纪以前主要是宗教音乐，18世纪以后开始流行非宗教音乐。俄罗斯音乐以其东西交融、细腻与豪放、虚拟与现实等艺术表现风格而享誉世界乐坛。

---

① 刘文飞：《叶夫图申科：我不善于道别》，http://www.chinawriter.com.cn/n1/2017/0406/c403994-29.html。

（一）古代音乐

6—9世纪，东斯拉夫人信奉"多神教"，包括对太阳、雷电、风、树木等自然物和自然现象的崇拜和对氏族祖先的崇拜，由此产生了"年历仪式歌曲""家族仪式歌曲"。当时使用的乐器主要有：罗格（号角）、古多克（弓弦乐器）、古斯里（多弦弹拨乐器）、杜德卡（竖笛）、索别尔（横笛）以及打击乐器等。9世纪末，"壮士歌"流行起来，其内容为英雄史诗和传说，是一种配乐朗诵形式的叙事歌曲，旋律从容庄重，由民间弹唱艺人在古斯里的伴奏下演唱。在王公贵族的登基典礼上、出征归来和庄严集会时，常唱奏"光荣颂"。

10世纪，宗教音乐开始发展。因采用"旗标"或"弯钩"记谱法，教会歌曲被称为"旗标歌曲"或"旗标歌调"，音域更宽广、旋律更悠长、歌唱性更强。到16世纪，"旗标歌调"最终形成了俄罗斯民族独特的风格。

15—16世纪，"悠长歌"这种民歌体裁时兴起来，其主要特征是旋律自由宽广、调式交替变更、节奏灵活、单声多声结合（常见的是支声复调），表达了人民的情绪和愿望，体现了人民的智慧和力量。

17世纪末至18世纪中叶，彼得一世时期庄严颂歌性质的"康特"流行起来，主要作曲家有季托夫、卡拉什尼扬斯夫、巴维金、列德里科夫等。"康特"起初用宗教情节自由发挥，后使用爱情、幽默讽刺的世俗歌词。

（二）近代音乐

到18世纪，俄国音乐艺术逐步摆脱来自宗教的影响，成为娱乐大众的一种艺术形式。如人们在歌剧院举办音乐会，开展家庭音乐活动。18世纪80年代在莫斯科彼得罗夫斯基剧院（今大彼得罗夫剧院的前身），既演话剧，又演歌剧和舞剧。

18世纪末，在俄国启蒙思潮的熏陶下，俄国作曲家学派形成，其主要代表人物有：别列佐夫斯基、博包尔特尼扬斯基、帕什克维奇、福明和汉多什金等。该学派关注民间生活题材，采用俄罗斯民歌素材，其音乐带有一定的民族特色。如福明的《马车夫》（1787年）等代表性歌剧作品集中地反映了作曲家们的创作风格。

19世纪初，俄国音乐具有了较为浓厚的浪漫主义色彩，其中韦尔斯托夫斯基的《阿斯科尔德的坟墓》（1835年）最具代表性和最有影响力。19世纪三四十年代，米哈伊尔·格林卡的创作标志着俄国音乐古典主义传统的确立。格林卡借鉴欧洲古典和浪漫乐派的风格，将专业的音乐技巧与质朴的俄国民间音乐紧密地结合在一起，提升了俄国音乐文化水平，为俄国民族乐派奠定了坚实的基础。格林卡的歌剧《伊万·苏萨宁》（原名《为沙皇献身》）、神话歌剧《鲁斯兰与柳德米拉》、管弦乐幻想曲《卡玛林斯卡雅》以及用普希金的诗谱写的声乐浪漫曲《我记得那美妙的瞬间》《夜晚的和风》等都是俄国音乐的经典。

19世纪50年代末和60年代，俄国音乐文化取得了较快进展。鲁宾斯坦兄弟在音乐演出活动和专业音乐教育方面做出了巨大的贡献。1859年，鲁宾斯坦兄弟在圣彼得堡创建了俄罗斯音乐协会，1860年在莫斯科成立了俄罗斯音乐协会分会，举办交响音乐和室内乐音乐会，开办了音乐训练班。在此基础上，于1862年和1866年先后成立了圣彼得堡音乐学院和莫斯科音乐学院。

19世纪八九十年代，柴可夫斯基重视音乐艺术的思想性和民族传统，其创作深刻地反映了在沙皇专制高压政策下的俄国知识分子阶层的苦闷心理，他的作品交织着戏剧性冲突、抒情性表白和风俗生活的描写，委婉的旋律、真挚的感情和生动的形象给人以深刻的感染力。柴可夫斯基最著名的作品有：《第四交响曲》《第五交响曲》《第六交响曲》，幻想序曲《罗密欧与朱丽叶》《第一钢琴协奏曲》《小提琴协奏曲》，歌剧《叶甫盖尼·奥涅金》《黑桃皇后》，舞剧《天鹅湖》《睡美人》《胡桃夹子》，以及声乐浪漫曲《祝福你们，森林》等。

（三）现代音乐

随着无产阶级革命运动的兴起，俄国革命歌曲到处传唱，其中影响较大的歌曲有：《同志们，勇敢地前进》《华沙革命歌》《红旗》《工人马赛曲》《国际歌》等。这些歌曲一经流传，就成为无产阶级的强大精神武器，在革命斗争中发挥了团结群众、鼓舞斗志、揭露黑暗、打击敌人的战斗作用。

1917年十月革命胜利后，俄罗斯音乐进入了新的发展阶段，成为多民族的苏联音乐的重要组成部分。1948年，苏联成立作曲家协会，该协会经常在全国各地举行音乐节和音乐会演。1958年，第一届国际柴可夫斯基音乐比赛在莫斯科举行，以后每4年举行一次。在1978年的第六届柴可夫斯基音乐会上，苏联歌唱家舍姆丘克、小提琴手格鲁别尔特和钢琴演奏家普列特涅夫分别获得声乐（男）组、小提琴组、钢琴组一等奖。苏联时期的《莫斯科郊外的晚上》《红莓花儿开》《喀秋莎》《小路》等歌曲广为传唱，经久不衰。

二、舞蹈

俄罗斯民间舞蹈形式多样，逢节日和亲朋欢聚，跳舞是必不可少的活动，可以增添欢乐的气氛。芭蕾舞是从西欧传入俄罗斯的，原为法国、意大利宫廷舞，历经几个世纪，俄罗斯形成了独具特色的芭蕾舞风格，对世界芭蕾舞的发展做出了重要贡献。

（一）民间舞蹈

俄罗斯各民族能歌善舞。俄罗斯民间舞蹈主要有踢踏舞、双人舞、集体舞、独舞、头巾舞和赶马车舞等形式。每逢节庆或亲朋相聚，俄罗斯人在手风琴伴奏下，唱起歌，跳起舞。

踢踏舞是俄罗斯最具激情活力的一种民间舞蹈，是复活节时必跳的舞蹈之一。跳踢踏舞时，在手风琴伴奏下，男女老少足登皮鞋围成一圈，用脚尖、脚跟或脚掌的某一部位击地，发出踢踢踏踏富有节奏感的响声。妇女们边跳边挥舞手绢，男人们则边跳边打口哨，拉手风琴者常常融入其中边拉边跳。踢踏舞节奏欢快，舞姿优美，舞蹈场面十分热烈，深受俄罗斯年轻人的喜爱。

（二）芭蕾舞

17世纪末，芭蕾舞传入俄国。1738年，女沙皇叶卡捷琳娜二世令法国人朗代筹建并主持了俄国第一所舞蹈学校——国立圣彼得堡戏剧艺术学院（今俄罗斯国立舞蹈艺术学院）。1773年，在莫斯科设立了芭蕾舞班（莫斯科舞蹈学校的前身）。圣彼得堡和莫斯科芭蕾舞团奠定了俄国两大芭蕾舞中心的基础。这一时期的俄罗斯芭蕾舞从形式到内容基本上是对西欧芭蕾舞的复制。

19世纪30年代初，俄罗斯芭蕾舞的民族风格逐渐形成。从19世纪下半叶开始，俄国逐渐成为欧洲芭蕾舞的中心，并在世界芭蕾舞史上占有重要地位。瓦尔贝尔赫是俄国第一位芭蕾舞理论家，主张将俄

罗斯表演风格、法兰西的结构形式、意大利的哑剧和娴熟技巧三者融
为一体。瓦尔贝尔赫是俄国第一个本民族的芭蕾舞编导，1795 年编排
的处女作舞剧《幸福的忏悔》，以伤感主义情调处理神话题材。他的
代表作《新维特》表现当时的真人真事。燕尾服和连衣裙等时装，是
俄罗斯芭蕾舞在反映民族题材和当代生活方面第一次成功的尝试。

❀ 三、绘画

俄罗斯绘画在世界画坛享有盛誉，具有极强的艺术魅力。18 世纪
中期，俄罗斯文化受到意大利和法国古典艺术的影响。俄国皇家美术
学院培养了一大批民族艺术家，在世界艺术舞台展示了俄罗斯独特的
文化风格。19 世纪初期，俄国民族艺术的基础得以奠定。19 世纪中期
至 20 世纪初，俄国批判现实主义文艺创作，在关注现实和与西欧广泛
的交流中，以其题材、体裁、风格和手法的多样性与独创性，在世界
艺坛占有重要的位置。

现如今俄罗斯绘画已经形成了古典画派、巡回展览画派、艺术世
界画派、先锋派、社会主义现实主义画派、当代绘画艺术等流派[1]。

（一）古典画派

18 世纪初，彼得一世倡导"西化"，学习西方的先进技术和文
化，有许多年轻画家从西方学成回国，对整个 18 世纪俄国绘画的发展
产生了重要影响。叶卡捷琳娜二世时期，从欧洲引进的古典式绘画传
统与俄国的传统文化和现实生活紧密融合，逐渐形成了具有自身特色
的俄罗斯绘画。这一时期，人物肖像画成为一种颇为流行的创作方
式，入画的人物多为沙皇和达官显贵。当时著名的肖像画家有尼基京
和马特维耶夫等。

（二）巡回展览画派

19 世纪下半叶，巡回展览画派诞生。以克拉姆斯柯伊为首的彼得
堡艺术学院学生积极倡导现实主义、艺术民族化和人民性，于 1870 年
成立了巡回艺术展览协会。巡回展览画派的画家主张以批判现实主义
为创作方法和原则，摒弃俄罗斯经院画派的唯心主义，使艺术从专属

---

[1]　宋燕：《俄罗斯绘画重要流派》，http: www.nimm.cn/ show.aspx?aticilcid=
106。

贵族的"阳春白雪"走向民众的"下里巴人"。从1871年起，开始举办巡回画展，展出的绘画作品贴近百姓生活，颇受欢迎。我们熟悉的列宾（代表作为《伏尔加河上的纤夫》《伊凡雷帝和他的儿子》《意外归来》《扎波罗热人给土耳其苏丹回信》）、苏里科夫（代表作为《近卫军临刑的早晨》《缅希科夫在别廖佐夫镇》《苏沃洛夫越过阿尔卑斯山》《女贵族莫洛卓娃》）、彼罗夫（代表作为《睡觉的孩子》《三套马车》）、希施金（代表作为《莫斯科近郊的中午》《林边野花》《松树林之晨》《松树林》）、萨夫拉索夫（代表作为《白嘴鸦飞来了》《虹》《冬天的道路》《伏尔加河上的墓地》）、列维坦（代表作为《索科尔尼克的秋日》《三月》《雨后》《白桦丛》《金色的秋天》）等画家均为巡回展览画派的著名画家。

（三）艺术世界画派

艺术世界画派盛行于19世纪末20世纪初。艺术世界画派不赞同巡回展览画派和经院画派的美学思想和创作原则，主张将西欧现代艺术与古典主义的审美有机结合，用"纯粹的艺术"改变现实生活。艺术世界画派的绘画作品为俄罗斯绘画艺术的发展做出了较为卓越的贡献。艺术世界画派的代表画家有别努阿、索莫夫、谢洛夫、达布任斯基、库斯托季耶夫等。

（四）先锋派

先锋派主张打破传统艺术限制，但其前卫的艺术形式只不过是一种表现手法，而不是其实质。先锋派的实质在于提倡打破传统艺术圭臬，反映现实生活。先锋派画家是富有革新实践精神的艺术家。俄罗斯先锋派艺术产生于20世纪初，大胆和创新是先锋派艺术的一个重要特征，创造出抽象主义、立体主义、未来主义、原始主义等"新"的流派，其中有较大影响的是诞生于1913年的俄罗斯抽象画派，该画派分为"热抽象"和"冷抽象"，代表人物分别为康定斯基和马列维奇。

（五）社会主义现实主义画派

十月革命胜利后，俄罗斯的绘画艺术进入了一个新时代。20世纪30年代，苏联确立了社会主义现实主义的创作方法，既传承和发展了20世纪俄国的现实主义绘画传统，又融入了崭新的苏维埃生活，涌现出了谢罗夫、格拉西莫夫、梅什科夫等现实主义画家。

苏联卫国战争期间及胜利后，绘画作品更多表现的是伟大的爱国主义、英雄主义及战后宁静和平的生活。

（六）当代绘画艺术

20世纪六七十年代，苏联绘画界依然秉持现实主义传统创作方法。20世纪80年代，年轻画家中出现了一种追求画面结构简单、色彩淡雅、形式"呆萌"的清新画风，产生了一大批新生代画家，其作品在苏联举办的美术展览会上引起广泛关注。20世纪80年代中后期，苏联绘画风格更加丰富多彩，为大众带来了美的艺术享受。1991年12月25日苏联解体，新生的俄罗斯的绘画风格精彩纷呈，多元格局日渐形成。

四、建筑

俄罗斯建筑艺术起源于拜占庭和基辅罗斯的传统建筑艺术，后经历代不断发展，逐步形成自己独特鲜明的风格，在世界建筑艺术史上占有重要一席，对世界其他国家建筑艺术发展产生重大影响。

（一）古代建筑

古代建筑主要是指古罗斯时期、俄国时期的建筑。基辅罗斯的大教堂是988年弗拉基米尔大公将基督教定为国教后修建的，是东斯拉夫土地上最早的纪念性建筑的典范。基辅罗斯的建筑风格是在拜占庭建筑风格的影响下确立起来的，色彩浓郁（墨绿、宝蓝和金黄等），装饰唯美奢华。早期的东正教教堂基本都是用木材建造的，也有用石材修建的，但当时还比较少。

这一时期比较著名的建筑多为教堂，如圣母升天大教堂、德米特里教堂、圣巴西尔大教堂、喀山大教堂、基督救世主大教堂等，其中圣巴西尔大教堂是俄罗斯古代最著名的建筑之一，建于1555—1561年，已列入联合国世界文化遗产名录。该教堂是按照伊凡四世纪念征服喀山汗国的指令修建的，其建造师为波斯特尼克·雅科夫列夫。喀山大教堂是由俄罗斯建筑师沃罗尼欣设计的，其平面图呈十字形，中间上方是一个圆筒形的顶楼，顶楼上是一个端正的圆顶。在教堂东面竖立94根科尼斯式半圆形长柱长廊，使该教堂成为典型的俄式教堂。教堂内所供奉的喀山圣母像是俄罗斯东正教教徒最敬奉的圣像之一，被视为俄国军队的守护神。基督救世主大教堂是为纪念1812年抗法战争胜利而修建的，有5个镀金的洋葱状圆顶，中央圆顶高102米。十月革命后，莫斯科市政府于1931年炸毁了这座珍贵的古建筑，1994年莫斯科市政府决定在原址重建基督救世主大教堂，6年后建成。该大教堂对面是彼得一世的塑像。

（二）苏联建筑

苏联建筑最显著的风格是逢高必尖、不高不尖。斯大林时期建筑的标配是细长金色尖柱和五角星，高耸雄伟、布局对称、富丽堂皇、气势磅礴，充分展现当时中央集权和振兴强国的思想，使人感受到社会主义工业强国的时代精神。

斯大林去世后，赫鲁晓夫执政，他主张用更经济和更高效的建造方式来取代"烦琐装饰"的建筑。奥斯坦金诺电视塔是赫鲁晓夫执政时期象征未来和技术进步的建筑之一，于1967年赫鲁晓夫下台三年后才建成，为莫斯科地标之一。目前总共播放10多个电视频道、10多个广播频道与其他卫星电视频道的节目。电视塔内主要的观景台的高度为337米，并设有"七重天空"餐厅。类似风格的还有白宫，建成于1981年，现为俄罗斯联邦政府所在地和总理府，曾是苏维埃联邦社会主义共和国的人民代表大会和最高苏维埃所在地。

在住宅建设方面，以勃列日涅夫名字命名的"勃列日涅夫楼"，更倾向于实用建筑主义。住宅建筑形式多样，有塔式型、多单元型、错层型等。"勃列日涅夫楼"类型的住宅在当今俄罗斯依然存在。

（三）现代俄罗斯建筑

苏联解体后，许多建筑方案被搁置或取消。现在俄罗斯联邦政府已经不再对建筑风格和楼层高度进行国家管控，给予建筑师更多的设计自由。既有西方建筑样式的现代化摩天大楼和未来项目，如莫斯科城，也有包括斯大林时期凯旋宫那种建筑风格在内的传统建筑。

第六章　社会

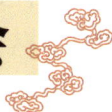

　　在俄罗斯的土地上生活着1.4亿多人口，人口平均密度很低且分布不均衡。俄罗斯境内民族众多，高达190多个。在宗教信仰方面，60%多的居民信奉东正教，其他居民信奉伊斯兰教、犹太教、佛教等宗教。俄罗斯传统风俗多种多样，在与俄罗斯人交往的过程中，需要事先做好"功课"，以免尴尬或引起不愉快。

第一节　人口和民族

　　俄罗斯人口规模相对较小，一直保持在1.4亿多的水平上，劳动力短缺。人口年龄、性别等结构不合理。俄罗斯有190多个民族，是世界上民族最多的国家之一，其中俄罗斯族所占人口比例最高。

一、人口

（一）数量

　　俄罗斯联邦国家统计署的数据显示，截至2018年1月1日，俄罗斯人口为1.468 77亿人，城镇人口占人口总数的70%左右，农村人口约占人口总数的30%。俄罗斯人口分布极不均衡，西部发达地区的人口密度为平均每平方千米52~77人，个别地方的人口密度达每平方千米261人，而东北部苔原带的人口密度平均每平方千米不到1人。俄罗斯人口的变化与其经济发展呈正相关，经济稳步快速发展，人口随之逐步增加，反之则减少。

（二）出生率

1992—2006年，俄罗斯人口出生率始终低于死亡率，人口自然增长率呈下降态势。经济衰退、人民生活水平下降，导致人口出生率下降，死亡率上升。但2007年俄罗斯人口增长状况出现较大转变，是自1992年以来人口出生率最高的一年，高达11.3‰。2008年人口出生率为12.1‰，2009年为12.4‰，2010年为13.3‰，2011年为12.8‰，2012年为13.3‰，2013年为13.2‰，2014年为13.3‰，2015年为13.3‰，2016年为13.3‰，2017年为11.5‰。2008—2017年，除2017年出生率略低，其他年份都在12‰以上，其中有6年在13‰以上。

（三）性别结构

一般认为，出生婴儿男女性别比为103∶100~107∶100，总人口男女性别比为96∶100~106∶100，为正常比例范围。俄罗斯的婴儿男女性别比处于正常范围，但总人口男女性别比失衡。2017年，女性在俄罗斯总人口中的比重为54%，男性在俄罗斯总人口中的比重为46%，女性的比重比男性的比重高出8个百分点。2018年年初的统计数据显示，俄罗斯女性人口为78 618 911人，男性人口为67 832 397人，女性占总人口的53.7%，男性占46.3%。俄罗斯男女性别比平均为86∶100。

（四）年龄结构

俄罗斯人口年龄结构呈现出两头小、中间大的纺锤形，即婴幼儿和14岁以下的儿童及60~69岁的老年人略少。15~59岁年龄段的有劳动能力的人口比例略高，但是40~44岁这个年龄段的人口多年以来都略少。不过，有个奇怪的现象，俄罗斯70岁以上人口与各年龄段人口数量相比却是最高的。

进入21世纪以来，俄罗斯人口老龄化的速度呈现出加快的趋势。2015年是俄罗斯人口的转折点，人口平均寿命突破历史纪录，达到71.39岁，男性为65.9岁，女性为76.7岁。2016年，俄罗斯人口平均寿命纪录再次被改写，为71.87岁，男性为67岁，女性为77.3岁。[①]目前，俄罗斯60~64岁以上人口有926万左右，约占总人口的6%；65~69岁以上人口有640多万，占总人口的4%左右；70岁以上人口则超过1 300万，占总人口的9%左右。全俄罗斯退休人口为2 906.5万，已接近3 000万，占人口总数的19.87%。由此可见，俄罗斯已经是一个名副其实的老龄化国家。

（五）城乡居民比例

俄罗斯城乡人口数量和比例变化不大，城市居民占2/3以上，农村居民占近1/3。俄罗斯共有2 386个城市（5万人口的为小城市，5万~10万人口的为中等城市，10万~25万人口的为大城市，25万~50万人口的为较大城市，50万~100万人口的为特大城市，100万以上人口的为百万人口大城市），13.4万个村庄（1991年至今俄罗斯已有近2万个村庄消失）。城市居民达1亿多人，占俄罗斯人口总数的73%~74%；农村居民达3 000多万人，占俄罗斯人口总数的26%~27%。

（六）人口地区分布

俄罗斯人口的地区分布极不均衡，人口总体流动方向是由东向西，即从人口相对稀少、经济社会发展水平相对较低的东部地区流向人口相对较多、经济社会发展水平较高的西部地区。

在俄罗斯的8大联邦区中，中央联邦区人口最多，为3 840万，占俄罗斯总人口的26.9%，人口密度最高，为每平方千米56人。其次为南部联邦区，人口为1 390万，占俄罗斯总人口的9.7%，人口密度为每平方千米37人。伏尔加河沿岸联邦区人口为2 990万，占俄罗斯总人口的20.9%，人口密度为每平方千米31人。人口密度较小的是西北联邦区和乌拉尔联邦区，西北联邦区人口为1 360万，占俄罗斯总人口的9.5%，人口密度为每平方千米9人；乌拉尔联邦区人口为1 210万，占俄罗斯总人口的8.5%，人口密度为每平方千米7人。人口密度最低的是远东联邦区和西伯利亚联邦区，远东联邦区人口为630万，占俄罗斯总人口的4.4%；西伯利亚联邦区人口为1 930万，占俄罗斯总人

---

① Продолжительность жизни в России выросла почти до 72 лет, http://agency-law52.ru/。

口的13.5%，这两个联邦区人口密度为每平方千米不到1人。

❧ 二、民族

2017年俄罗斯人口普查结果显示，俄罗斯境内生活着190多个民族，其中约77.7%为俄罗斯族。俄罗斯主要少数民族有乌克兰、白俄罗斯、哈萨克、亚美尼亚、摩尔多瓦、布里亚特、雅库特、印古什、图瓦、鞑靼、楚瓦什、巴什基尔、日耳曼、乌德穆尔特、阿瓦尔、马里、奥塞梯、卡巴尔达、犹太、科米、列兹根、库梅克等民族。高加索地区的民族成分最为复杂，生活着大约40个民族。

俄罗斯族在俄罗斯联邦境内分布不均衡，主要分布在俄罗斯欧洲部分的西北部和中部等地域。其他的少数民族主要聚集在俄罗斯北部、南部及东部等以本民族名字命名的民族自治实体内。总体上来说，俄罗斯境内的民族处于多民族混杂而居、个别民族聚集而居的状态。

第二节　　宗教

俄罗斯境内的宗教主要有基督教（包括天主教、东正教、新教三大教派和其他一些较小派系）、伊斯兰教、佛教、犹太教、萨满教等10多种。

在988年接受基督教以前，斯拉夫人信奉多神教，主要是自然崇拜，相信神灵无处不在，种种自然现象都被奉为神明的指示。988年，弗拉基米尔大公从拜占庭接受基督教，将基督教定为国教，从此基辅罗斯跻身欧洲基督教国家之列，增强了基辅罗斯的国际威望。统一的宗教极大地促进了文字和文学的传播，基辅罗斯最主要的历史文献《往年纪事》由修道士涅斯托尔在12世纪初编撰完成。同时，基督教也促进了基辅罗斯建筑和艺术的发展。

1453年拜占庭帝国灭亡后，俄罗斯等一些斯拉夫语系国家相继脱离君士坦丁堡普世牧首的直接管辖，建立自主教会，逐渐形成了使用斯拉夫语的俄罗斯正教，即东正教，东正教成为与天主教、新教（16世纪中叶从天主教分离出来）并列的基督教三大派别之一。

　　俄罗斯居民大多信奉东正教。东正教主张圣灵只来自圣父，反对天主教关于圣灵来自圣父和圣子之说。东正教教会人士和信徒认为，只有"三位一体"才是东正教得以存在的主要支柱，神圣的"三位一体"是一种爱的和谐。东正教和天主教都把马利亚尊为圣母，东正教还特别地把马利亚视为人类的代言人。东正教徒经常向圣母马利亚做祈祷，赞美她，希望得到她的保佑和帮助。

　　伊斯兰教在俄罗斯是第二大宗教。俄罗斯伊斯兰教的历史开始于1552年伊凡四世的军队征服喀山汗国，俄国初期对伊斯兰教徒实行"基督教化"政策，直至18世纪70年代叶卡捷琳娜二世废除以前的法令和决议，伊斯兰教才得到了合法地位并得以发展。

　　佛教与东正教、伊斯兰教并列成为俄罗斯传统宗教，在俄罗斯获得广泛的传播。俄罗斯的佛教主要是17世纪由蒙藏地区传入的藏传佛教，分大乘（派）和小乘（派）。教徒主要分布在布里亚特共和国、卡尔梅克共和国和图瓦共和国等区域。

　　犹太教是在民族迁徙过程中传入俄罗斯的。20世纪80年代末，大批犹太人移居国外，但他们很少改信别的教派，特别是高加索一带的犹太人，比较重视犹太教规定的传统习俗和礼仪。

　　萨满教是一种原始的宗教，主要特征是多神崇拜，教徒主要分布在西伯利亚区域。

　　十月革命后，苏维埃政权重视政教关系。1918年1月23日，《俄罗斯苏维埃联邦社会主义共和国关于教会与国家分离、学校与教会分离》法令颁布。该法令旨在割断宗教与国家机构的政治和经济联系，保障各宗教在法律面前一律平等。之后，苏共开始大力宣传无神论，收缩宗教组织，各宗教的影响力下降。戈尔巴乔夫执政时期，政府对宗教实行开放政策。1990年10月《信仰自由和宗教组织法》的颁布，使宗教和教会在社会上的地位和影响迅速扩大，并逐渐成为独立的社会势力。苏联解体后，俄罗斯社会发生转型,政教关系得以改善，宗教因素在社会生活和国际交往中影响力增强。

第三节　　传统风俗

俄罗斯是礼仪之邦，无论正式场合，还是日常生活中，俄罗斯人都非常讲究各种礼仪，遵守不同的风俗习惯。各国在传统风俗方面都存在着一些禁忌，俄罗斯也不例外，在与俄罗斯人交往的过程中，需要特别注意。

一、礼仪

（一）见面礼仪

在迎接贵宾之时，俄罗斯人通常会向来宾献上"面包和盐"。这是给予客人的一种很高的礼遇，来宾需要礼节性地撕一小块面包蘸点盐吃掉，并表示感谢。

在日常交际场合，俄罗斯人惯于和初次见面的人行握手礼。如果许多人同时相互握手，切忌交叉握手或隔人握手。亲吻也是俄罗斯人常用的重要礼节。在比较隆重的场合，男人要弯腰亲吻女子的右手背。对于熟悉的人，尤其是在老友久别重逢时，俄罗斯人则会与对方热情拥抱，行贴面礼。

在称呼方面，如果在正式场合，俄罗斯人多采用"先生""小姐""夫人"之类的称呼。俄罗斯人非常看重一个人的社会地位，因此，对有职务、学衔和军衔的人，以其职务、学衔和军衔相称。

依照俄罗斯民俗，在用姓、名称呼俄罗斯人时，可按彼此之间的不同关系，采用不同的方法。只有与初次见面之人打交道时，或是在极为正式的场合，才有必要将俄罗斯人的姓、名的三个部分连在一起称呼。

（二）服饰礼仪

俄罗斯比较讲究仪表，注重穿着服饰。如果参加正式活动，俄罗斯人身着正装：男人穿西服，打领带或戴领结；女人着职业套装，妆容得体。在俄罗斯活动场所的入口处大多设有更衣室，进门后需要脱去外套。

在俄罗斯民间，已婚妇女必须戴头巾，头巾以白色为主；未婚姑娘则不戴头巾，但常戴帽子。在城市里，目前俄罗斯人多穿休闲装、西装或套裙，俄罗斯妇女往往还要穿一条连衣裙。

到俄罗斯人家里做客时，客人进门之后应立即自觉地摘下墨镜、帽子和手套，脱下外套。这是一种最基本的礼节，也是对主人的尊重。

（三）餐饮礼仪

俄罗斯菜肴风味独特，品种繁多，是在长期的历史发展中形成的。目前，俄罗斯美食正在普及。按照上菜顺序，俄餐第一道菜肴为汤；待汤撤下后，才可上第二道热菜；第三道菜肴其实并非菜，通常为咖啡、茶、果汁，配以蛋糕和点心等一些甜品。

参加俄罗斯人的宴请时，需要对主人烹饪的菜肴大加赞赏，并尽可能多吃一些。俄罗斯人将手放在喉部，一般表示已经吃饱。吃水果时，俄罗斯人多不削皮。在饮料方面，俄罗斯人喜欢喝冷饮，特别是用剩面包发酵酿制的格瓦斯。伏特加是俄罗斯具有特色和代表性的烈酒，是俄罗斯人最爱喝的白酒，通常酒的度数为40度。外交场合不劝酒。

用餐时，俄罗斯人多用刀叉，餐具摆放为"左叉右刀"。他们忌讳用餐过程中餐具磕碰弄出刺耳的声响、吃食物时嘴巴发出声音，并忌讳毫无遮掩地剔牙等不雅行为。通常，俄罗斯人的餐具只有盘子，很少用碗。

（四）商务礼仪

俄罗斯人特别重视休假，因此不宜在节假日开展商务活动。在与客户会见时，应把自己介绍清楚，把同伴一一介绍给对方，并相互交换名片，要等对方招呼才能入座。如果想在会客室吸烟，应征得主人同意，或到指定吸烟处吸烟。如果主人主动敬烟，则可以在会客室吸烟。外交场合不劝烟。

在会见结束后，与对方告别时，应说一些美好的祝福话语，但应注意，俄罗斯人禁忌隔着门槛握手告别。

❧ 二、风俗与禁忌

俄罗斯人有许多长期以来形成的风俗习惯和禁忌，在与其交往过程中需要认真对待，以免造成不快，乃至影响合作的开展。

在数字方面，俄罗斯人偏重奇数，与我们喜欢偶数（好事成双）恰好相反。平时，如果送花，俄罗斯人都要奇数朵，而不是偶数朵，但是在参加葬礼的时候，要送偶数朵花。俄罗斯人最偏爱数字"7"，认为"7"寓意"吉祥、幸福和美满"。对奇数"13"最忌讳，如果是13号，再赶上星期五，俄罗斯人认为这天是不吉利的，不宜出门或办事。这与俄罗斯人信仰基督教（东正教）有关。门徒犹大出卖耶稣的"最后的晚餐"有13人参加，后来人们就认为数字"13"不吉利，如果搞活动，应尽量避免出现13人的情况。俄罗斯人对偶数中的"2"比较忌讳，认为"2"是"魔鬼"的代号。

对于颜色[①]，俄罗斯人认为，不同的颜色具有不同的含义。

在俄罗斯人看来，红色象征吉祥、喜庆和美丽，是代表血与火的颜色，因此把红色和自己喜欢的人或物联系起来。俄语中的红色还象征着"最好的""最珍贵的"，由于红色这一象征意义，俄语中产生了"красная книга"（红皮书），是记载珍稀的、濒临灭绝的动植物的书籍。

绿色——春天的颜色，代表了生命，是大自然之色，象征和平与希望。俄语中的绿色具有"嫩"、不成熟的暗示，用来表示人年轻、缺乏经验、不够成熟。同时，绿色又象征"安全"，有安全、畅通无阻的道路之意。俄罗斯人认为，绿色给人以朝气、力量、希望、爱情。

黄色对于俄罗斯人来说，表示忧伤、哀愁，是病态的、不健康的颜色，俄语里常常说一场大病后面色发黄。黄色对于俄罗斯人来说还表示情人、恋人、夫妻之间感情发生变故、分手、争风吃醋。这就是俄罗斯人不送黄颜色花的原因。

黑色象征肃穆和不祥，因此俄罗斯人讨厌"黑猫"，他们认为，如果"一只黑猫跑过去"，那就意味着会有不吉利的事情发生。因此，俄罗斯人在街上，如果遇到黑猫，他们就会停下脚步或绕道而行。除了上述意义外，在俄罗斯人心目中黑色是忧郁的颜色，常常同不幸、灾难、死亡联系在一起。

白色是雪和牛奶的颜色，在俄语中象征着纯洁、高尚。因此，新

---

① 关于俄罗斯对颜色的好恶主要参考了《俄罗斯的颜色爱好与禁忌》，参见：http://goabroad.sohu.com/2013。

娘的婚纱往往是白色的。白色在俄语中还指"未开垦的"或"未被发现的";有时指未被回答或解决的问题,即相当于汉语中的"盲点"。

另外,在俄罗斯人看来,蓝色象征忠诚和信任,紫色象征威严和高贵。

在俄罗斯,镜子被视为"神圣物品",打碎镜子意味着将出现疾病和灾难,打翻盐瓶、盐罐预示家庭不和,但打碎盘、碟子则意味着富贵和幸福,与汉语"岁岁平安"同义。俄罗斯人都有两个神灵,左方为凶神、右方为善良的保护神,因此学生忌用左手抽考签,熟人见面不能用左手握手,早晨起来不可左脚先着地。

第四节　节日

俄罗斯的节日既有国际节日,也有本国民间节日,还有东正教节日。俄罗斯节日丰富多样,或历史传承,或文化习俗,或民间传说,等等。下面,我们介绍一下俄罗斯的主要节日。

新年:1月1日。2004年12月29日生效的俄罗斯联邦相关法律规定,自2005年起,1月1日—5日为新年假期。

圣诞节(东正教):1月7日。自1991年起为非工作日。

塔季扬娜节(大学生节):1月25日。为纪念基督教蒙难者塔季扬娜,在东正教堂举行纪念活动。1755年,俄罗斯伊丽莎白女王签署成立莫斯科大学的圣谕,塔季扬娜节首次成为大学诞生日。从2005年起,1月25日正式成为"大学生节",大学和中等专科学校放假一天。

外交官节:2月10日。俄罗斯联邦所有外交工作人员的年度节日,但不是非工作日。2002年10月31日,普京总统签署总统令决定2月10日为外交官节。

谢肉节:2月底至3月初。谢肉节是俄罗斯的一个传统的多神教节日。谢肉节期间每天都有不同的庆祝方式:星期一为迎春日,人们将稻草用布条捆扎象征冬天的玩偶,并将它们放在家里。天黑后,人们在篝火旁载歌载舞,最后烧掉玩偶。星期二为娱乐日。星期三为美食日,也是女婿到岳母家吃面饼的日子。星期四为醉酒日,节日气氛达到高潮。星期五为女婿回请岳母吃面饼的日子。星期六为出嫁的女儿回家聚会日。星期日为宽恕日，人们相互请求对方宽恕自己。俄罗斯人庆祝谢肉节，意味着迎接春天的来临。

防空军日：4月第二个星期日。2006年5月31日，俄罗斯联邦总统令规定，防空军日是俄罗斯联邦武装力量纪念日，每年4月的第二个星期日举行庆祝活动。

胜利日：5月9日。1941—1945年卫国战争苏联人民胜利日，为非工作日。

斯拉夫文字和文化日：5月24日。斯拉夫文字和文化日，又称为圣西里尔和圣美多德节，以纪念9世纪中期西里尔和美多德两兄弟来基辅罗斯传教。

俄罗斯日（国庆节）：6月12日。1990年6月12日，苏联的第一个加盟共和国俄罗斯苏维埃联邦社会主义共和国第一次人民代表大会通过了《俄罗斯苏维埃联邦社会主义共和国宣言》，即独立宣言。

知识日：9月1日。从1984年起9月1日起，知识日为苏联的国家节日，也是目前俄罗斯、乌克兰和白俄罗斯的正式节日。

近卫军日：9月2日。2000年12月22日，俄罗斯总统普京签署总统令，把9月2日确立为俄罗斯近卫军日。

人民团结日：11月4日。2005年被正式定为俄罗斯法定节日，是为了纪念1612年解放被波兰占领的莫斯科这一历史事件。

十月革命纪念日：11月7日。1917年11月7日（俄历十月二十五日），列宁领导的布尔什维克武装力量推翻了资产阶级临时政府，建立了苏维埃政权。该纪念日是苏联时期最重要的节日——国庆节。

俄罗斯联邦宪法日：12月12日。1993年12月12日，经全民公决通过俄罗斯宪法。

第七章　外交

第一节　对外政策

一、地缘政治环境

20世纪80年代末90年代初，东欧剧变，苏联解体，美苏两极霸权体系瓦解，北约、华约两大军事集团的军事对峙局面不复存在。冷战结束后，国际安全形势从紧张转向总体缓和的新时期。

苏联解体前后，原来的加盟共和国先后独立，成为独立的主权国家。苏联的解体给俄罗斯的地缘政治地位带来了沉重的打击，并使其地缘政治地位急剧下降[①]。俄罗斯面临着一个全新的地缘政治环境，其战略空间，特别是它在欧洲地区的战略空间大大缩小，被推回欧亚大陆的腹地。苏联解体导致国际战略力量对比严重失衡，打破了原有的两极均衡格局。美国成为唯一的超级大国，形成了"一超多强"的新国际关系格局。

冷战结束后，亚欧大陆地缘政治的急剧变化，形成了新的地缘政治格局，一方面对俄罗斯的地缘安全环境构成了威胁，另一方面对俄罗斯的国家安全产生并将继续产生深远影响。

独立之初，尽管各国在社会制度、意识形态、价值观念等方面多有共同之处，但绝不意味着国家利益的一致。尽管如此，这些从苏联

---

① В.К. Сенчагов.Экономическая безопасность России. М.:Издательство Дело,2005.С.67.

独立出来的国家虽然获得独立，但依然同俄罗斯保持政治、经济、安全、文化等各方面千丝万缕的联系，俄罗斯对这些独立国家依旧保持强大影响力，这成为俄罗斯同其中多数国家组建欧亚经济联盟的基础。其间，俄罗斯对西方起初"一边倒"的外交政策使其陷入了新的困境。俄罗斯曾提出加入北约，但西方不仅拒绝接纳俄罗斯，还在政治、经济和军事上遏制和打压俄罗斯，不断挤压俄罗斯在西部的战略空间，最突出的是北约不断东扩。

在北约东扩的背景下，波兰、捷克和匈牙利加入北约，北约向东推进了600多千米，使俄罗斯面临着迫切而现实的新威胁。2004年3月29日，爱沙尼亚、拉脱维亚、立陶宛、罗马尼亚、保加利亚、斯洛伐克和斯洛文尼亚等7个国家正式加入北约，这样北约从波罗的海和黑海将俄罗斯紧紧地包围起来。俄罗斯在波罗的海的海界缩短了75%，在黑海的海界缩短了约78%，因而俄罗斯丧失了重要的海港和军港基地，如波罗的海沿岸的塔林、里加、文茨皮尔斯、克莱佩达、利耶帕亚，仅剩下维堡（部分为芬兰使用）、圣彼得堡和加里宁格勒3个港口，使俄罗斯进出波罗的海的通道受到限制。

2013年年底，美国联手北约盟国制造了乌克兰危机，旨在将俄罗斯最为看重的乌克兰变为西方势力范围。俄罗斯趁乌克兰动乱之机"收回"了克里米亚，还支持乌克兰东部地区的分离势力武力对抗乌克兰政府，攻击西方战略上对俄罗斯的打压。乌克兰危机使俄罗斯重新获得了黑海出海口，极大地改变了黑海地区的地缘政治格局。

在中亚地区，"9·11"事件以后，美国利用"反恐"之机进入中亚，中亚在美国和北约全球战略中的地位上升。哈萨克斯坦、吉尔吉斯斯坦、乌兹别克斯坦、土库曼斯坦4国均向美国和北约提供了空中走廊。吉尔吉斯斯坦和乌兹别克斯坦还向美国提供了军用机场，使美国首次得以进入中亚，成功进入被称为俄罗斯"后院"的传统势力范围之内。

在东部，俄罗斯面临着美日韩军事同盟的压力，不过俄罗斯与中国建立了面向21世纪的战略协作伙伴关系，解决了与中国之间的东部边界问题，两国之间形成了一条和平、友好和稳定的边界。俄罗斯与蒙古国和朝鲜拥有传统友好关系。

❖ 二、对外政策和国家安全战略的调整

面对严峻的外部地缘政治环境和国内政治经济形势，俄罗斯对外交政策进行了适时的调整，同时对国家安全战略也进行了相应的调整。

（一）"9·11"事件前外交政策和国家安全战略的调整

1. 对西方"一边倒"的失败与反思

独立之初，俄罗斯确定了对美国政策的基本方针：与美国在战略上结盟，通过向美国做出重大让步来换取其他西方国家对俄罗斯的经济援助和政治支持，从而使俄罗斯迅速融入西方社会和世界经济体系，并成为西方大国俱乐部的一员。

正如俄罗斯时任总统叶利钦当时所说，"俄罗斯对外政策的首要任务是与北约和美国建立巩固的安全领域的联系"。俄罗斯明确宣布：俄罗斯与西方不再是潜在的敌人，而是建立在民主和自由经济这个共同价值观基础上的伙伴和盟友。最终俄罗斯的"一边倒"战略并没有实现其预期的目标，反而给国家利益造成了严重损害，不得不进行反思与调整。

2. "确保大国地位"才是正路

为了"确保大国地位"，俄罗斯采取了许多具体行动。例如，俄罗斯极力反对北约东扩，谋求建立保障其国家安全利益的欧洲安全新机制；推行面向东西方并保持东西方平衡的"双头鹰"外交；要求修改欧洲常规武装力量条约；努力加快独联体一体化进程，保障独联体这个俄罗斯的传统势力范围等。其中，俄罗斯对确保独联体这一传统势力范围特别重视。1993年4月出台的《俄罗斯联邦对外政策构想》，明确阐述了加强俄罗斯与独联体国家关系的重要性，强调"调解周边冲突和争取周边稳定是俄罗斯正常发展和有效贯彻其近邻外交政策的最重要的条件"，俄罗斯"要同独联体其他成员国和邻近国家建立崭新的、平等互利的关系"，并提出了巩固独联体和加强俄罗斯与独联体其他国家关系的若干具体建议[①]。1994年以后，随着北约东扩步伐的加快及俄罗斯外交政策大幅度调整，俄罗斯进一步强化对独联体外交，并明确提出俄罗斯在独联体地区具有特殊利益。

---

① 《俄罗斯联邦外交政策构想》，《外交通报》1993年特刊第22期。

3. "多极化"才能争得一席之地

俄罗斯在1996—1999年实施"多极化"安全战略。1996年，俄罗斯进一步调整对外政策，突出强调"多极化"外交思想，反对建立"单极世界"，强调俄罗斯是多极世界中重要而独立的一极，实施重振大国地位的战略，积极推行全方位的外交政策。

《俄罗斯联邦国家安全构想》（1997年）指出，"国际领域中对俄罗斯国家安全的威胁主要表现为，其他国家阻止俄罗斯成为多极化世界中一个有影响力的中心的企图越来越强烈"。构想明确指出北约东扩主要给俄罗斯带来两方面的威胁：一方面是一些大国及其联盟在与俄罗斯领土毗邻地区保持或建立强大的军事集团，另一方面是北约可能进一步东扩并向主导欧洲军事政治力量的演变使欧洲大陆面临重新分裂的威胁。

面对北约咄咄逼人的东扩势头，俄罗斯被迫对军事战略进行调整。俄罗斯总统宣布，"俄罗斯并不追求在武器和武装力量上与其他大国均等，而是奉行以坚决利用自己的武装力量反击侵略的现实遏制原则"。这是俄罗斯的军事战略由"积极防御"转向"现实遏制"的标志。"现实遏制"战略的总目标是维护俄罗斯的大国地位，依靠武装力量保持自己周边的"势力范围"，保障国家主权、领土完整和边境安全。俄罗斯总体实力变弱，所谓"现实遏制"并非主动出击，而是出于被迫的无奈回应。

4. 逐渐"强硬"是为重塑俄罗斯安全战略

2000年7月，俄罗斯外交部公布了《俄罗斯联邦外交政策构想》，表明针对新的挑战和威胁，俄罗斯的国家安全战略逐渐变得有点"强硬"起来，对军事战略进行了一次重大调整。首先，俄罗斯降低了"核门槛"，进一步加强核遏制的主动性和威慑力，以弥补常规军力严重削弱的短板；其次，俄罗斯坚持核裁军的立场；此外，俄罗斯重视利用高新技术来维护国家安全，加强军队建设和全面保障等。

在维护国家安全方面，俄罗斯采取了一系列较为"强硬"的措施。一是为了抵消北约东扩对俄罗斯经营独联体特别是俄白联盟产生的负面影响；二是俄罗斯力争在全球重大安全问题和地区热点问题上享有与其他大国平等的参与权和话语权；三是俄罗斯努力争取与美国在军备控制和战略稳定方面保持平衡等。由于实力不济，俄罗斯的这种"强硬"缺乏底气。

（二）"9·11"事件后外交政策和国家安全战略的调整

"9·11"事件后，俄罗斯冷静地分析了自己所面临的安全形势。第一，来自国内的局部动乱是其面临的主要威胁；第二，俄罗斯的地缘政治环境进一步恶化；第三，独联体一体化进程趋于弱化，面临着"独"而不"联"的危险；第四，恐怖主义等非传统安全问题带来的威胁正日益增强；第五，因综合国力下降，俄罗斯在国际社会的影响力随之下降。基于以上判断，俄罗斯及时地调整了国家安全战略。

（1）破天荒地同意美国军事上进入中亚

俄罗斯时任总统普京意识到，俄美关系不改善，俄罗斯就难以实现"经济振兴、强国富民"的战略目标。因此，俄罗斯把与美国建立"全新的长远伙伴关系"放在对外政策的首要地位。"9·11"事件恰好成为俄罗斯实现这一目标的一个机会，也改变了以往俄罗斯在与美国改善关系方面的被动局面。2001年9月24日，普京总统表示，俄罗斯将开放空中走廊，供美国在反击恐怖主义行动中运送人道救援物资。一旦美国对阿富汗采取军事攻击，俄罗斯可参加"搜寻和救援行动"。令美国没有想到的是，普京竟然同意中亚国家为美国对阿富汗的反恐战争提供包括军事基地在内的方便条件。于是，乌兹别克斯坦、哈萨克斯坦、塔吉克斯坦和吉尔吉斯斯坦先后同意与美国在反恐问题上展开合作，并提供军事基地。其他中亚国家也都支持美国对阿富汗的反恐战争并提供诸多方便。

（2）放弃越南的金兰湾和古巴的电子监测站

2001年10月，普京宣布俄罗斯放弃俄罗斯海外最大的军港——金兰湾和古巴的电子监测站。1978年，苏联与越南达成协议，租借金兰湾25年。金兰湾成为苏联境外规模最大的海军基地和中途军用机场，日常停靠20~30艘舰艇，部署了战舰、远程轰炸机及其他一些战机，还在金兰湾建造了一座电子监听站，将其变成苏联在东南亚的桥头堡。古巴洛尔德斯无线电监测站建于1964年，冷战时期曾是莫斯科在拉美地区监测美国军事政治情报的前哨，其监测范围覆盖美国全境。上述举动表明，俄罗斯已无力维持海外基地与设施，无力继续保持海上强国地位，并非为示好美国主动让步。

（3）无奈看着美国退出《限制反弹道导弹系统条约》

1972年5月29日，美国总统尼克松和苏联领导人勃列日涅夫在莫斯科签署了《限制反弹道导弹系统条约》。这是美苏第一阶段限制战略武器谈判最主要的双边军控条约之一。1999年，美国谋求废除该条约的态度日趋坚决。一方面，宣称冷战结束后的全球安全形势已发生重大变化，该条约已不能适应新的国际安全需要；另一方面，苏联的解体实际已使遵守该条约的一方消失。2001年12月13日，美国总统布什在白宫宣布：美国已正式通告俄罗斯，美国退出《限制反弹道导弹系统条约》。俄罗斯无奈地吞下了美国抛来的这一苦果。当年签订该条约是因双方在这一领域保持均势，而一旦美国打破这一领域均势，该条约就寿终正寝了。

（三）对外示强的外交政策和国家安全战略的调整

1. 实行"现实遏制"军事战略

北约和欧盟的双双东扩使俄罗斯西部的地缘政治形势严重恶化，对此俄罗斯在军事方面做出了快速反应。2003年10月，俄罗斯国防部公布《俄罗斯联邦武装力量发展的紧迫任务》的构想，对俄罗斯的军事战略和军队建设思想进行了重大调整。

首先，提出"先发制人"的原则。俄罗斯国防部部长2003年10月指出，"如果我们的利益或其联盟的利益面临威胁，我们不能绝对排除先发制人地使用兵力"。俄罗斯"先发制人"原则的目的有两个：一是打击恐怖主义势力；二是反击美国和北约的挤压。

其次，强调核遏制战略的重要性。普京强调，核武器过去是、现在是、将来仍然是俄罗斯确保国家安全的基石，当俄罗斯及其盟国遭受常规武器攻击时，俄罗斯也有权首先动用核武器予以还击。俄罗斯保留在某种情况下先发制人地使用核武器的权利。

从传统安全观来看，俄罗斯的国家安全战略具有防御性特点，从新安全观来看，俄罗斯的国家安全战略具有弱势示强和自保特点。

2. 实行"全方位应对"的军事战略

自2007年8月以来，俄军不断加强在国际水域和空域的远航巡逻，着手实行"全方位应对"军事战略。2007年8月17日，俄罗斯战略轰炸机开始进行包括大西洋、北冰洋、太平洋和黑海上空等飞行区域的远航战斗巡逻。此后，俄罗斯的轰炸机陆续现身美国关岛基地和日本附近。2008年8月19日，俄罗斯联邦武装力量副总参谋长安纳托利·诺戈维岑上将说，俄罗斯空军战略轰炸机将继续按照不低于原有的飞行强度执行任务。同年9月，俄罗斯的两架图160横跨大西洋飞抵委内瑞拉"解放者"机场。10月6日—12日，俄罗斯再次出动数十架轰炸机长途奔袭，空中加油，到靠近美国阿拉斯加州的俄罗斯北极空域举行巡航导弹实弹射击演习。

3. 大国外交

2000—2008年，普京总统第一、第二任期和2008—2012年的"梅普"时期，俄罗斯主要推行务实主义的大国外交，改变了叶利钦时期"亲西方"的政策，重新确立了俄罗斯成为世界独立一极的大国对外方针。

大国定位和大国外交是贯穿2000—2012年俄罗斯对外关系的主线。大国定位意味着俄罗斯是国际舞台上的一个独立的力量中心，从本国利益出发，推行独立自主的外交政策，积极参与国际秩序的完善，力争拥有大国应有的话语权。独联体一体化是俄罗斯外交长期不变的目标，因为该地区是俄罗斯再次崛起的重要支撑。俄罗斯反对单极世界，积极主张世界多极化。以欧亚为依托，以欧美为外交重点，开展大国外交战略布局。

4. 冲向国际舞台的中央

2012年，普京总统开始长达6年的第三任期。人们把普京总统的第三任期乃至第四任期（2018—2022）称为新普京时期。由于普京第三任期国际国内形势与普京第一、第二任期相比发生了很大的变化，俄罗斯面临着更为严峻的考验，在非常时期，普京总统采取的是非常的应对措施。

一是强硬回应西方制造的乌克兰危机，顺势"收回"了克里米亚，并在围绕乌克兰危机的较量中占了上风。二是应叙利亚政府邀请，果断出兵打击叙利亚境内极端组织"伊斯兰国"，同时支持巴沙尔打击反政府武装，取得了反恐及对西方的军事和外交胜利，牢牢掌控了叙利亚，改变了俄罗斯与美国及北约争夺中东的格局。三是在一波接一波的制裁中站住了脚跟，经济止跌回升，彰显了俄罗斯对抗西方制裁的决心与实力。

第二节　对外关系

一、与独联体国家的关系

独联体国家素有俄罗斯的"后院"之称，是俄罗斯重要的地缘战略依托。俄罗斯对独联体的态度经历了由"甩包袱"到逐步重视直至放在外交优先地位的发展过程。

独立之初，因政局动荡、经济萧条，俄罗斯对独联体"小兄弟们"无暇顾及，提供不了多少优惠和援助，只能"甩包袱"，任由"小兄弟们"自寻门路。尽管独联体每年开了不少会，通过了各种合作文件，但大多是纸上谈兵，真正落实的少之又少。

但俄罗斯很快认识到独联体对俄罗斯的战略重要性，这是俄罗斯成为真正的世界大国，成为世界独立一极的战略依据。俄罗斯经营独联体主要依靠两大机制：一是具有军事同盟性质的独联体集安条约组织，它是独联体特别是中亚地区安全的稳定器，在吉尔吉斯斯坦两次政权更迭和乌兹别克斯坦的安集延事件中发挥了不可替代的作用，避免"颜色革命"和极端组织肆虐中亚的发生。二是欧亚经济联盟，俄罗斯的目标是将其打造成政治-经济联盟，通过欧亚一体化建立以俄罗斯为主导的政治经济空间。西方国家打乱了俄罗斯的战略部署，但俄罗斯不会放弃实现欧亚一体化的决心。

二、与美国等西方国家的关系

俄美关系在俄罗斯大国外交中处于优先地位。双方关系随着国际局势的变化而不断调整，其主线是竞争与合作并存，竞争大于合作，博弈是永不谢幕的主题。

（一）对西方幻想破灭

20世纪90年代初，俄罗斯追随美国等西方国家，在许多国际和地区问题上一味做出让步，以换取西方政治、经济支持。当时的俄罗斯领导人认为，俄罗斯与西方国家已不存在实质性的利益冲突，因此把西方国家视为俄罗斯的"天然伙伴和最终盟友",把同西方大国,尤其是美国建立战略同盟看作俄罗斯外交政策的基础,而且认为,对于俄罗斯来说,奉行"亲西方"的方针与同美国结盟是"唯一明智的政策"。实际上,西方的支持是有明确条件的,即俄罗斯必须实行自由市场经济,政治上实行西方式民主,不认可普京的"可控民主",将其贴上"专制"的标签,尤其紧盯俄罗斯要"恢复苏联"的一举一动,不断发出警告,这令俄罗斯对西方的幻想破灭。

(二)寻求建立"平等的"伙伴关系

1993年12月的俄罗斯新议会选举,具有强烈民族主义色彩的自由民主党的得票率远超过亲西方的激进民主派,这反映了俄罗斯社会各阶层对国家地位滑落极为不满。在这种情况下,俄罗斯调整了对西方国家的外交政策。

自1994年起,在继续致力于同美国展开战略合作的同时,俄罗斯着手谋求与美国建立一种较为"平等的"伙伴关系,从而维护其民族利益和大国地位。俄美1994年1月建立的这种关系称为"战略伙伴关系"(或"成熟的战略伙伴关系")。

1998年,俄罗斯遭受严重的金融危机,为防止俄罗斯陷入混乱,美国主导的国际货币基金组织决定给予俄罗斯226亿美元的贷款。在这种情况下,俄罗斯继续致力于同美国发展"平等互利的伙伴关系"。俄罗斯外交的首要任务是继续推进"民主的、多极的国际秩序"的建立。

20世纪90年代,俄罗斯对欧盟国家(主要为西欧国家)的经济依赖度较高。俄罗斯与欧盟在1994年6月24日达成了合作伙伴关系协定。该协定为俄罗斯与欧盟在经济、政治和军事领域的合作创造了新的机遇。例如在军事上,俄罗斯的战略即21世纪建立多极化世界,与欧盟旨在建立安全和防御领域的独立力量的战略契合。欧盟需要在与俄美关系上保持平衡,这符合俄罗斯的国家利益。

(三)"9·11"事件后关系缓和

2001年9月11日,美国遭受恐怖袭击,俄罗斯总统普京第一时间与美国总统布什通话,表示俄罗斯支持美国打击恐怖势力,允许美国在中亚地区建立军事基地,两国关系出现暂时缓和,并在反恐问题上展开合作。

但是，在打击恐怖势力取得显著进展后，美国却迟迟不从中亚撤军。俄美在中亚地区开始新一轮的利益博弈，最终以美国撤出中亚而告终。

（四）乌克兰危机和叙利亚危机依然无解

2013年西方制造了乌克兰危机，2014年3月24日，俄罗斯趁机"收回"克里米亚，美国和西方国家反应强烈，将俄罗斯从八国集团（G8）开除，并对俄罗斯实施多轮政治、经济制裁。西方对俄罗斯制裁的力度前所未有，双方关系不断恶化。

在叙利亚问题上，俄罗斯以自己军事、外交上的胜利，在争夺叙利亚和整个中东的较量中明显占了上风，但美国和北约盟国不接受这一现实，双方都不愿罢手，斗争仍将是长期的。

✿ 三、与东北亚国家的关系

（一）与日本的关系

俄罗斯与日本的历史遗留问题对现实双边关系产生的影响较大。自1992年以来，俄日关系经历了停滞不前到缓慢发展的历程。

第一阶段（1992—1995）：停滞不前。领土问题是影响俄日关系过去、现在和将来的一个直接因素。俄罗斯表示愿在"法律和公正"的原则下解决与日本的领土问题，寄希望于获得日本的经济援助。日本则依然固守冷战时期形成的"政经合一"的强硬态度，要求俄罗斯承认日本对"北方四岛"（俄方称为"南千岛群岛"）拥有主权，强调不解决领土问题就没有签订两国和约的可能性，对俄进行大规模经济援助也是不可能的。

第二阶段（1996年至今）：双边合作逐步加强。俄罗斯坚持"政经分开"的基本原则，根据其全方位、多极化的外交政策构想，愿意与日本改善关系，推进各领域合作。安倍几次访俄，与普京总统会谈，但普京坚持战后形成的领土归属不容更改这一固有立场，双方在领土问题上的纠结彻底无解。

（二）与朝鲜半岛的关系

朝鲜半岛对俄罗斯的地缘政治和地缘经济安全有着重要影响。根据不同时期国际形势和朝鲜半岛局势的变化，俄罗斯不断调整其对朝鲜半岛的政策，双方关系由疏离到逐步发展。

第一阶段（1992—1994）："冷朝热韩"。新生的俄罗斯出于意识形态与经济利益考量，积极发展与韩国的关系，双方在政治、经济、军事等领域的交流合作得到全面发展。相比之下，俄罗斯对朝鲜的态度却十分冷淡。政治上，俄罗斯认为两国"在意识形态上的纽带已经断绝"；经济上，俄罗斯先后取消了对朝鲜的一切经济援助，要求双边贸易按照国际市场价格以硬通货结算；军事上，俄罗斯中断两国军方高层往来。

实际上，俄罗斯与韩国贸易额很小，1994年双边贸易额只有22亿美元，韩国对俄投资仅0.4亿美元。俄罗斯指望依靠韩国发展远东地区经济的计划落空。同时，因俄朝关系恶化，俄罗斯在朝鲜半岛事务的影响力大大削弱，严重影响到俄罗斯在东北亚地区的战略地位。

第二阶段（1995年至今）："南北等距离"。由于国内政治、经济局势持续动荡，北约东扩和与周边有关国家的领土争端等问题，俄罗斯几乎无暇顾及调整"重韩轻朝"的朝鲜半岛政策。直到2000年普京就任俄罗斯总统后，俄罗斯对朝鲜半岛政策才有所调整，2000年2月，俄朝签署了《俄朝睦邻友好合作互助条约》，确定了两国关系的新原则和基础，标志着俄朝关系进入新时代。同年7月，普京总统访问朝鲜，双方签署了联合宣言，推动了两国政治关系的发展，标志着俄罗斯的朝鲜半岛政策发生重大转变。2001年7月和2002年8月，朝鲜领导人金正日对俄罗斯进行访问，两国签署了《莫斯科宣言》，双方拟加强在政治、经济和军事等领域的全面合作，标志着俄朝关系上升到一个新的高度。

俄罗斯积极参与朝鲜半岛核问题的解决，坚持朝鲜半岛无核化原则，以维护国家安全和经济利益。2018年4月27日，朝韩两国领导人会晤，签署《板门店宣言》。俄罗斯对此表示赞赏，愿意促进朝韩双方积极开展务实合作，将继续协调有关各方恢复六方会谈，以实现东北亚地区的安全与和平。

（三）与蒙古国的关系

蒙古国处在中国和俄罗斯两大邻国之间，与中俄两国的关系成为蒙古国对外关系的两个重要方面。蒙古国推行与中俄保持"平等"的外交政策，重启与两大邻国的全方位外交。俄罗斯对蒙古国的关系由冷转暖，逐步建立起较为理性的伙伴关系。

第一阶段（1993—1994）：俄蒙关系开启。1992 年新修订《蒙古国宪法》的实施，标志着蒙古国政府的政治经济步入转型轨道，"在外交上，蒙古国奉行多边外交政策，但同时要加强与中国、俄罗斯的平等外交关系"。基于地缘政治、国家利益和安全战略以及历史渊源等因素的考量，蒙古国时任总统彭萨勒马·奥其尔巴特试图改变两国关系的"冷淡"局面，开启俄蒙关系。1993 年 1 月，俄蒙签署了《俄蒙友好关系与合作条约》，规定双方在外交和亚太政策中协调行动，继续开展军事合作。该条约的签署以及随后一系列富有成效的协定的达成奠定了俄蒙双边关系未来发展的政治法律基础。

1994 年 6 月 30 日通过的《蒙古国外交政策构想》中明确指出，"同俄罗斯和中国保持友好关系是蒙古国对外政策的主要目标"，奉行"开放的、独立自主的、不结盟的、多支点的"和平外交政策。1994 年 11 月，俄罗斯政府给予蒙古国第一笔贷款，帮助蒙古国恢复经济。

第二阶段（1995 年至今）：俄蒙关系提升并全面发展。1995 年 5 月 9 日，俄罗斯政府邀请蒙古国总统参加世界反法西斯胜利 50 周年纪念活动，这是蒙古国总统第二次访问俄罗斯，表明蒙古国在俄罗斯外交中地位的提升。这次两国签署的关于经济、教育、安全、边界、卫生、交通、紧急情况、移民等领域的 14 个文件，标志着俄蒙双边关系全面恢复。

俄蒙两国政府积极巩固和推动双边关系的发展。2008 年，俄蒙签署了《俄蒙友好关系与合作条约》，积极推动两国政治互信，在许多重大国际和地区问题上均保持相同或相近的立场。2010 年 12 月 14 日，俄蒙两国总理达成合资开采铀矿的协议。双方努力发展全面合作关系，在各领域建立联合企业。这充分说明，俄蒙关系不仅有"量"的突破，同时亦有"质"的飞跃。2011 年，俄蒙建交 90 周年，俄罗斯借机加大宣传力度，从而提升对蒙政治影响力，为双边关系的未来发展奠定了良好基础[①]。

四、与中国的关系

中俄政治关系经历了一般友好国家关系、建设性伙伴关系、战略协作伙伴关系、中俄睦邻友好合作关系、全面战略协作伙伴关系以及全面战略协作伙伴关系新阶段等发展阶段。目前，中俄双边关系已经达到历史最高水平，为两国开展全方位合作奠定了坚实的基础，创造了良好条件。

（一）叶利钦时期中俄关系

在对外关系方面，独立之初的俄罗斯把全部精力放在搞好与美国等西方国家关系上，因而"疏远"了与亚太地区国家的关系，包括与近邻中国的关系。后俄罗斯将外交政策调整为面向东西方的全方位外交，与中国的关系从有一定的改观到发生"质"的飞跃。

1. 一般友好国家关系

在独立之初，俄罗斯面临着严峻的地缘政治形势，继续奉行缓和与西方国家关系的政策，把国家政治、经济的发展寄托在美国等西方国家的政治支持和经济援助上。在这种情况下，俄罗斯把与西方国家的关系放在了国家外交的优先地位。

1991 年 12 月 27 日，即在戈尔巴乔夫总统宣布苏联解体的第二天，中国派外交代表团赴俄罗斯，与俄罗斯（时任总统叶利钦）建立了正式外交关系，实现了国家关系由中苏向中俄关系的平稳过渡。基于以上原因，1992—1993 年，中俄关系处于一般友好国家关系阶段。

2. 建设性伙伴关系

1993 年下半年，俄罗斯国内民族主义势力抬头，呼吁政府调整国家外交政策，维护国家利益。于是，俄罗斯实行既面向西方，又面向东方的外交政策，即"双头鹰"外交，逐步加强了与亚太地区国家的关系。

[①] 范丽君：《蒙古与俄罗斯双边关系综述》，《内蒙古财经学院学报》2011 年第 6 期，第 15~23 页。

1994年9月，中俄两国领导人会晤，签署了《中俄联合声明》《中俄两国首脑关于不将本国战略武器瞄准对方的联合声明》《中俄国界西段协定》等重要文件。中俄两国建立了"新型的建设性伙伴关系"，即建立在和平共处五项原则基础上的完全平等的、睦邻友好的互利合作关系，即"不结盟，不对抗，不针对第三国的中俄建设性伙伴关系"。

双边政治关系的提升带动了两国在经济、军事、社会、边界和文化等领域合作的顺利发展，并取得了较大的进展。

3. 战略协作伙伴关系

1996年4月，俄罗斯总统叶利钦访华，将中俄"建设性伙伴关系"进一步提升到"平等信任、面向21世纪的战略协作伙伴关系"。两国签署的《关于世界多极化和建立国际新秩序的联合声明》标志着中俄战略协作伙伴关系的建立。中俄战略协作伙伴关系完全符合两国的根本利益，顺应时代的潮流和需要。

这一时期中俄两国关系快速发展且出现了"质"的飞跃，为国际和地区的安全与稳定做出了重要贡献，极大地推动了两国在经济、军事、社会和文化等领域的全方位合作。

（二）普京时期中俄关系

2000年，普京就任俄罗斯总统，从此俄罗斯进入"普京时代"。俄罗斯各方面的发展取得了令人瞩目的成就，对外关系呈现出全新的局面。中俄关系稳步快速发展。

1. 中俄睦邻友好合作关系

2001年7月16日，中俄两国领导人签署了为期20年的《中俄睦邻友好合作条约》，该条约规定了两国在政治、经济、贸易、科技、文化和国际合作等方面的原则和方向，宣布两国"世代友好，永不为敌"，为21世纪两国关系的发展奠定了坚实的法律基础，所倡导的互信、互利、平等、协作的新安全观，为确立新型国家关系树立了典范。该条约不仅成为中俄关系发展史上的重要里程碑，也是国际关系史上一个创举。随着中俄关系持续顺利发展，该条约的国际影响力将不断扩大。

2. 战略协作伙伴关系的发展

2000—2008年，普京总统执政时期，中俄不断完善合作机制：国家元首定期会晤机制、总理定期会晤机制、战略安全磋商机制、政府间合作委员会机制。两国各层次的沟通、交流频繁，增进了两国政治互信，人民的相互了解。

2004年10月14日，中俄签署了《中俄国界东段补充协定》，最终解决了两国国界东段遗留的2%的问题，标志着中俄边界问题圆满解决。2008年10月14日，中俄在黑瞎子岛举行了"中俄界碑揭幕仪式"，表明两国间4 300多千米的边界线全线划定。边界问题的圆满解决有利于中俄开展全方位合作，有利于地区的安全与稳定，为国际社会树立了解决类似问题的典范。

2006年，"俄罗斯年"在中国举办，2007年，"中国年"在俄罗斯举办。在"国家年"框架下，中俄开展的活动涵盖政治、经贸、文化、教育、卫生、体育、传媒、科技、军事和地方等两国合作的各个领域，对于加强两国人民之间的相互了解和增进友谊、促进全方位合作发挥了重要作用。

2009年和2010年，中国和俄罗斯举办了"俄语年"和"汉语年"。语言是民族精神和文化传承的重要载体，是人类心灵沟通的桥梁。扩大语言文化交流有助于两国人民相互敬慕、相互学习，建立起深厚的友谊，成为全面推进中俄战略协作伙伴关系的重要举措。

（三）"梅普组合"时期中俄关系

"梅普组合"时期，加强中俄战略协作关系依然是俄罗斯外交政策的优先方向之一。《俄罗斯联邦外交政策构想》（2008年版）中就俄罗斯对华政策的主要内容做出规定：加强中俄在所有领域的战略协作；使中俄经济合作的规模和质量与双边政治关系的高水平一致；继续发展上海合作组织；加强在"中俄印（度）三国"和"金砖五国"（巴西、俄罗斯、印度、中国和南非）等框架下的对话与协调。

1. 彼此间的战略互信不断增进

中俄两国积极开展全面沟通与对话，不断增进彼此的战略互信。每年两国元首都在双边和多边范围内多次会晤，就两国关系和重大国际问题交换意见，并达成广泛共识。2008年5月，俄罗斯总统梅德韦杰夫访华，两国元首一致同意继续推动中俄战略协作伙伴关系更好地向前发展，确定了双边关系的未来发展方向，并签署了《中俄关于重大国际问题的联合声明》。同年11月，中俄两国元首批准了《〈中俄睦邻友好合作条约〉实施纲要（2009—2012）》。

2. 双边关系日臻成熟，堪称典范

2009年6月，中俄元首在莫斯科会晤，制订了下一步双边关系发展和重要领域合作的战略规划。在中俄建交60周年庆祝大会上，中国国家主席胡锦涛表示"中俄关系日臻成熟"，梅德韦杰夫总统赞扬自1992年以来双边关系"堪称典范"。

3. 全面战略协作伙伴关系的建立

2010年9月，中俄两国元首共同发表了《中俄关于全面深化战略协作伙伴关系的联合声明》。2011年6月16日，中俄领导人共同发表了《关于〈中俄睦邻友好合作条约〉签署10周年的联合声明》，中国国家领导人表示，中俄要发展"平等信任、相互支持、共同繁荣、世代友好的全面战略协作伙伴关系"，由此双边关系上升到新的高度。同时，两国签署了《中华人民共和国和俄罗斯联邦关于当前世界形势和重大国际问题的联合声明》。

2011年和2012年，中俄互办"旅游年"，开展丰富多彩的旅游文化活动，加深了两国人民的文化认知、认同，极大地推动了两国之间的人文合作，为中俄全面战略协作伙伴关系的巩固和发展奠定了坚实的民意基础。

除中俄两国元首、政府首脑定期会晤外，中俄还在议会、中俄战略安全磋商、政府各部委以及中俄友好和平与发展委员会等机制下进行全面的对话，两国地区、政党之间的交流日益频繁。在各个级别和类别的磋商与合作机制架构下，中俄两国在涉及对方国家主权、统一和领土完整等核心利益问题上相互支持。在全面、密切的对话与交往中，中俄两国不断增进战略互信。

（四）普京第三、第四任期中俄关系

2012年，普京总统开始第三任期，2013年习近平成为中国国家领导人，中俄双边关系进入新时期。

1. 政治互信进一步增强

2013年3月22日—24日，中国国家主席习近平首次访问俄罗斯，充分体现了中俄关系的重要性和在各自国家对外战略中所处的重要地位。双方就加强中俄全方位战略合作达成重要共识。国家主席习近平

全面系统地阐释了深化中俄全面战略协作伙伴关系在两国外交全局和对外关系中占据的优先地位。中俄两国进一步巩固了政治互信，为双边关系的健康发展夯实了政治基础。双方就共同关心的地区形势、热点问题和全球治理深入交换了意见，表达了对建立公正、合理的世界政治经济秩序、推动建立符合21世纪现实和潮流的"新型大国关系"的主张。在安全领域，国家主席习近平成为参观俄罗斯国防部及联邦武装力量指挥中心的首位外国元首，双方达成了军事技术合作、联合举行军事演习等一系列重要协议，表明中俄安全合作进一步深化。

2. 全面战略协作伙伴关系新阶段

2014年2月6日，国家主席习近平应邀专程出席索契冬奥会开幕式，其间两国元首会晤，就发展双边关系、推动大型合作项目、促进人文交流以及重大国际和地区问题深入交换了意见。2014年5月20日，中俄两国元首在上海举行了会晤，签署了《中俄关于全面战略协作伙伴关系新阶段的联合声明》，双方决定，"扩大和深化务实合作，把中俄全面战略协作伙伴关系推向更高水平"。

2014年和2015年为中俄青年友好交流年。青年是每个国家的未来，是中俄关系及两国人民友谊的未来。加强两国青年之间的往来，增进相互了解和建立起深厚的友谊，将促进中俄世代友好、带动双方全方位的务实合作，从而推动两国共同发展、共同繁荣，为两国及两国人民的友好事业和美好未来做出应有的、积极的、更大的贡献。

2015年5月9日，国家主席习近平应邀出席俄罗斯在莫斯科红场举行的纪念卫国战争胜利70周年的盛大庆典。2015年9月3日，俄罗斯总统普京应邀参加中国抗战胜利70周年阅兵式。两国领导人多次表达了捍卫历史真相的坚定立场。

2016年和2017年为中俄媒体交流年，促进两国媒体在全媒体时代的全方位合作，为中俄全面战略协作伙伴关系的深化和发展注入新的动力。

2016年9月4日，中俄国家元首在杭州举行会晤，双方一致表达了进一步深化中俄全面战略协作伙伴关系的坚定决心，双方对重大国际和地区问题持有共同立场，发出了中俄共同维护全球战略安全、世界和平稳定的一致声音。

2017年，中俄政治互信进一步巩固。双方明确：中俄新型国家关系的基础是相互尊重、平等信任，核心价值为相互支持，目标是两国人民共同繁荣，确定了进一步发展和巩固中俄全面战略协作伙伴关系的根本方向，规划了各领域合作目标。中俄关系走上了一条成熟、稳定的发展道路，步入高层次持续健康发展的轨道。

2018年3月，习近平再次当选中国国家主席，同年5月普京第四次就任俄罗斯总统，在两国领导人的引领下，中俄双方将继续保持和深化高层战略互信对话，提高现有双边政府、议会、部门和地方间合作机制的效率，在重大国际和地区问题上进一步密切协调外交行动。这将有助于提高中俄双方在国际舞台上的地位和扩大各自的影响，推动建立更加公正合理的国际秩序。

第八章 经济

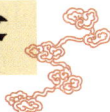

独立之初，俄罗斯由计划经济向市场经济转轨，转型的痛苦立马显现，经济陷入八年之久的衰退之中。2000—2008年，俄罗斯经济进入稳定增长的黄金时期。2008年骤然爆发的国际金融危机又使俄罗斯经济跌入低谷。乌克兰危机引发美国等西方国家对俄罗斯实施经济制裁，俄罗斯经济再度走低。俄罗斯各行各业的状况与全国宏观经济态势基本相同。

第一节　概述

新生的俄罗斯联邦面临政治、经济等方面的改革，以摆脱苏联时期的政治经济体制。从1992年起，俄罗斯的经济发展经历了叶利钦时期（1992—1999）、普京时期（2000—2008）、"梅普组合"时期（2008—2012）以及新普京时期（2012年至今）。

一、叶利钦时期的经济发展

1992年，俄罗斯按照美国哈佛大学萨克斯教授的改革方案，实行"激进的""休克疗法"。国家对经济活动的监管力度越来越小，加之国内政局持续动荡，西方许诺的贷款不能及时足额到位等其他许多内、外部因素的综合作用，俄罗斯经济发展陷入多年负增长，综合经济实力急剧下降。

1992—1999年，俄罗斯经济除1997年和1999年出现小幅增长以外，其他年份均处于负增长状态。1992—1998年（1997年除外）俄罗斯国内生产总值变化幅度依次为-18.5%、-12%、-15%、-4%、-5%、-4.6%，累计下降近60%。这一降幅超过俄罗斯历史上国内生产总值大幅度下降的第一次世界大战时期（下降25%）、国内战争时期（下降23%）和卫国战争时期（下降25%）[1]。1992—1998年，俄罗斯国内生产总值均远低于西方七大国的平均值，排名世界前十以外，人均国内生产总值则列世界第四十五位。1997年，俄罗斯国内生产总值同比增长0.4%，1999年同比增长5.4%。

由于投资连年减少，俄罗斯基础工业严重萎缩。固定资本投资1992年同比下降40%，1993年同比下降12%，1994年同比下降24%，1995年同比下降16%，1996年同比下降18%，1997年同比下降5%，1998年同比下降6.5%~7%，1999年同比增长5%。

叶利钦时期，俄罗斯经济持续下降，有苏联解体造成经济联系骤然中断的原因，但现实改革措施不当才是主因。大范围放开物价，实行经济自由化，导致政府对经济的干预能力被削弱，难以发挥宏观调控作用。通过紧缩信贷规模和减少投资来抑制通货膨胀与稳定经济之间存在矛盾。在垄断依然存在的情况下，放开物价，并没有达到刺激扩大生产、增加产量以丰富市场供应的目的，没有形成真正的市场竞争环境。此外，俄罗斯政府与议会之间矛盾重重，导致政治局势动荡、社会不稳，都不利于经济的发展。

总体来看，在这一时期，俄罗斯国家综合经济实力急剧滑落，国家经济安全状况极度恶化，"经济的生存能力"极低，各项经济安全参数均远远低于临界值。

✿ 二、普京时期的经济发展

普京总统执政以后，俄罗斯国内政局逐渐趋于稳定、制度环境不断改善、社会政策强化、宏观经济政策契合现实，明确了俄罗斯经济发展道路，提出俄罗斯经济走"第三条道路"（一种综合了安全、能源和矿业开发的路线）的发展方针，一切以维护国家经济利益为核心。从外部环境来看，世界经济总体形势看好，国际市场尤其是能源、原

---

[1] 郑羽：《俄罗斯国家经济安全战略与1998年金融危机》，http://www. dvscn.net/2002/07/24。

材料行情一路走高。在国内和国际良好形势下，俄罗斯经济出现恢复性增长，并步入稳步快速增长阶段。俄罗斯的综合经济实力逐步增强，国家综合经济安全指数有所好转。

2000—2008年，俄罗斯政局稳定、经济连续稳步快速增长，俄罗斯已经进入世界十大经济体行列，国内生产总值累计增长了72%，工业生产增长了56.2%，零售业增长了141.3%，对外贸易总额增长了401.9%，固定资本投资增长了159.3%，居民实际收入增长了141.4%[1]。

（一）经济政策适应国情

2000年，普京执政后继续推行俄式"自由经济"政策和发展方针，强化政治权力以确保实现市场经济改革。采取明确保护私有财产权，鼓励正当平等竞争，减少政府对具体经济活动过多干预，为企业减轻税负，关心人民生活福祉等行之有效的措施。此外，国际市场能源原材料行情利好，价格不断上涨，俄罗斯经济步入稳步快速发展的新阶段。

（二）经济持续快速增长

1999年3月以后，俄罗斯经济出现增长。从2000年开始，俄罗斯经济连续9年保持良好增长势头，其中有6年保持在6%及以上的增长速度，9年累计增长58.4%，平均增长6.49%。2000年国内生产总值增长8.3%，2001年为5.1%，2002年为4.7%，2003年为7.3%，2004年为7.2%，2005年为6.4%，2006年为8.2%，2007年为8.5%[2]。2001年和2003年，俄罗斯工业生产分别同比增长4.9%和7%，2004年为4.8%，2005年为4.1%，2006年为3.9%，2007年为6.3%，2008年为2.1%。

2005年，俄罗斯中央银行的黄金外汇储备额已超过国家外债额，到2006年1月1日达到1 822亿美元。根据这一指标，俄罗斯已步入世界十人强国之列。与此同时，同燃料动力综合体相关的预算收入的快

① 《普京谈〈俄罗斯2020年前发展战略〉描绘俄未来发展蓝图》，http://roll.jrj.com.cn/news/2008-04-18.html。

② Основные показатели социально-экономического развития Российкой Федерации，http://xn---- 8sbecgfbe8cvbzcwi.xn-- p1ai/uploads/documents/12-08-2012。

速增加不断充实稳定基金，到2006年1月1日稳定基金额已超过440亿美元。日益增加的黄金外汇储备额和稳定基金额确保俄罗斯免受外部动荡的影响①。俄罗斯中央银行公布数据显示，截至2007年12月1日，俄罗斯黄金外汇储备额为4 635亿美元。2008年9月1日达到5 816亿美元。

（三）国家外债总额不断减少，内债不断增加

自20世纪90年代以来，俄罗斯积累了巨额外债，达1 301亿美元。由于国际石油价格持续走高，俄罗斯经济连续多年以6%~7%的速度增长。俄罗斯财政盈余、贸易顺差、黄金和外汇储备额不断增加，这些有利条件使得俄罗斯偿还债务能力增强，外债总额持续减少。2003年是俄罗斯的偿债高峰年。到2003年年初，俄罗斯外债总额减至1 190亿美元。到2004年年底，俄罗斯外债总额已减少到1 105亿美元②。2005年外债总额为1 137亿美元，2006年为1 074亿美元，2007年外债余额为926亿美元③。2008年年初，外债余额为471亿美元。

俄罗斯内债不断增加，2003年内债总额约为6 300亿卢布（1美元合29.73卢布）。到2007年1月1日，俄罗斯内债总额达到10 280.36亿卢布④。

（四）税收来源多元化

《俄罗斯联邦税收法典》（第一部分）规定了联邦税，联邦主体税（亦称地区税）和地方税三级税收。目前，联邦税分为10种，即增值税、消费税、自然人所得税、统一社会税、组织利润税（即企业所得税）、矿藏使用税、继承或遗产税、水税、动物和水资源使用权付费、国家关税；地区税分为3种：法人财产税、赌博税、运输税；地方税分为2种：土地税和自然人财产税。

---

① 《俄罗斯经济转折点》，http://news.xinhuanet.com/2006russia/2006-03/31/content_43.htm。

② 陈柳钦：《俄罗斯外债危机后的债务重组》，《经济导刊》2006年第4期。

③ С начала 2007 г. внутренний госдолг РФ увеличился на 6.32%，http://www..wek.ru。

④ С начала 2007 г. внутренний госдолг РФ увеличился на 6,32%，http://www..wek.ru。

自 1999 年以来，俄罗斯企业经营状况有所好转。1999 年与 1998 年相比，赢利企业的利润增加2.7倍，亏损企业的亏损额降低了10%，亏损企业的比例由49.2%减少至39.2%。俄罗斯经济连年稳步发展，2000 年以来俄罗斯经济年均增长率为6%以上，农业年均增长率为1%~1.5%[1]。良好的经济发展使国家税收增加，并使税收来源持续多元化。

（五）国际收支状况良好

经常项目账户是国际收支平衡表的组成部分，其中包括商品贸易、服务进出口业务和国际间经常转移款项。经常项目结余显示了对外贸易国际收支平衡中商品、服务和经常转移业务为盈余或者赤字。

1995—2005 年，俄罗斯国际收支经常项目盈余总体呈现出不断增加的态势，处于盈余状态。俄罗斯中央银行公布的国际收支平衡表的数据显示，2006—2008 年，俄罗斯收支盈余数额较大，并且每年增长较快，反映了俄罗斯经济的高速增长。

（六）投资形势较好

俄罗斯经济与发展部估计，每增长1%，资本投资可以保证国内生产总值增加0.3%~0.4%。不过，1998 年金融危机以后，俄罗斯的资本投资增长并不均衡：从2000 年的11.9%下降至2002 年的3.7%。俄罗斯资本投资增长的波动首先与外部市场行情有关，其次与出口企业的财务状况有关。俄罗斯70%的资本投资仍然依靠企业自有资金，其他来源的投资（银行贷款、股票发行、吸引外部投资等）在总投资中所占的比例不高[2]。俄罗斯这一时期固定资产总体投资形势较好，对经济增长的拉动作用有所加强。同时，外国投资逐年增加。某种程度上可以说，俄罗斯经济安全状况有所好转。但是，由于俄罗斯出口商品结构中能源、原材料占比太高，对外依赖程度已经超过经济安全临界值，这将对俄罗斯经济的中长期安全平稳地发展带来负面影响。

---

[1] 《俄罗斯农业政策最新变化及分析》，http://e-nw.shac.gov.cn/wmfw/hwzc/hwzc/200801/t20080129.htm。

[2] Сенчагов В.К..Экономическая безопасность России.М.:'Дело',2005. С.342.

❖ 三、"梅普组合"时期的经济发展

2008年5月，梅德韦杰夫任俄罗斯总统，普京任政府总理，俄罗斯进入"梅普组合"时期。2008年9月15日，华尔街金融危机爆发后，从第四季度开始，俄罗斯经济状况急转直下，有人惊呼"1998年经济危机重演"，使俄罗斯民众承受着巨大的心理压力，只有25.7%的人对未来两年的发展持乐观态度。

2008年年末，俄罗斯国家外债余额仅剩390亿美元，但是企业外债达4 883亿美元，超过俄罗斯国家外汇储备，其中1 600亿~2 000亿美元外债应在2009年偿还。在国际信贷极度紧缩的情况下，企业净利润作为偿债唯一来源，2008年总计只有2 400亿美元。2008年第四季度，俄罗斯实际工业产值同比下降6.4%，建筑业产值同比下降12.7%，运输业产值同比下降14.3%等，全年经济增长率只有5.6%。这些数据再次说明了金融危机实际上已经演变为结构性的经济危机，俄罗斯资源型粗放式的增长完全不适合现代化市场经济体系的发展，任何外部不确定性因素都会给国家整体经济环境带来致命的打击。

由于面临多种不确定性因素，2009年俄罗斯经济发展进入"调整期"，经济规模进入"缩减期"。

（一）经济发展出现波动

受国际金融危机的严重冲击，俄罗斯经济出现了较大波动，并进入新一轮"衰退期"。2008年，俄罗斯国内生产总值增长5.2%，2009年同比下降7.8%，2010年同比增长4.0%，2011年同比增长4.1%。

油价的下滑和西方制裁的双重影响，导致俄罗斯经济难以对外借贷，因此，如果这种局面持续下去，俄罗斯经济将步入仅次于叶利钦执政时期的新一轮"衰退期"。

（二）国家外债总额居高不下，内债增势不减

2008年，俄罗斯外债总额不断上升，到2009年，俄罗斯外债总额达到5 405亿美元，2010年为4 672.5亿美元，2011年达5 389亿美元，2012年为5 388.43亿美元，2013年则高达6 239.63亿美元。

自2003年以来，俄罗斯将石油出口超额收入积累起来建立"政府稳定基金"，并于2008年2月1日将其拆分为储备基金和国家福利基

金。储备基金用于补贴财政开支不足和偿还国家外债，国家福利基金主要用于补贴养老金。储备基金和国家福利基金在关键时刻可以发挥明显的"救火"作用。

2009—2011年，俄罗斯国内债务持续增加。2011年，内债增速达到42.5%，内债总额为1 884亿美元，占国内生产总值的10.4%。截至2012年，俄罗斯内债约占国内生产总值的8.5%，总额为1 725亿美元。截至2013年1月1日，俄罗斯内债总额为1 646亿美元。

（三）预算赤字呈现减少趋势

2009年，俄罗斯预算赤字为786亿美元，约占国内生产总值的6.1%。2010年为988亿美元，约占6.6%。2011年约为142亿美元，占比0.8%。2012年，俄罗斯预算赤字约占国内生产总值的0.04%，接近零赤字。2013年，俄罗斯预算赤字约占国内生产总值的0.5%，赤字规模与2012年相比有所扩大。2014年，俄罗斯财政赤字为50.5亿美元，约占国内生产总值的0.2%。

（四）银行数量急剧减少，存在问题依然较多

2009年年底，俄罗斯中央银行承认，俄罗斯各银行坏账的月增速为8%~10%，当年的坏账额同比增长了1倍。2010年2月18日，随着莫斯科"米科尔斯银行"因注册资本金不足而被俄罗斯中央银行吊销经营许可证，俄罗斯境内银行数量减少到999家。仅2009年一年之内，俄罗斯就有44家银行完全丧失经营资格，另有3家银行宣布破产，还有12家银行由于经营不善而被其他8家银行融资兼并。从2010年1月1日起，俄罗斯又有4家银行倒闭，其中3家银行被其他大银行收购。从2012年1月1日起，俄罗斯将本国银行的最低资本提高到1.8亿卢布。由此，俄罗斯境内银行数量将进一步缩减，减少到700家左右。

在宏观经济总体中速平稳发展的大背景下，俄罗斯对银行业进行了积极的调整，取得了一定的成效。但是，俄罗斯银行业依然存在着诸如银行转化资金能力差、资金流动性不足、贷款结构不尽合理以及有关银行立法和监督体系不够完善等问题。

（五）国际收支状况良好

2008年国际金融危机突然爆发，导致2009年俄罗斯盈余较低，

2010年俄罗斯国际收支状况开始好转。2011年，俄罗斯国际收支顺差为988亿美元。2012年，俄罗斯国际收支顺差为748亿美元，比2011年减少约24.3%。

（六）投资形势较好

2009年，俄罗斯固定资产投资下降1.7%，吸引外资819亿美元。2010年，俄罗斯固定资产投资同比增长6%，吸引外资1 147.46亿美元。

2011年，俄罗斯固定资产投资总额为4 177亿美元，增速为8.3%；吸引外资1 906亿美元，同比增长66.1%；外国直接投资184.1亿美元，同比增长33.3%；证券投资8.1亿美元，同比减少25.1%；其他投资1 714.2亿美元，同比增长71.7%。

2012年，俄罗斯固定资产投资增速降至6.7%；吸引外资1 545.7亿美元，同比减少18.9%；外国直接投资186.66亿美元，同比增长约1.4%；吸引证券投资18.16亿美元，同比增长约1.24倍；其他类投资1 340.88亿美元，同比减少约21.8%。

❀ 四、新普京时期

2012年5月，普京就任俄罗斯总统，俄罗斯进入新普京时期。由于后国际金融危机时代，全球经济未完全摆脱危机所造成的影响，一直处于低速发展状态。乌克兰危机爆发后，西方对俄罗斯制裁，同时国际市场石油价格下降，导致俄罗斯经济增速大幅度放缓，近而陷入低迷。

（一）经济发展陷入低迷

2012年，俄罗斯国内生产总值同比增长3.5%，工业生产同比增长3.6%，加工业同比增长4.8%，采掘业同比增长0.9%，农产品生产同比下降4.4%，零售商品额同比增长6.1%，消费品价格（体现通货膨胀率）同比上涨6.6%，实际工资收入同比增加9.1%，居民实际现金收入同比增长4.6%[①]。

2013年，俄罗斯国内生产总值同比增长1.3%，经济发展明显放

---

① Социально-экономическое развитие России за 2012 г. Основные показатели，http://finliga.com/2012.html。

缓，陷入低迷状态。农业同比增长了6.8%，粮食产量为9 000万吨，人均634千克。实际工资同比增长5.5%，居民的现金收入增长3.6%，通货膨胀率为6.1%。

2014年，俄罗斯经济增长依然低迷，国内生产总值仅同比增长0.6%，工业生产同比增长1.7%，制造业同比增长2.1%，石油开采量达到创纪录的5.25亿吨，粮食产量创下新纪录（达到1.053亿吨），农业整体同比增长3.7%，零售业同比增长2.1%，居民实际收入水平下降，个人贷款增速放慢造成消费下降，全年平均失业率为5.3%~5.4%，消费品价格同比上涨11.4%。总体来看，2013年和2014年是2000年以来表现最差的两个年份。2014年俄罗斯银行业利润为90.60亿美元，同比减少40.70%。银行业利润减少的主要原因是各家银行为应对经济风险而准备了大量的储备金，储备金总计约153.90亿美元。

2015年，俄罗斯经济同比萎缩3.7%。工业生产同比减少3.4%，天然气产量同比下降2.6%，轿车产量同比下降27.7%，财政赤字为1.95万亿卢布（约合250亿美元），占国内生产总值的2.6%，零售总额同比暴跌10%，是2009年以来经济发展表现最差的一年。居民实际收入同比减少4%，已连续两年出现下滑，人均实际工资同比下降9.8%。

2016年，俄罗斯经济继续下滑。国内生产总值同比下降0.2%，工业产值同比增长1.1%，其中矿产开采业同比增长2.5%，加工业增长0.1%，水、电生产分别同比增长1.5%，石油开采量同比增长2.5%，天然气开采量同比增加0.7%。

2017年，俄罗斯国内生产总值同比增长1.4%，通货膨胀率降至历史最低水平。粮食产量1.34亿吨，创历史新高，同比增长11%。工业生产同比增长1%，新增石油储量5.5亿吨，同比减少4%，天然气新增储量超过8 000亿立方米。

（二）国家外债总额较大，内债增势不减

2013年，俄罗斯国家外债为557.94亿美元，同比增长9.9%，其中债券407亿美元，同比增长16.5%，国际金融机构贷款15.65亿美元，同比下降22.7%。2014年，俄罗斯国家外债为415亿美元，同比减少25.6%。俄罗斯中央银行的外债为104亿美元，同比减少37.5%。俄罗斯商业银行领域的外债为1 711亿美元，同比减少20%。俄罗斯非银行领域的外债为 3 765 亿美元，同比减少 13.8%。截至 2015 年 1 月 1 日，俄罗斯外债总计 5 994.97 亿美元，同比减少约 18%。2015 年和 2016 年，俄罗斯国内债务上限分别为 2 184 亿美元和 2 392 亿美元。到 2015 年 1 月 1 日，俄罗斯的储备基金约 761 亿美元，国家福利基金约 675 亿美元。

（三）国际收支状况

2013 年，俄罗斯经常项目活动顺差为 341 亿美元，占其国内生产总值的 1.6%；金融账户为逆差，负 450 亿美元。2014 年，俄罗斯实现贸易顺差，为 1 856 亿美元，同比增长 2%。国际收支经常项目账户顺差为 567 亿美元，同比增长 66%；金融账户为逆差，负 1 256 亿美元。

（四）投资形势

2013 年，俄罗斯固定资产投资额为 3 830 亿美元，同比减少 0.3%。吸引外国投资总额为 1 701.8 亿美元，同比增长 10.1%。其中直接投资 261.2 亿美元（占投资总额的 15.4%），同比增长 39.9%；证券投资 10.9 亿美元（占投资总额的 0.6%），同比减少 39.9%；其他投资 1429.7 亿美元（占投资总额的 84.0%），增长 6.6%。2013 年资本投资增加 5.5%，2014 年下降 2.5%，2015 年下降 8.4%，2016 年增加 1.2%，2017 年增加 0.4%。

咨询公司 A.T.Kearney 的年度调查结果显示，2014 年俄罗斯未进入 25 个对投资者最具吸引力国家排行榜。2014 年，俄罗斯吸引外国直接投资 190 亿美元，同比下降 70%。

第二节　　农业

20 世纪 90 年代，俄罗斯农业经历了严重的危机。1998 年，俄罗斯农业生产下滑幅度最大，农业生产总值仅为 1989 年的 53%，畜牧业生产缩减特别突出，减产 50% 以上。自 1999 年以来，俄罗斯农业步入逐步稳定增长的轨道。

❀ 一、农业与农工综合体

俄罗斯农业是专门为食品业和加工业提供生产原材料的相互关联行业的总和。一些农业行业生产可使用的、不需要进一步加工的成品，如蔬菜栽培业、园艺、乳畜饲养业等。从其他一些行业来看，农产品也直接或间接地用于食品生产。例如，有些农产品广泛用于制药、纺织和制鞋业等；有的农业原材料成为生物燃料的重要原基础料。

农业是俄罗斯最大的跨行业集团——农工综合体的组成部分，并且是其中一个关键的环节。除农业之外，农工综合体还包括以下行业：食品业和加工业行业，为农业提供生产工具和物质资料（农业机械制造业、肥料和农业化学产品生产业等）的行业，基础设施行业——为农工综合体上述行业提供服务的一系列行业（物流服务业、金融业、专门人才培训等）。

国家调节农工综合体行业的综合措施亦是农工综合体的一个独立的环节。近些年来，正是对农工综合体的国家调节使得俄罗斯大多数农产品品种、食品业和加工业产品的产量稳步增长。

除了是农工综合体这一跨行业集团的组成之外，俄罗斯农业本身也包括一系列行业：

一是种植业。谷物种植行业，粮用豆类作物，油类作物，马铃薯和蔬菜，水果，饲料草，经济作物和药用植物。

二是畜牧业。畜牧业主要为养牛业、养羊业、养猪业、养鹿业、养蜂业等。

❀ 二、农产品市场

在俄罗斯农产品生产总值中，种植业和畜牧业的比重比较接近，均在50%左右，不过两者不同年份互有高低，但相差不大，在5%以内。

俄罗斯农业用地面积占其领土面积的13%，其中耕地面积占俄罗斯领土面积的8%，占世界耕地面积的10%。俄罗斯超过80%的耕地位于中央伏尔加河流域、北高加索地区、乌拉尔和西西伯利亚地区。俄罗斯耕地面积达1.42亿公顷，人均耕地面积为0.86公顷，远远高于世界人均耕地指数。俄罗斯大部分（70%）的农田分布在其欧洲部分，其中伏尔加河流域占18.7%、乌拉尔地区占16.2%、北高加索经济区占11.5%、西西伯利亚经济区占16.3%。俄罗斯大部分耕地用于种植谷物和粮用豆类作物，以2015年为例，用于种植谷物和粮用豆类作物的耕地面积占俄罗斯总耕地面积的59%，其余耕地面积饲料作物占21%，经济作物占16%，马铃薯和蔬菜作物占4%。

    1990年，俄罗斯粮食产量为1.043亿吨。1991—1998年，俄罗斯农业生产总量一度下滑，尤其是1998年降至最低，导致俄罗斯粮食安全形势严重恶化。从1999年开始，俄罗斯经济发展逐渐向好，2000—2008年年增长率达6%~8%，但是农业生产增长率仅为1%~1.5%。俄罗斯农业产量累计增长约38%，其中禽肉产量增长32.2%，猪肉产量增长37%，牛肉产量却下降了29%。这一时期，俄罗斯粮食安全形势逐步好转且趋于稳定[1]。

    2008年，俄罗斯粮食获得大丰收，粮食总产量达到创纪录的1.08亿吨，比2007年增长32.8%。2009年，俄罗斯粮食种植面积为4 750万公顷，比2008年增加80万公顷，但是粮食总产量比2008年减少约10%，为9 700万吨。2010年，俄罗斯遭遇前所未有的旱灾和火灾，约550万公顷农作物绝收，粮食总产量仅为6 090万吨，勉强能够满足俄罗斯本国消费者的粮食需求。俄罗斯国内市场粮食价格和基本食品价格大幅度上涨，全年通货膨胀率达到8.8%。为确保本国粮食安全，2010年8月15日，俄罗斯政府开始实施对小麦、大麦、黑麦、玉米、面粉等粮食产品的出口禁令，后来又将此禁令延长至2011年6月30日。俄罗斯粮食联盟机构指出，2011年7月30日前，俄罗斯需要进口300万~350万吨粮食，粮食进口量同比增长1.5倍。同时，调整粮食进口关税，免进口关税范围扩大到小麦、大麦和黑麦等所有粮食种类，以增加粮食进口，弥补国内粮食市场的缺口，缓解粮食安全紧张的形势。2011年，俄罗斯粮食总产量为9 420万吨，同比增长54.7%，其中大豆、油菜、玉米、向日葵和甜菜的产量分别为150万吨、110万吨、600万吨、800万吨和4 500万吨。这一产量可以充分保障俄罗斯内需并恢复出口，出口量为2 500万吨左右。2012年，俄罗斯粮食总

---

[1]   姜振军：《俄罗斯保障国家粮食安全的措施研究》，《俄罗斯东欧中亚研究》2017年第5期。

产量为 7 040 万吨，同比下降 25.3%。2013 年，俄罗斯粮食总产量为
9 134 万吨，同比增长 29.7%，其中小麦产量增长 38%、黑麦产量增长
58%、玉米产量增长 30%。2014 年，俄罗斯粮食总产量为 1.05 亿吨，
与 2008 年的 1.08 亿吨不相上下，出口量约 3 000 万吨。2014—2015 年
农业年度，俄罗斯粮食出口 3 050.8 万吨，其中小麦出口 2 170.3 万吨。
2015 年，俄罗斯收获粮食净重 1.048 亿吨，为历史最好年份之一。在
2015—2016 年农业年度，俄罗斯粮食出口达 3 389 万吨，比上一农业
年度增长 11.12%，其中小麦出口量达 2 460 万吨，俄罗斯第一次超过
加拿大和美国，首次成为世界最大的小麦出口国；大麦出口量为 423 万
吨，玉米出口量为 471 万吨，其他作物为 35 万吨[1]。2017 年，俄罗斯
粮食产量达 1.35 亿吨，其中小麦产量为 8 590 万吨；对外出口粮食
3 547 万吨，其中小麦约 2 700 万吨。2017—2018 年农业年度，俄罗斯
粮食出口量达到创纪录的 5 242.20 万吨，其中出口小麦 4 100 万吨，超
过美国和欧盟，成为全球最大的小麦出口国。据俄罗斯联邦农业部预
测，未来几年，俄罗斯粮食总产量将保持在 1.1 亿~1.2 亿吨的水平上。

第三节　工业

俄罗斯是世界主要工业大国之一，也是为数不多的能够生产几乎
任何一种类型工业商品的国家。俄罗斯工业包括诸多行业和企业。

一、行业和工业区

在俄罗斯工业生产中，52.3% 为加工业企业生产，35.9% 为采矿业
企业生产，11.8% 为水电气的生产和分配。俄罗斯工业增长的主要驱
动器为加工业生产（包括轿车制造、国防综合体、食品和化学工业
等），开采业生产（石油和天然气）。

俄罗斯主要有中央工业区、西北工业区、乌拉尔工业区、西西伯
利亚工业区等四大工业区。中央工业区主要以电力、石油化工、造
纸、冶金、机器制造、建筑材料、轻工业、航空航天、电子等为主；

[1]　姜振军:《俄罗斯保障国家粮食安全的措施研究》,《俄罗斯东欧中亚研究》2017 年第 5 期。

西北工业区主要以食品业、纺织工业、机器制造、林业化工、轻工业、冶金、燃料动力综合体为主；乌拉尔工业区主要以采矿、冶金、机械、化工为主；西西伯利亚工业区主要以煤炭、石油、天然气、钢铁、电力为主。

二、工业发展

20世纪90年代，俄罗斯工业生产值严重下降，2000年以来则出现了相当稳定的增长。

20世纪90年代初，俄罗斯经济向市场经济转型，其工业发展开始持续衰落，1998年滑落到最低谷，工业生产指数降至1991年的48%。在1998年经济萧条和卢布贬值后，俄罗斯启动进口替代进程，使工业生产有所恢复。2000年，普京总统采取的保护和发展本国工业的措施推动了俄罗斯工业的快速发展，到2008年挽回了大部分损失，工业生产指数恢复到苏联时期的85%。

2008年，国际金融危机延缓了俄罗斯工业发展进程，但并未停止其发展：2008—2013年俄罗斯工业增长4%，达到1991年的89%。需要指出的是，俄罗斯工业生产在规模上与当年俄罗斯苏维埃联邦社会主义共和国工业规模相当，其恢复存在着设备老化的制约因素和向现代技术转型的迫切性。2014年，俄罗斯工业发生了两起重要事件：西方对俄罗斯制裁，卢布与世界货币汇率大幅降低。俄罗斯再一次推行进口替代政策，与此同时，其经济受到美元贷款的制约。

俄罗斯国家统计委员会的数据显示，2014年12月俄罗斯工业生产同比增长强劲，增长了3.9%。由于食品禁运和卢布贬值而实行进口替代的那些加工业生产出现了回升。例如，2014年12月及全年，肉类（鸡肉除外）生产分别增加20.1%和13.3%，干酪分别增加32.7%和14.1%。钢管业、冶金业、采矿业和部分机器制造业也出现增长。2014年，俄罗斯工业生产年增长率为1.7%，2013年为0.4%。2016年，俄罗斯工业在国内生产总值中的比重为26.2%。2017年，俄罗斯工业生产总值同比增长2.1%，其中加工业生产总值同比增长2.5%。从工业生产总值来看，2017年俄罗斯在世界上排第四位。

第四节　建筑业

建筑业的目的是在现代技术基础上对生产基金进行革新，发展和完善社会领域，对物质财富生产进行现代化改造和技术改造。建筑业是俄罗斯经济最为重要的一个行业，其产值约占国内生产总值的8%，其发展状况在很大程度上决定着社会和生产力的发展水平。一个地区或一个国家建筑业的良好状况将对整个地区或整个国家的经济和发展产生有利的影响，可确保资金向该地区或国家流入。在经济结构调整期间，投资和建筑活动的作用尤为重要。

在俄罗斯市场关系形成时期，其建筑市场向生产、经营和经济关系日益相互依赖过度。经济危机对建筑行业企业的状况产生了严重影响，导致在固定资产不断折旧情况下投资撤离。

一、建筑业国家政策的基本任务和功能

俄罗斯政府出台了关于建筑综合体的国家政策，其基本任务和功能明确了该行业的责任和应发挥的作用。

（一）基本任务

俄罗斯建筑业国家政策的基本任务：

（1）建立并实施建筑行业的科技政策的基本规定；

（2）通过对建筑行业科技规划执行情况和科技成果运用情况的分析、在实验性和普通建筑中新型结构的构建、新材料及其产品的应用来完善建筑行业的国家科技政策；

（3）协调议会、建筑业企业和单位在制定专项科技规划及科技成果运用方面相互协作；

（4）与实体、单位和企业一起形成年度研发计划项目"建筑和建筑业"；

（5）在竞争基础上参与研发订单的分配；

（6）形成年度实验设计和建筑计划；

（7）出版建筑行业科技信息集；

（8）形成正在制定的用于普通建筑的法规和设计产品清单；

（9）与俄罗斯科研院和工业科学院组织开展联合活动；

（10）开展与国家政策解决任务有关的建筑设计和建造方面的工作；

（11）采取一系列保护建筑业国家秘密、开展培训、确保民防以及消除紧急情况后果措施；

（12）与大众传媒开展合作，旨在向民众和建筑业企业和单位发布国家相关活动的信息。

（二）基本功能

俄罗斯建筑业国家政策主要实现以下基本功能：

（1）协调科学研究、试验设计和实验工作，并建立建筑技术规范基础；

（2）分析建筑业的科技发展方向和科学技术规划的结果；

（3）组织研发实验建筑和普通建筑所需的新构建、新材料和新产品；

（4）协调在建筑业实际应用科学技术成果；

（5）与政府执行权力部门、建筑业集团公司、企业和组织合作来实现落实科技规划的目标；

（6）推行科学技术产品清单制；

（7）发挥客户（使用者）在科学研究、试验设计、方案和规范落实方面的作用。

二、建筑业状况

目前，俄罗斯建筑综合体包括20万家建筑工程单位、建筑业企业和建筑材料业企业、设计和科研单位、机械运输企业，其中中小型企业占97%，主要开展所有经济领域楼宇和企业的设计、修建、改造、技术革新和大修等工作，拥有约400万从业者。

在经济改革时期，俄罗斯建筑业发生了巨大的变化，形成了一个全新的国家管理机制，表现在国家对建筑业投资活动的调节上，而不是对建筑业企业和单位进行行政管理上。

目前，小型建筑业企业和单位发展迅速，其数量占俄罗斯建筑业企业和单位总数的近90%。随着小企业的发展，建筑业一体化进程持续推进，成立了金融工业集团和金融建筑集团以及股份集团公司。金融工业集团的活动有助于提高投资和商业积极性、稳定经营关系、增强建筑单位的竞争力、减少开发商对已完成承包项目延迟付款的影响、发展承包市场；建立了一系列租赁和控股公司；建筑投资进程参与者之间经济关系的改变表明，有必要进行一次全面的工作以发展建筑业承包招标与完善合同关系，为提高建筑综合体单位的活动效率创造经济先决条件；在俄罗斯联邦几乎所有地区组建区域招标委员会。

总之，在经济改革过程中建立起来的俄罗斯建筑综合体市场基础设施汲取了世界先进经验，基本符合市场经济国家建筑业的结构。

在俄罗斯经济结构中，国家采购发挥着最为重要的作用。每年国家采购在俄罗斯所有经济部门中达到23万亿~25万亿卢布，因而俄罗斯建筑市场额度在24%~27%波动。

考虑到相关行业，俄罗斯建筑业的份额为40%。2015年和2016年，国家采购在俄罗斯建筑业的额度出现下滑：2015年，国家采购为6.5万亿卢布，2016年下降了11%，为5.8万亿卢布，2017年增加了15.5%，达到6.7万亿卢布。

与2016年相比，2017年俄罗斯建筑公司总贷款额增加了15%~18%，达1.4万亿卢布，逾期贷款高达2 800亿卢布，占总贷款额的15%~18%。

从地区来看，与2016年相比，2017年在建筑工作结构中，西伯利亚联邦区的比重从9.7%增长到12%，南部联邦区从7.6%增长到8%，远东联邦区从6.4%增长到7.0%，乌拉尔联邦区从11.4%增长到12%，而同期中央联邦区、西北联邦区、伏尔加河沿岸联邦区、北高加索联邦区则出现一定的下降。

从未来发展来看，俄罗斯建筑组织运行的可靠性将明显提高，并严格遵守和履行合同义务；大幅度缩短建筑工期；显著提高建筑产品质量和产品开发水平，向质量保险过渡；大力开展建筑业经营风险保险业务；为建筑承包单位提供综合职业服务；合理利用和保护自然环境；确保建筑工作安全运行。

第五节　　旅游业

　　俄罗斯旅游资源丰富，适于休闲度假、陶冶性情。俄罗斯政府重视发展旅游业，制定了俄罗斯联邦旅游发展规划，旨在不断改善投资环境、完善相关法律法规、简化签证和通关手续、推出多项优惠措施，从而吸引海外投资企业，促进旅游业发展。

　　2011年，俄罗斯联邦开始实施"发展国内和入境游的目标计划（2011—2018）"。根据该规划，在2018年年底之前，俄罗斯将对不同地区发展旅游基础设施建设。在2012年，试点工程被扩大到布里亚特、图瓦和利佩茨克地区。俄罗斯联邦旅游局副局长说，截至2013年，俄罗斯政府设立的旅游休闲经济区有伊尔库茨克州、阿勒泰地区、阿尔泰共和国、布里亚特共和国、加里宁格勒州的斯塔夫罗波尔边疆区和滨海边疆区、俄罗斯最大的度假项目北高加索地区的旅游胜地，涉及6个经济特区创建的滑雪旅游产业集聚群[1]。

一、旅游资源

　　俄罗斯旅游资源如下：

　　第一，山景。俄罗斯有著名的欧亚两大洲分界线——乌拉尔山，绵延不断的、风景如画的堪察加山脉、斯塔诺夫山脉、萨哈林山脉、高加索山脉、阿尔泰山脉、贝加尔湖沿岸山脉、萨彦岭等。

　　第二，洞景。位于俄罗斯西伯利亚的"和平"钻石矿坑是世界上最大的人造洞穴。据了解，洞口宽1 600米，深达533米。钻石产量占全球产量的23%，占俄罗斯未切割钻石市场份额的99%。俄罗斯原始森林的深处陆续发现了一些神秘的洞穴，如俄罗斯堪察加半岛火山温泉冰川洞穴，洞穴中释放出神秘梦幻般的绿色和黄色光线。俄罗斯高加索山脉附近的蓝湖被认为是目前世界上最深的卡斯柯湖泊中的水下洞穴，大约有235米长、400米宽和244米深。

　　第三，水景。俄罗斯河流有鄂毕河、叶尼塞河、阿穆尔河（黑龙

---

　　① 《俄罗斯将大力发展旅游业》，http://www.chinadaily.com.cn/2012-12-12/content.html。

江）、勒拿河、伏尔加河、顿河、涅瓦河等；湖泊有里海、贝加尔湖、拉多加湖等；有12个近海，有巴伦支海、白海、喀拉海、拉普捷夫海、东西伯利亚海、楚科奇海、白令海、鄂霍次克海、日本海、黑海、亚速海、波罗的海。

位于西伯利亚东南部的贝加尔湖，拥有世界上融化淡水储量的20%。它是世界上面积最大、历史最悠久的湖泊，而1 620米的深度让它成为世界上最深的湖泊。

第四，生物景和自然保护区。俄罗斯有101个自然保护区和35个国家公园，共占地40公顷，约占国家领土的2%。风光秀丽的贝加尔湖1996年被联合国教科文组织列入世界遗产名录。湖水可供50亿人饮用半个世纪，有世界上独一无二的淡水海豹——环斑海豹，还有贝加尔湖自然奇观之一的高跷树，树的根从地表拱生着，成年人可以自由地在树根下走动。

第五，历史文化古迹。特别是莫斯科拥有众多名胜古迹。

克里姆林宫是俄罗斯历代沙皇的宫殿。城堡内保存着俄罗斯最优秀的古典建筑和文化遗产：钟王、炮王、圣母升天大教堂、天使长大教堂、圣母领报大教堂、教堂广场伊凡大帝钟楼、大克里姆林宫和兵器馆。克里姆林宫东侧是国家仪典中心——红场，红场既是俄罗斯国家举行各种大型庆典及阅兵活动的中心地点，也是莫斯科最著名的历史景观。雕塑是莫斯科市内别具风格的装饰，市内多处屹立着用青铜或大理石雕塑的塑像和纪念碑。圣彼得堡是俄罗斯最大的港口，有"北方威尼斯"之称。其旅游资源丰富，与城市历史一样长久的涅瓦大街、位于十二月党人广场上的青铜骑士是圣彼得堡市标志性雕塑。圣彼得堡有许多历史和文化古迹，包括世界级的古迹。

第六，古建筑工程。克里姆林宫、冬宫、斯莫尔尼宫、瓦西里大教堂、国立莫斯科大学、国立喀山大学等。冬宫（现为国立艾尔米塔日博物馆）和法国巴黎的卢浮宫、美国纽约的大都会博物馆齐名，是世界上最大的博物馆之一、建筑豪华壮丽的夏宫，被誉为"俄罗斯的凡尔赛"。

第七，古典园林。11—17世纪，拜占庭东正教对俄国的修道院园林和私家园林发展产生了重要影响。彼得一世引进了欧洲当时盛行的勒·诺特尔式园林的设计手法，在圣彼得堡修建大尺度的规则式园林。叶卡捷琳娜二世崇尚英式自然风景园，俄罗斯风景园逐渐实现本土化。近现代，俄罗斯民族饱受战争的洗礼，苏联时期在城市、建筑和园林中广泛体现着政治和权力的意志，先后出现了文化与休憩公园、胜利公园、综合性纪念公园等苏维埃园林形式，同时还对优秀的古典园林进行了修复。[①]

二、旅游市场规模

旅游业已经成为俄罗斯一个重要的、发展迅速的经济部门。俄罗斯旅游市场规模相当可观。据俄罗斯官方统计，俄罗斯共有2万家旅游公司，其中莫斯科市有3 500家。2015年俄罗斯旅游规模为4 577.57亿卢布，2016年为5 264.21亿卢布。2016年俄罗斯游客人数1.196 01亿人次，比2015年多1.7%。2017年俄罗斯旅游收入高达3万亿卢布，占俄罗斯国内生产总值的3.47%。据预测，到2025年，这一指数将增长到5万亿卢布，占俄罗斯国内生产总值的5%。

三、旅游市场存在的问题

俄罗斯大部分旅游公司未明确自己在市场的地位，形成对固定客户的服务；各旅游公司的旅游计划大同小异；没有能够实施大规模投资项目的大型旅游集团公司；许多旅游经营者都各自为政，并没有为经营做好充分准备；没有关于发展旅游和娱乐项目的统一战略和计划；国家投资项目重复，导致旅游业投资活动效率总体下降；缺乏专业精神和与客户沟通的共同文化；缺乏优惠的宾馆和旅店；博物馆的工作时间不灵活（非工作日才是旅游需求最大的时段）；缺乏现代舒适的公交和路况良好的公路；公共餐饮业企业网络不发达，且服务水平低；高价格与所提供的服务质量不符；没有为低收入人群提供的社会旅游；旅游业发展未有调控，放任自流。

---

① 赵迪：《俄罗斯园林的历史演变、造园手法及其影响》，硕士学位论文，北京林业大学，2010年。

第六节　　内、外生因素影响下的经济发展态势

　　独立以来，俄罗斯经济实现了由计划经济向市场经济的转型，但是其不合理的经济结构、能源资源型发展模式，使叶利钦执政时期和普京执政时期俄罗斯经济发展长期受到外生主导因素的影响。后国际金融危机时期，俄罗斯经济发展受到外生因素和内生因素的综合作用与影响，呈现出低迷且不稳定的波动状态。

一、外生主导因素影响下的经济发展

　　2009年前，俄罗斯经济发展走势基本受制于外生主导因素的影响，尤其是国际能源原材料市场行情的波动和外国投资者对俄罗斯的投资意愿的制约，这是由俄罗斯不合理的经济结构和不尽理想的投资环境决定的。

　　俄罗斯经济发展模式一直是能源资源依赖型，能源原材料的出口量在俄罗斯总出口量中的比重居高不下，尤其是石油和天然气在俄罗斯出口总量中一度高达75%，能源资源对俄罗斯预算收入的贡献率达50%。这表明，俄罗斯经济发展基本依靠这种失衡的出口商品结构来维系，在很大程度上取决于国际能源原材料市场行情。国际能源原材料市场行情走低，俄罗斯经济发展下降；反之，则经济发展向好。因而，俄罗斯经济对外单一能源出口依赖度过高，受国际市场行情影响较大。

　　投资是拉动国家经济发展的一个重要因素，尤其是外国直接投资对国家经济发展至关重要。从供给侧来看，投资有助于进一步扩大再生产，促进社会产品的供给增加。从需求来看，投资规模的扩大能够带动对投资需求的增加，从而使就业人数及收入相应增加，最终拉动对消费品需求的增加。外国直接投资对经济增长具有出口促进效应、技术溢出效应、产业结构优化效应和制度变迁效应等长期效应。

　　1992—1999年叶利钦执政时期和2000—2008年普京执政时期，俄罗斯经济发展态势总体上验证了与外生主导因素的强正相关，外生主导因素"表现"不佳，即"负外生主导因素"，则俄罗斯经济发展低

129 ▶

迷；外生主导因素"表现"良好，即"正外生主导因素"，则俄罗斯经济稳步增长。

二、内外生因素综合影响下的经济发展

2009年以来，即后国际金融危机时期，由于受到外生因素和内生因素的综合作用与影响，俄罗斯经济发展呈现出低迷且不稳定的波动状态。

基于外生因素和内生因素的作用和影响，我们认为，俄罗斯经济发展可能出现以下几种情况：第一，当负外生因素和负内生因素的消极影响叠加时，俄罗斯经济下降或负增长；第二，当正外生因素表现"强"和负内生因素表现"弱"时，俄罗斯经济低速增长；第三，当负外生因素表现"强"和正内生因素表现"弱"时，俄罗斯经济下降或负增长；第四，当负外生因素表现"弱"和正内生因素表现"强"时，俄罗斯经济或出现小幅增长；第五，当正外生因素表现"强"和正内生因素表现"强"时，俄罗斯经济出现小幅增长或走出摆脱困境；第六，其他可能情况。

（一）负外生因素和负内生因素的消极影响叠加情况下，俄罗斯经济下降或负增长

在世界经济不景气、国际能源原材料市场行情大幅波动、外国投资不稳定等负外生因素与卢布贬值、能源原材料出口量增价减、国内投资乏力、消费需求不振、进口替代拉动作用和经济反危机计划实施效果的滞后等负内生因素的消极作用和影响下，2009年俄罗斯国内生产总值为12 226亿美元，同比下降7.8%。这一年，俄罗斯经济出现负增长，其根本原因在于负外生因素和负内生因素的影响叠加，尤其是负外生因素的消极影响更大，国际原油市场均价从2008年的96.99美元/桶陡然降至2009年的61.76美元/桶，对俄罗斯原油出口产生很大影响。

（二）当负内生因素表现"弱"和正外生因素表现"强"时，俄罗斯经济或出现小幅增长

2010年，国际原油市场价为77.01美元/桶，2011年为68.58~90美元/桶，波动较大。2012年，国际油价走势呈现出M字形的振荡，美

国西西得克萨斯原油市场年均价为94.12美元/桶，布伦特原油市场为111.65美元/桶。2013年，西西得克萨斯原油市场年均价为108.70美元/桶，布伦特原油市场为98.00美元/桶。从2014年下半年起，国际原油市场价格出现了断崖式下跌，西西得克萨斯原油市场年均价为91.80美元/桶，布伦特原油市场为98.30美元/桶。2014年，俄罗斯油气出口收入占其出口总额的66.3%，占国内生产总值的18.7%[①]。

2010—2014年，俄罗斯固定资本投资在其国内生产总值中的比重分别为20.6%、19.2%、19.5%、19.5%、20.6%[②]。外国对俄罗斯直接投资极不稳定，2012—2015年表现尤为明显：2012年俄罗斯吸引外国直接投资同比减少18.9%，2013年同比增长39.9%，2014年同比下降70%。

这一时期，卢布汇率总体以"跌"为主，2014年更为严重，卢布汇率累计下跌40%，欧元对卢布汇率一度超过1∶100，美元对卢布汇率一度超过1∶80。为应对卢布大幅度贬值，俄罗斯中央银行2014年总共6次加息，最后一次是2014年12月16日紧急决定将基准利率由10.5%提高至17%。同时，俄罗斯中央银行在外汇市场采取出售美元的干预行动，2014年以来已经出售800多亿美元。从实际情况来看，俄罗斯政府采取的种种控制卢布汇率的措施效果并不明显，其经济能否发展的关键在于国际能源原材料市场行情能否转变，走出目前的低迷状态。

在负内生因素与正外生因素的综合作用和影响下，这一时期，俄罗斯经济出现小幅增长且梯次递减。

（三）当负外生因素表现"强"和正内生因素表现"弱"时，俄罗斯经济下降或负增长

由于2015年国际市场石油均价跌到每桶约50美元，比2014年下

---

① 王宪举：《俄罗斯经济在下滑，但元气未伤》，《环球时报》2016年1月27日。

② Доля инвестиций в основной капитал в валовом внутреннем продукте, http://www.gks.ru/wps/wcm/connect/rosstat_main/rosstat/ru/statistics/efficiency/#。

跌近50%，俄罗斯财政因此损失了900多亿美元 [①]。2015年，俄罗斯固定资本投资在其国内生产总值中的比重为20.7%，吸引外国直接投资缩减92%。俄罗斯2015年的国内生产总值同比下降3.7%。

2015年，俄罗斯经济下降，主要原因是负外生因素表现"强"于正内生因素，正内生因素的作用和影响被负外生因素大大削弱。2016年，俄罗斯经济依然面临这种形势，从影响程度来看，会比2015年小得多。俄罗斯政府已把自2016年起之后3年的预算收入减少5 000亿卢布，即缩减13%，国防、住房、教育、医疗等方面的开支都将被相应削减。

---

① 王宪举：《俄罗斯经济在下滑，但元气未伤》，《环球时报》2016年1月27日。

第九章　对外经济关系

从1992年1月起，俄罗斯推行经济自由化政策，国内放开物价，对外放开贸易管制，建立起全面自由的贸易体制。1992—1999年，因经济发展持续低迷，俄罗斯对外贸易发展缓慢。2000—2008年，因经济形势逐步好转、经济稳步发展，俄罗斯对外贸易发展步入不断增长的轨道。2009年以来，由于受到国际金融危机的冲击，俄罗斯经济出现起伏，俄罗斯对外贸易发展随之波动。

第一节　对外贸易体制改革

俄罗斯对外贸易体制改革是在经济体制改革框架（即从苏联的计划经济向市场经济转型）下进行的，因而"变"是改革的主要特征，主要经历了4个阶段：自由化、有管理的自由化、发挥要素禀赋优势的多元化、全面对外开放等。

一、自由化

1992—1993年，俄罗斯政府抛弃高度集中的计划经济，急剧转向完全自由的市场经济，政府不再干预实际经济活动。俄罗斯政府实行以自由化、私有化和稳定化为目标的"休克疗法"等措施，对其对外贸易活动产生了直接的深远影响，推行对外贸易自由化，放弃国家对贸易的绝对垄断，贸易主体、经营方式等实现了多元化，对国有大型贸易公司实行私有化，绝大多数进出口关税一度被取消。这表明，俄罗斯实现了贸易体制的重大转型：从高度垄断的贸易体制转向完全自由化的贸易体制。

二、有管理的自由化

由于前一阶段几乎完全放手不管，对外贸易出现了许多问题，如进口关税的取消导致国外商品大量涌入，严重冲击了本国企业的发展，关税的取消直接影响国家财政收入。为此，1993—1999年，俄罗斯政府先后颁布多种法律法规对进出口贸易活动进行规范管理，调整相关政策法规，如重新开征进口税、增值税和消费税，取消外汇自由兑换，规定出口商必须按照卢布的市场汇率出售其50%的外汇收入。

三、发挥要素禀赋优势的出口多元化

2000年普京总统执政后，普京把俄罗斯定位为"能够操纵国际市场能源生产和出口的大国"，但实际上其并不能操纵国际市场。从自然资源禀赋来看，俄罗斯的能源具有较强的优势。2000—2008年，俄罗斯充分利用国内外的有利市场行情，大力发展能源行业，将对外贸易的战略方针确定为"能源产品出口导向"。这带来的负面影响是使俄罗斯发展成能源资源型经济，要想改变这一经济结构极其困难。长期以来，俄罗斯（包括苏联时期）能源出口市场主要集中在西欧市场，西方的经济制裁迫使俄罗斯加速开拓亚洲特别是中国的能源市场，力争能源出口多元化。

四、全面对外开放

2008年10月27日俄罗斯颁布的《2020年前俄罗斯对外贸易战略》[①]中明确了国家扶持对外贸易活动的重点地区和国家：排在第一位的是欧亚经济共同体国家，处于第二位的是中国、印度、伊朗、阿富汗和蒙古国等周边国家。给予国有大公司拓展和巩固其在国际市场地位的多种支持。

---

① Внешнеэкономическая политика России до 2020 года. http://www.pro-town.ru/information/hide/.html。

第二节　对外经济政策与目标

《2020年前俄罗斯对外贸易战略》中指出，俄罗斯业已形成的以能源载体出口为优势的参与国际劳动分工的模式，不能成为巩固俄罗斯在不断发展的国际市场中的地位。在对外贸易能源和原材料出口稳步增加（年增加1%~2%）的情况下，俄罗斯总体扩大出口的增长速度将大大低于国际贸易的增速（年增长6%~8%）。因而，从中期来看，俄罗斯在世界出口中所占的份额将呈现下降趋势。如果不能在生产高附加值商品和提供服务方面取得突破，俄罗斯在世界经济发展中的作用将弱化，并有被挤出有效参与国际劳动分工的可能。

❧ 一、对外贸易政策的宗旨

俄罗斯长期对外贸易政策的宗旨是为俄罗斯通过有效参与国际劳动分工和提高其经济的全球竞争能力，以增强俄罗斯在世界经济中的主导地位创造条件。为实现这一目标应做到：在国际劳动分工中，俄罗斯能够扩大高技术商品产量、提供智力服务和生产更多的加工程度高的商品；使俄罗斯依靠出口的地理范围和产品的多元化而赢得向国际市场提供能源资源的主导地位，参与建设全球能源基础设施和制定国际能源市场运行规则；发挥在运输、农业和原材料加工方面的现有竞争优势；强化俄罗斯作为农产品出口商在国际市场的地位，降低俄罗斯对农产品和食品的进口依赖；运用海关税费政策、国内市场调节、吸引外国资本等工具，确保俄罗斯加工业的全球竞争力；营造共同发展的欧亚经济一体化空间，保障俄罗斯经济未来面对不断上升的全球风险发展的稳定性；增强俄罗斯在解决全球问题和制定世界经济秩序方面的作用。

❧ 二、对外经济政策目标

实现俄罗斯对外经济政策目标的指数：将俄罗斯在世界经济中的比重从2007年占世界国内生产总值的3.2%（按照购买力指数计算）提高到2020年的4.3%；出口额，从2007年的3 540亿美元增至2020年的

9 000多亿美元（以2007年国际市场石油价格在80~90美元区间波动为前提）；与2007年相比，到2020年建筑机械设备出口增加5倍以上，达到1 100亿~1 300亿美元；与2006年相比，到2020年运输服务出口增加3倍以上，达到450亿美元；将俄罗斯在5~7个品类的高技术商品和服务市场的比例到2020年提高到5%~10%的水平上。

俄罗斯对外经济政策的优先方向包括：

第一，确保俄罗斯在国际高技术商品和服务市场的主导地位。主要包括：确保在核技术、航空技术、船舶制造、太空服务和太空装置、软件、教育和智力服务，以及旅游服务领域新市场方面有所突破，其基础是俄罗斯相应经济部门能够顺利实现现代化以及在国际市场的竞争力。确保从组织上和资金上对高技术商品和服务出口给予扶持，其中包括促进科研和实验设计工作，通过生产集团和与世界大公司建立联盟为向外国提供的商品建设服务基础设施吸引所需的资金和技术。

第二，促进出口，使加工业和服务业获得全球竞争力，包括：推动在俄罗斯建立有外国企业参与的、运用经济海关制度刺激具有高附加值产品的生产；鼓励将外国先进技术和投资吸引到加工业，使其技术更加现代化并增强其竞争力；建立全面扶持加工业产品出口的机制，包括清除商品和服务进入国际市场的各种障碍。使进口及其来源更加合理，提高俄罗斯企业的技术水平，通过关税税率的多元化和运用海关机制来购买生产所需的高技术产品、原材料。使俄罗斯成为粮食、植物油、亚麻等世界农产品市场的主要参与者之一，其中包括通过农产品和食品市场准入自由化的谈判来巩固俄罗斯的地位；强化俄罗斯在深加工原料商品市场的地位，使俄罗斯成为与原材料资源开采、运输和加工有关的商品和服务的最大出口商之一，其中包括以对外国原材料领域投资为基础的出口。发展边境地区的生产和其他基础设施，兼顾与俄罗斯毗邻国家的经济需求。

第三，使俄罗斯与全球运输系统实现一体化，发挥俄罗斯经济的运输潜力，包括：通过增强俄罗斯运输走廊的竞争力和吸引力，使欧洲和亚洲之间的相当部分贸易商品流转向俄罗斯运输线路，确保俄罗斯运输走廊与毗邻国家运输系统的对接，并与有关国家签署国际协议；形成独联体国家统一运输空间。

第四，提高俄罗斯在保障全球能源安全方面的作用，巩固其在碳氢化合物市场的地位，包括：扩大碳氢化合物向欧洲和亚洲市场的出口额，并使之多元化；扩大与能源有关的服务出口，提高深加工产品的出口额度；对外国能源运输和分配网络投资，包括以资产互换为基础的投资；在俄罗斯交易平台启动石油及石油产品卢布交易业务；积极参与制定全球能源市场的运行规则。

第五，构建统一的欧亚经济空间，包括：在欧亚经济共同体框架下，巩固联盟国家，形成统一经济空间，构建欧亚经济共同体成员国共同能源市场，制定共同发展的金融制度；实施独联体成员国联合运输和能源基础设施，以及农业等重要领域的一系列项目；建立独联体国家合作与相互投资的促进机制；为在统一经济空间经济框架内公民的自由流动创造条件，与欧亚经济联盟、欧亚空间的其他国家构建共同文化教育空间。

第六，在俄罗斯建立国际金融中心、把卢布变为地区储备货币，扩大在对外贸易中卢布的使用范围，包括：将俄罗斯变成具有独立国家金融设施的世界金融中心，确保俄罗斯在欧亚空间国家的金融市场的主导地位。

第七，强化俄罗斯在解决全球问题和构建世界经济秩序方面的作用，包括：在独联体空间范围内，将卢布变成地区主导储备货币；挖掘作为区域组织的独联体的经济潜力；进一步巩固作为经济一体化核心的欧亚经济联盟的地位；发展双边基础上的经济贸易合作。对国民经济进行大规模改造，使现有工业基础现代化，在这种情况下，俄罗斯就有条件瞄准欧亚联盟其他国家的能源、冶金、机械制造等领域的大项目，在这些国家更多地销售俄罗斯具有科技附加值的产品。

第三节 对外贸易发展

1992年，俄罗斯开始实行激进的市场经济改革，大范围放开物价，生产急剧下降，通货膨胀率一路上升，对外贸易额大幅度下滑。

✿ 一、对外贸易低位徘徊（1992—1999）

整个叶利钦总统执政时期，俄罗斯对外贸易基本处于低位徘徊状态，规模较小、商品结构单一。

这一时期，从出口商品结构来看，燃料、原材料及各种初级产品的出口价值约占俄罗斯出口总额的 80%。仅以能源产品为例，石油出口从 1992 年占其产量的 35% 增长到 1997 年的 42%，成品油从 14% 增长到 33%，天然气从 30% 增长到 36%，原木从 7% 增长到 23%，化肥从 69% 增长到 72%。进口商品 40%~60% 为轻工业产品和家用电器等。

✿ 二、对外贸易稳步增长（2000—2007）

2000 年普京总统执政以后，由于世界经济持续快速增长，国际市场能源原材料行情不断走高，与此同时，俄罗斯政府采取了一系列具有针对性的、行之有效的政策措施，发挥传统优势产品的作用，调整产业结构，优化进出口商品结构，发展军民两用综合体和信息产业，利用关税调节措施和贸易补贴措施以保护国内市场，打击不公平竞争行为，极大地刺激了宏观经济的增长，因而俄罗斯的对外贸易额出现了稳步增长。

这一阶段，在俄罗斯的出口商品结构中，能源类产品、金属及金属制品、木材等三大类十大商品的出口额占俄罗斯出口总额的 70% 以上，有的年份超过 75%。

俄罗斯的主要贸易伙伴包括欧盟、中国、独联体国家、美国、日本、韩国等国家和地区。

✿ 三、对外贸易出现波动（2008 年以来）

2008 年 5 月，梅德韦杰夫就任俄罗斯总统，普京担任总理，俄罗斯进入"梅普组合"时期，普京的内外方针政策得以延续。但是，2008 年的金融危机对俄罗斯经济造成严重冲击。在尚未摆脱国际金融危机影响的同时，2013 年乌克兰危机随之爆发，紧接着西方对俄罗斯实施经济制裁，使本来陷入低迷状态的俄罗斯经济雪上加霜。一个国家的经济发展状况与对外贸易密切相关，基本呈正相关关系。在外部双重负面因素的夹击下，俄罗斯对外贸易量的下滑可想而知。

　　这一阶段，俄罗斯的出口商品结构未有明显变化，能源类产品在出口商品结构中仍然占主导地位，其他主要出口商品包括金属及其制品、化工产品、机械、设备及交通工具、食品及农业原料、木材及纸浆等均居次要地位。在进口商品结构中，机电产品是俄罗斯的进口主要商品，占比为48.6%。

　　俄罗斯的主要贸易伙伴（含独联体国家）基本未发生变化，只是每年的双边贸易额会有所不同，排名发生会变化，主要有：中国、德国、荷兰、意大利、乌克兰、白俄罗斯、土耳其、日本、美国、波兰、英国、芬兰。

下篇

第十章　中俄经济关系

中俄双边和区域经贸合作①经历了初期的迅猛发展、低位调整、稳步快速发展、后国际金融危机时代的大幅波动等四个发展阶段，总体呈现出规模不断扩大、层次日益提高、合作领域逐步拓展的积极态势。

第一节　中俄经贸合作的发展进程

从20世纪80年代初起，中苏关系出现缓和，1982—1991年两国经贸合作酝酿起步，1987年9月2日，黑河边贸公司用208吨西瓜换回苏联306吨化肥。从此，中苏边境贸易迅速发展。俄罗斯联邦成立后，中俄双边经贸合作步入新的发展阶段。

一、迅猛发展时期

中俄凭借地缘、自然资源、人力资源和产业互补等方面的优势，双边经贸合作快速发展。

这一时期，中俄双边经贸合作之所以取得较为显著的成绩，主要得益于苏联解体后，俄罗斯的重工业企业产品库存较多、轻工业产品短缺，双方经济互补性较强，为两国开展易货贸易创造了条件。

---

① 本章的中俄经济关系是指中俄双边经贸合作，与第三章的中俄区域经贸合作相呼应，前者侧重于中俄双边层面的经济合作，后者侧重于两国地区间的经贸合作。

二、低位调整时期

从1993年下半年开始，我国对宏观经济进行调控，与此同时，俄罗斯经济恶化，连续负增长，导致中俄双边经贸合作陷入低位调整的状态。

这一时期，中俄双边经贸合作主要以货物贸易为主，受两国相关经济政策调整和经济发展影响较大。

叶利钦时期的中俄经贸合作以货物贸易为主，中国对俄罗斯出口的商品主要是轻工产品、纺织品、服装、鞋帽、小家电等，俄罗斯对中国出口的商品主要是能源、原材料、化工产品、冶金制品等。

三、稳步快速发展时期

2000年，普京就任俄罗斯总统，俄罗斯政治局势趋于稳定，经济稳步快速增长，对外贸易发展迅速。中国经济持续快速发展，对外贸易出现跨越式发展。中俄经贸合作与两国经济发展通常呈正相关关系。因而，这一时期中俄经贸合作打破了多个纪录。

四、后国际金融危机时代的大幅波动

2008年国际金融危机爆发后，世界各国经济受到严重冲击，经济发展陷入低迷状态。俄罗斯本就脆弱的经济受到了严重打击。俄罗斯经济不振给对华经贸合作产生较大影响。

2009年至今，中俄双边经贸波动幅度较大。2009—2017年双边经贸额分别为396.00亿美元、548.00亿美元、792.50亿美元、881.60亿美元、892.10亿美元、952.80亿美元、635.52亿美元、695.00亿美元、840.00亿美元。

在第三、第四阶段，中俄经贸在保持各自的传统商品优势的同时，机电产品等高附加值商品在两国货物贸易中的比例逐步增加，规模保持较高水平，层次日益提高。

第二节　　中俄经贸合作优先领域

中俄经贸合作层次不断提高、领域不断拓展，主要包括能源合作、林业合作、科技合作、旅游合作、"一带一盟"对接以及电商合作等。

一、能源合作

2009年以来，中俄能源合作的步伐不断加快。2009年2月17日中俄双方签署大型能源合作协议。根据协议，从2011年到2030年俄罗斯按照每年1 500万吨的规模向中国通过管道供应石油，总计3亿吨；中国将向俄罗斯提供250亿美元的贷款，合同期为25年，可延长5年。2011年1月1日，中俄石油管道正式进入商业营运阶段，俄罗斯每年向中国输送1 500万吨原油，保证中国石油需求总量的4%。

2009年4月21日，中俄两国签署了《中俄石油领域合作政府间协议》，涉及双方在石油领域上、下游的合作，双方将进一步在能源领域开展全面、长期、稳定的合作。协议签署后，双方管道建设、原油贸易、贷款等一揽子合作协议立即生效。

关于天然气合作问题。2009年10月12日，中俄能源投资股份有限公司在北京宣布成立，10月13日出资收购俄罗斯松塔儿石油天然气公司50%的股权，从而取得俄罗斯东西伯利亚地区两块储量达600亿立方米天然气田的勘探开采权。因此，这次收购被认为开创了中俄能源合作领域的先河，成为中俄能源合作的新模式。

2014年5月21日，中俄在上海签署两国政府东线天然气合作项目备忘录、中俄东线供气购销合同两份重要合作文件。根据合同，从2018年起，俄罗斯开始通过中俄东线天然气管道向中国供气，输气量逐年增长，最终达到每年380亿立方米，累计合同期为30年。主供气源地为俄罗斯东西伯利亚的伊尔库茨克州科维克塔气田和萨哈（雅库特）共和国恰扬金气田。中俄各自负责本国境内的输气管道、天然气处理厂和储气库等配套设施的建设。

中俄西线天然气合作项目，因受价格等因素的影响，仍处于谈判阶段，尚未签署相关合作协议。

2017年12月8日，中俄重大能源合作项目中俄亚马尔液化天然气项目正式投产，是"一带一路"倡议实施后中国第一个海外特大型能源项目，亦是目前全球最大的液化天然气项目。该项目是由中国石油天然气集团公司、中国丝路基金与俄罗斯诺瓦泰克公司和法国道达尔公司共同实施的。该项目获得国际融资190亿美元，其中中方融资120亿美元，约占63%。

目前，除与俄罗斯天然气工业股份公司合作外，中国还与俄罗斯石油公司（国有）存在若干大型天然气合作项目。俄罗斯石油公司总裁也曾表示，与中国的天然气合作除西伯利亚之外，在"萨哈林一号"气田开发框架内供应中国东北的天然气量将达到80亿立方米。

在核能领域，中国江苏田湾核电站是中俄两国核能合作的标志性工程。电站1、2号机组投产以来运行安全稳定，发电量逐年增加。双方将加紧合作，中国核工业集团总公司与俄罗斯核能国家集团签署了《关于为田湾核电站扩建两台机组和建设商用快中子反应堆的合作协议》，以实施3、4号机组的建设。

❧ 二、林业合作

俄罗斯的森林资源总蓄积量达到807亿立方米，中国则仅为125亿立方米。伴随经济建设快速发展，中国木材市场的需求量在逐年增加。俄罗斯是我国第一大原木进口来源国。

俄罗斯政府对原木出口采取限制政策。自2006年1月1日开始连续上调原木出口关税税率。2008年4月1日，俄罗斯将原木出口关税税率提高至25%，且每立方米不低于15欧元；从2009年1月起，将原木出口关税税率提高到80%，且不低于每立方米50欧元。俄罗斯不断提高原木出口关税，以此来刺激和拉动国内的木材深加工和精加工行业，吸引本国和外国投资者投资俄罗斯木材加工业。但是受到国内劳动力资源、技术设备和生产工艺等条件的限制，俄罗斯形成完整的木材产业链条尚需时日。但是，由于受到国际金融危机的影响，俄罗斯推迟了原木出口关税的执行。

俄罗斯是我国重要的木材供应国，面对俄罗斯出口木材政策的调整，我们应采取积极的应对措施，缓解企业的进口压力。例如，鼓励国内企业进驻俄罗斯与其合作开办木材加工厂，为我国进口俄罗斯木材提供源源不断的货源。相关部门为我国木材进口企业适当降低进口费用，给予更多的优惠政策，促使我国进口俄罗斯木材继续保持稳步提升；调整木材进出口政策，扩大原木进口加工后出口的优惠政策，提高企业的利润，鼓励进口。

2016年6月25日，中俄签署了《中俄关于林业合作的谅解备忘录》，双方将在平等、友好和互利基础上发展在林业立法和执法、森林可持续经营、森林监测与森林清查、森林保护与利用、打击木材非法采伐及相关贸易、荒漠化防治、林业投资等领域的科技交流与经济合作。

三、科技合作

俄罗斯是世界上的科技大国，在世界级102项顶尖技术中，俄罗斯掌握57项，有27项具有世界一流水平。中俄两国科技界有着与对方合作的强烈愿望和共同的合作理念，双边科技合作潜力巨大、大有可为，将为深化中俄战略协作伙伴关系做出应有的贡献。

根据1992年12月16日签署的《中俄政府科技合作协定》，两国成立了中俄部长级科技合作委员会，每年召开例会，商签大量政府间的合作项目。1995年，两国各自建立了中俄科技和高科技中心协会；1997年6月，在中俄总理定期会晤委员会框架内设立了科技合作分委员会，其任务是研究有关推动双边科技合作的方针政策、确定新的合作领域和有关机制，以统一协调与管理科技合作工作。在中俄科技分委员会框架下设立中俄重点科研院所合作工作小组，并采取措施支持两国间科研机构与企业在科技园区推广科技成果。1998年12月，烟台中俄高新技术产业化示范基地成立，其主要目的是使中俄科技合作重点转向高新技术，并使其产业化、商品化及进入国际领域。2000年，中俄签署了《中国科技部和俄罗斯工业、科学和技术部关于创新领域合作的谅解备忘录》，成立专门的军转民技术合作工作组，致力于在纳米技术和材料、通信技术和信息、节能和能源、生命科学、合理利用自然资源等科技优先发展方向的合作。2001年，中俄科技合作基地浙江巨化中俄科技园、黑龙江中俄科技合作及产业化中心成立。

2002年，第一个中俄科技园在莫斯科创建，旨在促进科技成果产业化与商品化。其后相继建立了多家联合研究机构。我国相关省市成立了对俄科技合作和咨询服务机构，如黑龙江省对俄科技合作领导小组、哈尔滨市对俄罗斯及其他独联体国家科技合作协调领导小组及办公室等。

中俄科技优先合作研究领域主要包括生物技术、基因工程、新材料与机电应用化学、核能、航空、航天、电信、船舶、电力、环保、新工艺、生物制药、地质、农业、医学、食品工业、天文等领域，已取得较为显著的成绩。

2010年10月，中俄进行了第一次联合海洋科学考察，中国国家海洋局青岛海洋研究所与俄罗斯科学院远东分院太平洋海洋学研究所进行了海洋科学考察。2011年7月，通过与俄罗斯开展科技合作，我国第一个由快中子引起核裂变反应的实验快堆成功实现并网发电，该项技术代表着第四代核电技术的发展方向。2013年，中俄签署的《中俄关于合作共赢、深化全面战略协作伙伴关系的联合声明》中提出，中俄深化高科技领域合作，开展从合作研发、创新到成果商业化、产业化的"链"式科技合作[1]。

2015年4月末，山东省临沂市科技合作与应用研究院与俄罗斯科学院西伯利亚分院固体化学和机械化学研究所签署《中俄国际科技合作项目合同》，中方引进俄方独特的"SHS方法制备碳化钨、碳化钛纳米分散粉末技术"，该技术已达到欧美日等国家和地区的先进水平，将填补该领域的国内空白。

中俄科技领域合作取得了重大进展，合作趋向内容广泛、形式多样化、层次多元化。

❀ 四、旅游合作

2013年3月22日，中国国家主席习近平在俄罗斯中国旅游年开幕式上的致辞中准确地论述了旅游的相关功能，如关于旅游的文化功能、经济作用、民生功能、教化功能、社会功能、国际合作功能等[2]。

---

[1] 宋兆杰，曾晓娟：《"一带一路"背景下的中俄科技合作研究》，《管理观察》2016年35期。

[2] 王兴斌：《深化中俄旅游合作内涵》，《中国旅游报》2013年4月1日。

　　基于旅游的上述功能，中俄开展旅游合作，是两国人民相互了解的一个最直接的渠道，将有利于加深两国人民对自然、历史和文化的相互认知，增进两国人民之间的相互了解和交流，对于加强中俄全面战略协作伙伴关系的社会和民意基础，巩固和提升双边关系基础和水平具有极为重要的意义。

　　旅游交流将为中俄合作带来可观的经济效益。旅游业在拉动内需、刺激消费和扩大就业等方面对发展经济的推动作用明显。中俄两国旅游交流的扩大，将直接带动两国旅游住宿、交通、购物，同时有效扩大旅游就业，在两国人文、经贸合作领域直接体现成效。旅游交流有利于促进两国多层面合作。作为一个综合性产业，旅游业涉及面非常广，与商业等多行业紧密相关。一方面，旅游可带来商业投资、商业合作机遇；另一方面，旅游涉及商贸、金融、物流、科技及基础设施建设等多方面。旅游交流的发展将直接刺激和推动以上层面的合作[1]。

　　旅游合作已经成为中俄务实合作的重要组成部分，在双边人文领域合作中占据重要地位，为深化中俄全面战略协作伙伴关系奠定了坚实的社会和民意基础。

　　中俄开展旅游合作，除了客观的地缘优势和资源优势之外，还有两国各级政府的高度重视、良好的政策环境、中俄人文领域的重大主题年活动带来的契机、有关双边旅游合作机制逐步健全等有利条件。

　　中俄旅游合作经历了起步、发展、调整和稳步发展阶段，总体趋势是规模逐步扩大，旅游产品日益丰富，渠道不断拓宽，机制日渐完善。

　　1990年以后，俄罗斯游客在来华外国游客的市场份额中一直排在第三位，俄罗斯成为我国第三大年游客流量逾百万人次的客源国。1992年，中俄签署了《中华人民共和国政府和俄罗斯联邦政府关于互免团体旅游签证的协定》，有效地促进了中俄两国边境旅游合作的发展。1993年下半年开始中俄取消了互免签证，导致1994年和1995年中俄经贸合作进入了调整时期，但两国的边境旅游并没有受到太大的

---

① 《让旅游成为中俄战略合作新亮点》，http://gb.cri.cn/40581/2012/04/06/6231s3630563.htm。

影响。1994 年，俄罗斯和独联体各国赴黑龙江省的游客达到了 10 万人次，比 1993 年增长近 1.5 倍。1996 年，俄罗斯来华旅游人数为 55.59 万人次，比 1995 年增长 13.6%，成为中国入境旅游位居第四位的客源国。1998 年，黑龙江、辽宁、吉林、内蒙古、新疆 5 个省级行政区接待了 75.32% 的俄罗斯来华游客。

2001 年，俄罗斯来华旅游人数达到 119.58 万人次，同比增长 10.70%。2001 年，中国公民出境第一站按人数排序，俄罗斯位列第五位。自 2002 年 6 月起，俄罗斯成为中国公民旅游目的地，中国公民赴俄旅游不断增长。2002 年，俄罗斯来华旅游人数达到 127.16 万人次。2002 年，按照中国公民出境第一站按人数排序，俄罗斯位列第五位。2003 年中国非典期间，俄罗斯来华旅游人数为 138.07 万人次，同比增长 8.60%，是该年度我国 16 个客源国中仅有的两个来华旅游数量增加的国家之一。2004 年，俄罗斯来华旅游人数为 179.22 万人次，同比增长 29.80%。目前中国已成为俄罗斯公民第二大旅游目的地。

自 2005 年 8 月国家在全国取消异地办证政策后，黑河边境出国游基本处于停滞状态。由于取消异地办证政策的影响，中俄旅游呈现出从边境游向内地和沿海延伸的趋势，其中北京—洛阳、北京—西安、北京—三亚已成为俄罗斯游客赴中国的精品旅游路线，尤其是海南成为俄罗斯人的度假胜地。

2009—2010 年，中俄旅游合作急剧下滑。2009 年 4 月，我国政府批准黑龙江黑河市、牡丹江市，广西崇左市和辽宁丹东市开展边境旅游异地办证试点业务，这标志着我国已进一步放宽边境旅游政策。异地办证恢复后，将在拉动边境地区出境旅游和国内旅游增长，促进地方经济发展上有着十分重要的意义。

2009 年，中俄人文合作委员会第十次会议在大连市召开。中俄签署了 2009—2010 年旅游合作计划实施纪要。中俄双方领导人高度评价两国在旅游领域的合作，双方表示在当前金融危机的形势下，为确保中俄旅游交往和合作的稳步发展，两国将进一步加强在旅游宣传推广、旅游人才培养、旅游服务质量提升和旅游者安全保障等方面的务实合作。

俄罗斯国家统计署统计，受全球经济危机的影响，2009 年俄罗斯出境游连续第二年下降，与 2008 年同期相比下降了 15.5%，出境游人数同比减少200万人次。2009年俄罗斯出境游下降幅度最大的旅游目的国是中国，同比下降44.2%，为174.30万人次。俄罗斯业内专家称，除了受国际经济危机的负面影响外，俄罗斯海关严格的限制政策是来华俄罗斯游客人数锐减的另一个原因。因为大部分俄罗斯游客来华的主要目的不是休闲旅游，而是购物[1]。

2010年2月17日，黑龙江省公安厅向全省边境口岸城市边境管理部门及公安边防管理机构发出通知，全面停止办理92版本一次性护照。由于受到停止办理92版本一次性护照的影响，中国赴俄罗斯旅游人数大幅度下降。据该省旅游主管部门介绍，此举标志着黑龙江省赴俄罗斯旅游线路全面停止。此次受到影响的口岸城市主要有黑河市、牡丹江市、绥芬河市、东宁市、虎林市、密山市等，而这些地方的旅游行业将因此面临很大的冲击。

2011年至今，中俄旅游合作恢复发展。目前，中俄已互为重要客源国和旅游目的地国。

继共同举办"国家年""语言年"之后，中俄两国政府商定，2012年和2013年两国互办旅游年。2012年3月23日，由中国和俄罗斯两国领导人共同确定的中国"俄罗斯旅游年"在北京正式拉开帷幕，其中相关重要活动达200多项。双方借助互办"旅游年"之机，增强合作力度，拓宽合作渠道，创新合作方式。2013年"中国旅游年"在俄罗斯举办，是中俄又一重大主题年活动。举办旅游年对于中俄两国还具有非同寻常的现实意义，那就是促进经济发展，共同应对变幻莫测的国际经济形势。目前，国际金融危机的影响尚未完全消除，欧债危机又起，世界经济复苏乏力。中国正着手经济结构调整，俄罗斯经济形势也很严峻。在这种情况下，推动双边旅游合作，为两国经济发展注入新的活力，显得非常及时和必要。

2015年，中国赴俄罗斯游客数量达到136万人次，中国已成为俄罗斯第一大旅游客源国。2017年，中国赴俄罗斯游客数量达到150万人次，而俄罗斯因经济发展低迷、居民收入减少和卢布贬值，来华旅游的俄罗斯游客数量急剧减少。

经过二十多年的实践，中俄旅游经营部门和管理部门都积累了较

---

① 《2009年来华俄罗斯游客人数同比锐减一半》，http://finance.ifeng.com/roll/20100305.shtml。

为丰富的经验，同时也汲取诸多教训。中俄旅游合作取得了较为可观的成绩，但仍面临着很多对两国旅游合作产生较大影响的问题：边境口岸出入境国际班车运力不足、俄罗斯政府对游客限次和对其携带商品限重、中俄两国旅游购物环境有待优化、中俄两国旅游合作规模过小、中俄两国尚未形成旅游产业合作、中俄对对方宣传活动非定期化等。

针对中俄旅游合作存在的问题，为了更好地推动双边旅游合作的稳步快速发展，提出以下对策建议：增加边境口岸出入境国际班车车次以提高国际客运的运力；多管齐下不断完善中俄两国旅游购物环境，逐步扩大中俄两国旅游合作规模；中俄两国加快推进旅游产业合作及发展模式创新，加紧中俄旅游发展模式的现代化改造，创建中俄国际旅游合作示范区；中俄对对方宣传活动定期化，扩大中俄旅游投资合作规模，建立和完善中俄旅游安全保险合作机制。

从未来发展趋势来看，中俄旅游合作前景广阔。中国旅游局局长提出了2015年努力实现中俄双向旅游交流突破500万人次的目标。他表示，最重要的是双方切实提供自由无疆的畅游。之所以做出这样的判断，主要基于以下几点：第一，中俄开展旅游合作拥有的重要基础，即全面战略协作伙伴关系发展势头良好，为双边开展旅游合作打下坚实的基础。第二，双边旅游合作目标明确。国家主席习近平在2013年3月22日俄罗斯中国旅游年开幕式上指出，旅游是传播文明、交流文化、增进友谊的桥梁；把旅游合作培育成中俄战略合作新亮点；中俄人文合作未来规划为双边旅游合作描绘了蓝图。国家主席习近平的讲话为中俄旅游合作指明了方向，明确了目标。第三，以往两国在各领域，尤其是人文领域的合作为双方开展和深化旅游合作积累了较为丰富的经验和应汲取的教训。第四，两国有投资能力和兴趣并有志于推动双边旅游投资合作的企业已经启动了相互投资进程。第五，中俄两国互为重要的旅游客源国和目的地国，两国旅游市场规模和潜力巨大。

五、"一带一盟"对接

在全球化2.0时代，区域经济一体化蓬勃发展。中国倡导的"一带一路"为东西方之间、沿线区域加强合作搭建起了重要桥梁和纽带，其重大而深远的意义、不可估量的作用将日渐凸现出来。中国政府发布的《推动共建丝绸之路经济带和21世纪海上丝绸之路的愿景与行动》（以下简称《"一带一路"行动计划》）明确了"一带一路"的涵盖范围、建设目标和具体领域，指明了今后应努力的方向。

中俄两国有关部门就"一带一路"建设问题不断加强交流，在相关政策层面不断沟通并达成共识。2015年5月8日中俄两国在莫斯科发表了《中华人民共和国与俄罗斯联邦关于丝绸之路经济带建设和欧亚经济联盟建设对接合作的联合声明》（简称《"一带一盟"建设对接》），中方支持俄方积极推进欧亚经济联盟框架内一体化进程，并将启动与欧亚经济联盟经贸合作方面的协议谈判。俄方支持丝绸之路经济带的建设，愿与中方密切合作，并着力推动落实。国家主席习近平指出，这有利于双方深化利益交融，更好地促进我们两国的发展振兴。双方将共同协商，努力将丝绸之路经济带建设和欧亚经济联盟建设相对接，确保地区经济持续稳定增长，加强区域经济一体化，维护地区的和平与发展。双方将秉持透明、相互尊重、平等、各种一体化机制相互补充、向亚洲和欧洲各有关方开放等原则，通过双边和多边机制，特别是上海合作组织平台开展合作。

中俄在共同建设"一带一盟"框架内的合作潜力巨大，既能够互利共赢，又能够惠及沿线国家和相关国家和地区，因而双方合作的愿望愈加强烈，已经就落实具体合作项目展开了积极而富有成效的洽谈。

（一）基础设施联通

中俄就"一带一盟"对接合作分阶段推进，合作建设"陆上丝绸之路经济带"（以下简称"西丝带"）、已经列入国家规划的"中蒙俄经济走廊黑龙江陆海丝绸之路经济带"（以下简称"东丝带"）以及未来富有前景的"北极丝绸之路经济带"（以下简称"北丝带"）。"西丝带""东丝带""北丝带"形成中俄"三向一点"①的"一带一路"格局，双方合作建设"一带一路"将随着"路"的畅通而拉动沿线地区和国家经济社会的稳步发展，从而形成互利共赢的"经济发展带"。"一带一路"基础设施建设需要沿线有关国家和地区共同协商，明确近

① "三向一点"是指从西、东、北三个方向的"丝路"最终都集中到欧洲一点。

153

期、中期和长期建设规划目标，进行充分的可行性论证，从而规避风险，获得共同发展。

1. "西丝带"基础设施联通

"西丝带"是古老丝绸之路在新时代的"凤凰涅槃"，无论过去，还是现在，乃至将来，丝绸之路在连通东西方、促进经济社会往来方面都发挥过、发挥着并将继续发挥重要作用。在全球化的历史条件下，进一步加强东西方各领域的联系，需要"西丝带"利益各有关方共同努力加以构建，形成铁路、公路、航空、管道、通信和网络等多维立体运输和交流通道，建立起共同发展、共同繁荣的经济发展带。

在中俄两国领导人会晤中，双方确定了在2015年加强经贸合作的方针，其中包括中俄高铁合作问题。2014年10月13日，中国国家发展改革委与俄联邦运输部、中国铁路总公司与俄罗斯国家铁路公司四方签署了《关于中俄高铁合作备忘录》。该备忘录的签署推进了构建北京至莫斯科的高速运输走廊的进程，并优先实施莫斯科至喀山的高铁项目。这条高铁线路投入运营后，可将莫斯科至喀山两地间770千米的路程列车运行时间从原来的11小时30分缩短到3小时30分钟，预计年载客量达7 863 990人次。如果达到设计最高时速400千米/小时，届时运行时间将缩短到2小时以内。

这条高铁从莫斯科至北京全程长达7 000多千米，途经俄罗斯、哈萨克斯坦和中国3个国家。待全线通车正常运行后，将大幅度地缩短莫斯科至北京的列车运行时间，从原来的中俄国际列车需要近7个昼夜降至1个昼夜或17个多小时。

第二亚欧铁路大陆桥是"西丝带"的重要组成部分，将我国东南沿海地区与中亚地区和欧洲连接起来。这条大陆桥东起中国日照和连云港，向西经陇海铁路和兰新铁路与"陆上丝绸之路经济带"对接连通，经北疆铁路到达阿拉山口口岸，然后进入哈萨克斯坦，后经俄罗斯、白俄罗斯、波兰、德国，终点为荷兰鹿特丹港，是目前亚欧大陆东西最为便捷的通道，将我国东南沿海与大陆桥沿线地区连接起来。

"西丝带"的畅通将极大地促进中俄哈三国之间的人流、物流的双向流动，以及密切中国与中亚地区国家和欧洲各国的经贸、人文往来。

2. "东丝带"基础设施联通

2016年6月3日，中蒙俄签署《建设中蒙俄经济走廊规划纲要》，以对接丝绸之路经济带、欧亚经济联盟以及"草原之路"倡议为目标，以建设和拓展互利共赢的经济发展空间、发挥三方潜力和优势、促进共同繁荣、提升在国际市场上的联合竞争力为愿景，将促进地区经济一体化，促进各自发展战略对接，并为基础设施互联互通、贸易投资稳步发展、经济政策协作和人文交流奠定坚实基础。"东丝带"以哈尔滨为中心，以大（连）哈（尔滨）佳（木斯）同（江）、绥满、哈黑、黑龙江沿边铁路4条干线与俄罗斯西伯利亚铁路和贝阿铁路连通，再畅通与俄罗斯远东地区各港口的水运业务，建设哈尔滨临空经济区等航空网络以及管网、电网和通信光缆的敷设等。建设"东丝带"，有利于进一步拓展我国与东北亚地区国家的全方位务实合作，为促进区域间的经济互利共赢创造良好条件。"东丝带"是对国家主席习近平"一带一路"重大倡议部署在空间上的延展、内涵的丰富完善和创造性的贯彻落实，是国家丝绸之路经济带的重要组成部分，更是黑龙江深化开放和转型发展的重要历史机遇。

2014年9月11日，国家主席习近平在出席中俄蒙三国元首会晤时指出，中方提出的共建丝绸之路经济带的倡议，获得了俄方和蒙方的积极响应，可以把丝绸之路经济带同俄罗斯跨欧亚大铁路、蒙古国"草原之路"的倡议进行对接，共同打造"中蒙俄经济走廊"。2016年6月23日，中蒙俄签署了《建设中蒙俄经济走廊规划纲要》，旨在推动经济走廊建设，促进地区经济一体化，促进各自发展战略对接，并为基础设施互联互通、贸易投资稳步发展、经济政策协作和人文交流奠定坚实基础。

"中蒙俄经济走廊"可包括两条通道：第一条是以我国内蒙古自治区乌兰察布站为节点，经二连浩特进入蒙古国"草原之路"，抵达乌兰巴托，过蒙古国边境城市苏赫巴托尔进入俄罗斯，在乌兰乌德与西伯利亚大铁路交会，直达欧洲。乌兰察布站向南经大同辐射中原地区，向东张家口连通京津冀，向西连接呼和浩特、包头、巴彦淖尔，辐射西部地区。第二条是经过我国东北通道，从大连、沈阳、长春、哈尔滨到满洲里，经俄罗斯的赤塔与西伯利亚大铁路连接。

"中蒙俄经济走廊"黑龙江陆海丝绸之路经济带将形成物流带、产业带和开放带"三带合一"的大开放、大贸易的新格局，拉动我国东北地区与蒙古国和俄罗斯经济的大发展。

2014年11月20日黑龙江省政府发布的《推进东部陆海丝绸之路经济带建设工作方案》和2015年4月13日发布的《中共黑龙江省委黑龙江省人民政府"中蒙俄经济走廊"黑龙江陆海丝绸之路经济带建设规划》（以下简称《东丝带规划》）对构建黑龙江陆海丝绸之路经济带做了详尽的安排，《建设中蒙俄经济走廊规划纲要》签署后，《东丝带规划》的落实步伐明显加快：

完善黑龙江省沿边铁路并与俄罗斯铁路对接。确保与俄罗斯远东地区的人流、物流畅通。着力畅通绥芬河—哈尔滨—满洲里—俄罗斯—欧洲线路的跨境货物运输通道，并实现常态化。打造哈尔滨两小时经济圈，辐射带动周边地区快速发展。发挥这条跨境货物运输通道的最大运能，不仅可以运输黑龙江和东北其他地区的货物，还可以运输俄罗斯和我国长三角、珠三角、京津冀的货物。同时，加强运输节点和配套工程建设，加快建成哈尔滨铁路集装箱中心站，完成绥芬河铁路站场改造工程，开工建设牡丹江铁路货运枢纽，规划建设东宁危险化学品铁路口岸，完成哈齐客专、牡绥扩能、同江—下列宁斯科耶铁路大桥（中方一侧已经修建完成，俄方尚未动工）、哈佳铁路等项目，推进牡丹江—佳木斯环线铁路、绥芬河—俄罗斯格罗捷阔沃跨境铁路改造、沿边铁路等项目前期工作，建设牡丹江—俄罗斯符拉迪沃斯托克、东宁—俄罗斯乌苏里斯克跨境铁路。滨洲线电化改造、哈牡既有线电化等项目。

2015年5月末，中国海关总署正式批复《黑龙江省人民政府关于增加内贸货物跨境运输入境港口和货物种类的请示》，由此绥芬河在对俄罗斯陆海联运大通道建设方面得到国家政策的大力支持。以往内贸货物跨境运输的品种只限于化工和粮食等商品，此次作为"木业之都"的绥芬河可以开展木材内贸货物跨境运输入境港口业务（即"中外中"运输方式），将有力地推动绥芬河对产业园区与对俄跨境产业园区和我国南方产业园区的对接与合作。

哈尔滨铁路局已开通"苏满欧""沈哈欧""津哈欧"的国际货运班列，平均每天一列，实现了常态化运营。2014年10月16日，滨洲线（哈尔滨—满洲里）电气化改造工程公开招标，改造后的滨洲线哈齐之间时速可达160千米，将提升服务质量，增加运输量。同时，哈尔滨到绥芬河之间的既有线路电气化改造将陆续展开。按照规划，哈尔滨集装箱中心站、满洲里集装箱货场、牡丹江至绥芬河扩能改造等项目竣工后，将极大地提升"东丝带"——"中俄铁路东部大通道"的运输能力，确保货畅其流、人员便捷往来。

不断推进公路的建设。开工建设哈牡客专，建成建三江至黑瞎子岛等高速公路和伊春至嘉荫等国省干线公路，推进黑河、洛古河、饶河、萝北、东宁等口岸界河公路大桥和黑瞎子岛陆路通道建设的前期工作。沿边公路的建设和完善并与俄罗斯公路畅通，是对黑龙江省沿边铁路与俄罗斯铁路运输的重要补充。黑河—布拉戈维申斯克公路大桥已于2016年12月动工修建。

畅通中俄跨国陆港通道。密切牡丹江—绥芬河—俄罗斯远东地区港口、从抚远经俄罗斯境内的黑龙江下游进入日本海的陆海联运战略通道。不断完善牡丹江、绥芬河与俄罗斯远东地区港口的中俄跨境陆港通道，加大宣传推广"中俄中"（双向）、"中俄外"（双向）运输模式的力度。"中俄中"（双向）运输模式是指从牡丹江或绥芬河将国内货物运到俄罗斯符拉迪沃斯托克，再运至我国东南沿海地区的运输方式，或反向运输；"中俄外"（双向）运输模式是指从东北亚地区国家或美洲的货物运到俄罗斯符拉迪沃斯托克，再运至牡丹江或绥芬河的运输方式，或反向运输。牡丹江已经有物流企业在开展"中俄中"（双向）货物运输业务，即将东北地区发往我国东南沿海地区的商品运至俄罗斯远东地区港口符拉迪沃斯托克，然后运到目的地或反向运输。待条件成熟时，将来可以开展"中俄外"（双向）运输模式，以节约时间和成本。

《东丝带规划》确定了"中蒙俄经济走廊"黑龙江陆海丝绸之路经济带的规划目标：（1）近期目标（2015年）：做好"中蒙俄经济走廊"黑龙江陆海丝绸之路经济带建设规划与国家"一带一路"规划的衔接；（2）中期目标（2016—2020）：将黑龙江陆海丝绸之路经济带打造成国内连接亚欧最便捷、最通畅的国际大通道；（3）远期目标（2021—2025）：全面建成面向俄罗斯、连接亚欧的综合跨境运输网络，形成经济规模较大、带动能力较强的外向型经济体系。

3. "北丝带"的基础设施联通

随着全球气候变暖，北极冰盖融化速度加快，范围扩大。据预测，10~30年后，北方海上航线就可以通航，至少在夏季将适宜通航。[①]2013年5月，中国成为北极理事会正式观察员国，为中国积极参与北极地区事务创造了条件。中国在"北丝带"建设方面正在与俄罗斯等有关国家开展务实的活动。2012年，中国"雪龙号"破冰船顺利通过了北极航线，为中俄开展"北丝带"合作建设的最早尝试。2013年8月8日，中远集团"永盛号"货轮从大连出发后，经日本海，沿俄罗斯海岸线，穿越白令海峡和维尔基亚海峡，进入北极圈，在破冰船引导下，在楚科奇海、喀拉海中轻度冰面和东西伯利亚海、拉普捷夫海轻度冰面自主航行。经过27天的航行，于当地时间2013年9月10日15时停靠在荷兰鹿特丹港，成为经过北极东北航道完成亚欧航行的第一艘中国商船。

中国极地研究中心研究员说，北极航线比经过印度洋和苏伊士运河航路短5 200千米，集装箱船或干货船就可以节省50万~350万美元，还可以节省燃料、运费、劳务费等其他费用支出，更为重要的是在这条航线上没有经常出没在马六甲海峡和亚丁湾的海盗劫持风险。据预测，到2020年，中国达几百亿至上千亿美元的集装箱货物将通过北极海上航线运输，占中国对外贸易货运量的5%~15%[②]。

在加入《联合国海洋法公约》之后，俄罗斯总统普京2001年批准了《2020年前俄罗斯海洋学说》，其中对北极地区列专章加以论述。2013年俄罗斯总统普京批准了《2020年前俄罗斯北极地区发展战略》，该战略规定了建立北极地区统一运输系统、开展科学活动和国际合作。为确保"北丝带"安全畅通，需要安装现代化的导航设备、更新破冰船舰队、建设综合安全系统和岸上地面站，2015年俄罗斯为建设"北丝带"的综合安全系统（包括10所救援应急中心）拨款2 200万欧元。该系统的中心将分布在"北丝带"沿线的摩尔曼斯克、阿尔汉格尔斯克、阿纳德尔等港口。与此同时，中国投资者准备投资建设新

① Âëàäèìèð Äìèòðèåâ.×åãç Àðêòèêó ìîæåò ïðîéòè íîâûé Âåëèêèé øåëêîâûé ïóòü èç Êèòàÿ â Åâðîïó.http://www.rg.ru/2013/05/31/led.html。

② Âëàäèìèð Äìèòðèåâ.×åãç Àðêòèêó ìîæåò ïðîéòè íîâûé Âåëèêèé øåëêîâûé ïóòü èç Êèòàÿ â Åâðîïó.参见：http://www.rg.ru/2013/05/31/led.html。

的阿尔汉格尔斯克深水贸易海港、白海—科米—乌拉尔铁路干线。新阿尔汉格尔斯克深水贸易海港将成为"北丝带"与俄罗斯铁路系统（包括西伯利亚干线）的节点，其货物吞吐会达到每年3 000万吨。白海—科米—乌拉尔铁路干线将西伯利亚地区至白海的路程缩短了800千米，为远东地区、乌拉尔和西伯利亚工业区向欧洲的货运提供了新的可能。据俄罗斯运输部预测，"北丝带"的年货运量将从2012年的180万吨猛增到2020年的6 400万吨[①]。

（二）实现"一带一盟"对接的贸易畅通

自1992年以来，中俄贸易额已经从最初的56.8亿美元增长到2014年的952.8亿美元。虽然其间出现过多次波动，但是中俄经贸总体呈现出稳步增长的态势，规模不断扩大，领域不断拓展，层次和质量也有提高。"一带一盟"对接合作预示中俄经贸会再上新台阶。不过，预期2015年双边贸易额达到1 000亿美元的目标并未实现，2018年有望能达到这个数字。"一带一盟"对接将促进地区产业合作，形成"链式发展模式"。在这种利好的形势下，到2020年双边贸易额达到2 000亿美元应该是水到渠成。

（1）着力完善双边经贸合作的物流体系

中俄经贸合作的稳步推进，既需要两国间的交通基础设施、物流配送、多式联运等领域的互联互通，同时也需要对"丝绸之路经济带"沿线的配套服务设施进行合理布局，形成有机的体系，并使之不断完善。在沿线地带科学安排，建设功能完备的大型枢纽节点、物流园区和配送中心，培育大型物流集团和专业物流企业，最终打造成现代智能物流产业集群。

（2）不断改善两国海关通关条件

加快电子口岸的建设和功能完善，尤其不断完善和扩大中俄海关监管结果互认合作，按照2013年10月22日中俄海关签署的《中华人民共和国海关总署和俄罗斯联邦海关署关于升展特定商品海关监管结果互认的议定书》，中俄在试点口岸（东宁-波尔塔夫卡、绥芬河公路-波格拉尼奇内）启动特定商品（中方出口的果菜和俄方出口的锯

---

① 《俄建议中俄合作开发北极航线开采矿产资源》，http://www.chinaccm. com/39/20130827/3913_1375539.shtml。

材）适用"监管互认"程序。在条件成熟的时候，中俄扩大海关监管结果互认口岸和适用商品范围，将使更多的中俄进出口企业能够享受到双向通关便利。这意味着经中国海关（俄罗斯海关）查验的出口货物，俄罗斯海关（中国海关）一般不予再查验，直接放行予以通关便利。中俄海关既简化了通关程序，节省了人力、物力，又可以使进出口企业节约时间和成本，期待将来扩大进出口商品和互认口岸范围，为双边经贸合作的超常规发展创造更加快捷便利的结关条件。

（3）努力实现两国经贸合作的资金融通

多年以来，中俄投资合作一直规模很小、领域单一、范围狭窄、层次不高。截止到2008年年末，中国对外直接投资存量中俄罗斯排在第八位，投资金额为18.38亿美元，占中国对外投资存量比重的1.0%[①]。2009年中国对俄罗斯直接投资总流量为3.94亿美元，2010年达到5.68亿美元，2012年中国对俄罗斯直接投资约50亿美元，而俄罗斯对我国投资仅3 000万美元左右[②]。到2013年年底中国对俄罗斯直接投资存量为321.3亿美元，中国对俄罗斯直接投资总流量为50.3亿美元。2014年中国对俄罗斯直接投资总流量为40亿美元。俄罗斯对我国投资存量规模较小，不过这意味着投资潜力巨大。

2011年6月23日，中国人民银行与俄罗斯联邦中央银行签订了双边本币结算协定，将双边本币结算从边境贸易扩大到一般贸易，扩大了本币结算的空间和适用贸易形式范围。中俄共建并实现丝绸之路经济带的资金融通，加深金融领域合作，逐步实现两国贸易的投资便利化，推动双边贸易和投资的快速增长。这一措施为中俄双边和区域间经济合作创造了良好条件，同时规避了使用美元结算因汇率波动而造成的风险。2014年10月13日，中国人民银行与俄罗斯联邦中央银行签署了规模为1 500亿元人民币（当时合8 150亿卢布）的双边本币互换协议，旨在为双边贸易及直接投资提供便利，促进两国经济的稳步发展。

2017年3月16日，俄罗斯铝业联合公司在上海证券交易所成功完

---

① 玉山·吾斯曼、张晓涛：《后金融危机时期中俄投资合作分析》，《中央财经大学学报》2012年第5期。

② 张英：《中俄经贸合作与投资领域发展现状及新趋势新途径》，http://www.chinaru.info//13173.shtml。

成首期人民币债券（即"熊猫债券"）发行，发行期限2+1年，发行金额10亿元人民币。这是首单俄罗斯大型骨干企业在中国发行的"熊猫债券"，也是首单"一带一路"沿线国家企业发行的"熊猫债券"。此次发行成功，进一步拓展了"一带一路"沿线国家企业的资金融通渠道，深化了沿线国家金融合作方式。

中俄两国需要加强在出口信贷、保险、项目和贸易融资和银行卡等领域的全方位合作。通过丝路基金、亚洲基础设施投资银行、上海合作组织银联体等金融机构，加强金融领域的合作，逐步实现双边经贸合作的资金融通。同时，中俄着力丰富多样化的投资方式、拓展多元化的投资主体，从而扩大双边投资规模和领域，丰富投资内涵。

六、中俄电商合作

电子商务超越时空的交易方式（No Face to Face，简称NF2F）完全颠覆了传统的商业营销模式，不仅极大地推动国内零售商品贸易的发展，而且缩短了国家之间的空间距离，推动了不同国家间的跨境商品贸易活动的飞速发展。中俄电子商务合作恰逢其时，迎来了"黄金机遇期""黄金发展期""黄金跨越期"，已经成为双边经贸合作的重要补充和助推其稳步发展的新的增长点。

中俄电子商务合作"黄金机遇期"拥有诸多有利条件。

一是"互联网+"成为中国"走出去"倡议的新路径。中国政府出台了一系列促进跨境电商发展的相关扶持政策，批准了跨境电商试点并逐步推开，尤其是"互联网+"政策的落实，成为企业实施国家"走出去"倡议的新路径，电商通过"互联网+对外贸易"开展跨境营销，拓展了我国对外贸易的新天地。在政策利好和国内外市场需求两旺的共同作用下，跨境电商行业发展迅猛，对俄电子商务企业不断增多、合作规模不断扩大、服务质量不断完善、物流结算通关越来越快捷。同时，俄罗斯政府鼓励居民开展跨境网购，对跨境网购商品纳税标准做出规定：一个月内个人网购总额不超过1 000欧元，总重量不超过31千克的物品免缴关税；超过上述规定缴纳30%的关税。这一政策有利于俄罗斯网购用户进行跨境购买商品，对中俄跨境电商合作产生积极影响。

二是要素禀赋互补效应持续释放。中俄在资本、劳动力、技术和资源等要素禀赋方面存在较强的互补性，我国在资本、劳动力和某些技术方面拥有较大优势，而俄罗斯在资源、某些技术方面优势明显。两国要素禀赋的互补效应持续释放，对推动双边经贸合作，尤其是中俄电商合作发挥着实质性的作用。

三是俄罗斯加大与亚太地区的合作力度，尤其是扩大与中国的合作领域和规模，提升合作层次。由此，中俄经贸合作步入"超常态"发展时期。中俄经贸合作"超常态"是指在俄罗斯实施"向东看"战略和"一带一盟"对接稳步推进的背景下，中俄两国在发挥要素禀赋互补等诸多优势的基础上，双边经贸合作将进入一种体量不断增大、层次不断提高、合作领域不断拓展、投资规模不断扩大的超常规发展状态。

中俄电子商务合作近几年获得迅猛发展。我国拥有世界人数最多的网民，其中网购用户群体庞大，网购市场规模巨大。中国IT研究中心的《2014年Q1中国移动网购市场调研报告》中的统计数据显示，2014年第一季度，中国网购用户数量已超过3.1亿人（约占我国网民总数的50%，我国人口总数的22%），而且呈现出网络购物平台正从PC端向移动端转移的明显趋势。预计未来几年，中国移动购物将迅猛增长。

俄罗斯市场已成为中国跨境电商出口的第一大目的国。俄罗斯6 000多万名网民当中有相当一部分乐于网购，尤其热衷于购买中国制造的服装、鞋、帽、电子产品和箱包等商品。俄罗斯每天接收的邮包中有10万件来自中国。俄罗斯人在中国最大的电子商务交易平台淘宝网的购物量正在迅速增长，该购物网站每天发往俄罗斯的网购商品价值达400万美元。2016年，中国网络商店占俄罗斯跨境在线贸易总额的52%，俄罗斯跨境贸易总额为51亿美元，其中俄罗斯公民在中国网络商店大约花费26亿美元。从国际邮包数量来看，俄罗斯90%的外国邮包来自中国。

中俄电子商务合作面临着"黄金机遇期"的诸多利好，同时，也需要各方齐心协力，采取行之有效的助推措施，两国的电商合作将步入"黄金发展期"，成为双边经贸合作的新的增长点。

第一，"一带一盟"建设为两国电商合作疏通物流"瓶颈"。物流在电子商务企业的成本中占较大比重，物流服务水平的高低尤其对跨境（外贸）电子商务企业的发展、市场拓展和盈利能力等方面产生着重要影响。跨境电商商品零售市场规模体量大、用户众多分散，需要线下完善的物流链提供周密的配套服务，包括提供货物的运输、仓储、分拣、订单执行直至最后一千米送达客户的一体化供应链管理服务。

目前电子商务企业主要采取三种物流服务模式：以亚马逊为代表的"自建＋外包"模式、以易贝为代表的"外包"模式和以奥托为代表的"自建"模式。前两种模式被更加广泛地采用，而第三种模式并不多见。阿里巴巴旗下的面向全球市场打造的在线交易平台——全球速卖通是融合订单、支付、物流于一体的外贸在线交易平台，2013年3月着手实施海外个人消费者的C2C模式。在物流方面主要以"自建"模式为主，其卖家可根据实际情况选择"在线发货""自主发货"两种发货方式。

目前我国在跨境邮递方面，大型电商企业有的采取"自建"模式，有的采取"自建＋外包"模式，小型电商企业或卖家采取"外包"模式。在承接跨境商品投送业务方面，国内运营较为成熟的是中邮集团旗下的"邮政国际小包""国际E邮宝"两项业务，对推动两国电商合作的发展发挥着重要作用。

随着中俄"一带一盟"合作的推进，两国在航空、铁路、公路等基础设施将不断完善和连通，物流通道将越来越宽，将更加顺畅快捷，为中俄电商合作创造良好的发展条件。

第二，结算方式多样化、安全快捷。我国外贸零售电商企业的消费者来自不同国家和地区，欧美国家电子商务起步早，消费者网络购物意识强，有的新兴国家电子商务发展较慢，这些国家和地区的消费者网络购物存面临网络覆盖率低、支付难和投送时间长等一些现实问题。

俄罗斯宽带网络服务覆盖率在40%左右，截至2013年3月底，全球速卖通平台共有超过70万名俄罗斯注册用户。现阶段由于俄罗斯信息基础设施不完备，支付程序不规范，电子支付市场不够发达，在电子支付方面存在一定的困难。此外，有些俄罗斯网购用户对网上电子支付安全性心存疑虑。

中俄电商应设计多种支付方式，便于两国网购用户自由选择。例如全球速卖通开通了面向俄罗斯消费者的电子支付平台，如 webmon-ey，俄罗斯网购用户可以先对自己的 webmoney 账户进行充值，再到全球速卖通平台购买商品，确认支付成功后，电商启动发货程序。另外，我国有的电商帮助俄罗斯一些地区发展电子支付业务，对当地的网购用户消费进行网络支付安全方面的宣讲，使其对网络支付充满信心。

第三，两国海关互认跨境网购商品监管结果。目前，我国卖家承诺俄罗斯网购用户货物运达时间上限为 90 天（2013 年 5 月前为 60 天），导致如此漫长的物流周期的主要原因在于货物在俄罗斯海关滞留时间太长。一方面是包裹数量庞大，每天发往俄罗斯的包裹高达 4 万单之多；另一方面，俄罗斯海关工作人员人手极为短缺，商品通关非常慢，交货期被大大延长。

中俄两国政府应积极采取措施，出台相关扶持政策，为中俄电商外贸业务开设绿色通道，给予海关关税优惠，简化商品检疫流程，加快商品通关速度。

第四，中国电商在俄罗斯大力拓展业务。在中俄双边经贸合作稳步发展的背景下，我国电商瞄准俄罗斯市场，或开设对俄电子商务外贸平台，或独立赴俄建立"海外仓"，或取长补短合力拓展对俄电子商务。

跨境电商物流服务公司"递四方"与阿里巴巴旗下的外贸平台全球速卖通建立了战略合作关系，成为全球速卖通对俄罗斯物流新产品"速邮宝"的核心合作伙伴，在对俄电商合作方面将取得新的进展。

2015 年 7 月 15 日，俄速通与莫斯科格林伍德国际贸易中心在莫斯科签署合作共建"俄速通-格林伍德"海外仓协议，旨在解决两国电商合作中存在的诸如物流投送时间过长、无法进行退换货、没有售后服务等现实问题，同时这种服务上的缺失也制约了树立中国优质商品品牌形象。中国电商可以通过"海外仓"提前在俄罗斯本土备货，产生交易后将交易信息传递给"海外仓"，由"海外仓"迅速完成订单接收、订单分拣、本土物流派送等一系列的业务，从而使俄罗斯网购用户体验到最快速的购物乐趣。该海外仓的建立可以将中俄跨境电商物流时间从原来的 20~30 天缩短到 2~7 天，同时也能实现其他以前俄罗斯网购用户享受不到的服务。

第五，在与俄罗斯毗邻地区建立物流仓储中心。在与俄罗斯毗邻的我国东北地区和新疆维吾尔地区建立物流仓储中心，对发往俄罗斯的商品进行库存、分拣、包装、配送、结关及其信息处理等。例如在哈尔滨市、牡丹江市、绥芬河市、霍尔果斯等对俄罗斯和中亚国家口岸建立现代化的大型物流仓储中心，可以发挥地缘优势，优化组合各种相关优质资源，大大降低对俄电商的物流成本，缩短商品送达俄罗斯网购用户的时间。

中俄关系达到历史上最好水平，进入中俄全面战略协作伙伴关系新阶段，丝绸之路经济带与欧亚经济联盟对接合作的逐步推进，两国毗邻地区开发与振兴的互动合作，为两国开展各领域合作，尤其是电商合作奠定了良好的政治基础，创造了前所未有的发展机遇和条件。在诸多有利因素叠加集聚的背景下，中俄电子商务合作将进入"黄金跨越期"，拥有美好的发展愿景。

第三节　中俄经贸合作中的变化

从 1987 年中苏恢复边境贸易，到两国开展全方位经贸合作已 30 年。现在来回顾一下两国经贸合作的方方面面，会发现有的发生了局部变化，有的出现了重大的调整和变化。总体来看，中俄经贸合作在巩固传统优势的同时，在地缘区位、政治关系、商品结构、合作形式、合作领域、贸易主体、体量规模和结算方式等方面均出现了很大的变化，对双边经贸合作产生着积极的影响。

一、要素禀赋互补的变化

要素禀赋互补是中俄开展双边经贸合作的一个重要因素，表现在中俄两国在劳动力、土地、资本、技术等要素禀赋方面至今依然存在很强的互补性，是双方不断扩大合作规模、领域和层次的不可或缺的重要条件。具有较强的经济结构互补性和要素禀赋互补性，为中俄双边贸易合作的持续发展的重要前提条件。

随着中国经济的高速发展以及产业结构的不断优化升级，中国在机械、化工等工业制成品上的优势不断增强，而在传统的原材料、农产品以及服装纺织上的优势逐渐消失。尽管中国经济步入"新常态"，但是经济增长速度相对其他国家仍然较高。在这种情况下，中国经济社会发展受到资源的约束越来越突出，这就使在能源和矿产品等自然资源上具有明显比较优势的俄罗斯对中国经济发展的意义获得了进一步的提升。

中国与俄罗斯在不同商品的显示性比较优势（RCA）指数上存在着较大的差异性，具有较强的互补性。RCA指数是由美国经济学家贝拉·巴拉萨提出来的一种普遍用来计算比较优势的方法，同时也是一种分析贸易互补性的重要指数。具体测算标准为：一个国家某种商品出口占其本国出口总值的份额与世界贸易中该商品出口占世界出口总值的份额之比。该指数可以比较准确地分析一国的某种产品在世界贸易中的优势大小和竞争能力的强弱，从而为一国制定相关贸易政策提供可资借鉴的参考。

如果一国某出口产品的RCA指数比较大，就表明这个国家的该商品在世界对外贸易中具有较强的比较优势，也可以表示该国在这类产品的出口方面的竞争优势非常大。当RCA指数大于2.5时，表示该国的此类商品出口有极强的国际竞争力；当RCA指数在1.25~2.5时，表示此类商品出口具有较强的竞争力；当RCA指数在0.8~1.25时，表示该类商品出口具有中等程度竞争力；当RCA指数小于0.8时，表示具有弱竞争力。

2003—2010年，俄罗斯矿物燃料、润滑油及有关原料的RCA指数都在4以上，有两个年份竟高达5以上，这说明俄罗斯在此类商品上具有超强的国际竞争力。相比之下，我国在此类商品的RCA指数极低，表明该类商品的国际竞争力极差。

为了更具有说服力，我们又以2013年俄罗斯石油出口为例，俄罗斯石油的RCA指数为3.37，大于2.5，说明俄罗斯石油出口具有极强的国际竞争力。

总体来看，俄罗斯在资源密集型产品上具有较强的竞争性。其原因在于俄罗斯自然资源丰富，能源、矿产、森林等资源位居前列，拥有极强的比较优势；在木材及其制品、铜及其制成品、铝及其制成品上具有较强的比较优势。

不过，俄罗斯以轻工业产品为主的杂项制品的RCA指数多数年份在 0.1 以下，表明俄罗斯在该类产品上的比较优势非常小，竞争力极低。中国以轻工业产品为主的杂项制品的 RCA 指数 2003—2010 年均在 2.0 以上，表明具有较强的国际竞争力。

我国轻工业产品出口具有极强的国际竞争力。以 2013 年为例，我国轻工产品出口额为 5 583.38 亿美元，约占出口总额的 25%，这一年我国出口值占全球贸易出口市场份额的 11.7%，可以得出中国轻工产品出口额占全球贸易出口市场份额的 2.9%。我国已经确立了世界轻工生产大国和出口大国的地位，逐步形成了从原材料加工生产到销售服务一条完整的生产、销售、配套的产业集群，国际市场竞争力不断提高。

从贸易互补性指数来看，中国与俄罗斯在轻工业产品、手工制成品、化工产品、机械制成品上具有较强的出口互补性，而在原材料、初级产品上有较强的进口互补性。

要素禀赋互补的"变"体现在中国劳动力的红利期已过，出现了劳动力由过剩向短缺转变的转折点，即刘易斯拐点。我国劳动力不再那么廉价，造成生产成本的增加。资本方面，20 世纪 90 年代中俄两国都缺少资本，但是随着中国经济的持续稳步快速发展，中国已经成为世界第二大经济体，总体经济实力增强、资本雄厚。俄罗斯则因经济发展起伏波动，急需外国资本的投入。在资本要素上，中俄两国互补性增强；在技术方面，不再是中国一味地从俄罗斯引进技术，而出现了中国某些领域的技术得到了俄罗斯方面的认可并加以引进，双方技术合作范围领域越来越广，层次日益提高。

可见，要素禀赋互补，无论在过去和现在，还是将来，都是中俄开展双边经贸合作的一个重要因素。

二、商品结构的变化

中俄双边贸易商品结构中，两国的贸易商品始终主要以资源密集型、劳动力密集型的产品为主，我国对俄罗斯出口的轻工纺织品和农副产品，我国自俄罗斯进口的初级能源原材料在两国贸易商品结构中的占比一直居高不下，也就是说，双方均保持着传统商品在双边贸易中的绝对统治地位。

2000—2003 年，俄罗斯对我国出口的工业制成品比例较高，占我国进口贸易额的比重约为 57.7%。自 2004 年开始，我国从俄罗斯进口的初级产品贸易额超过工业制成品的贸易额，占进口总额的 62.1%，以后呈现逐年增加的趋势。随着从俄罗斯进口的初级产品额度的增长，工业制成品进口额度相应下降。在中国从俄罗斯进口的初级产品中，主要是工业原料和矿物燃料商品，其中石油类商品所占比重上升幅度最大，由 2000 年的 13.5% 上升到 2009 年的 44.1%[①]。到 2013 年，俄罗斯矿物燃料等矿产品对中国的出口额占其商品出口总额的 67.76%。

中俄双边贸易商品结构中，变化体现在我国对俄罗斯出口商品结构逐步优化，纺织品等轻工产品比重逐年下降。

从 2001—2009 年的数据来看，纺织品及原料和鞋靴出口占我国对俄罗斯出口总额的比重从 2001 年的 63.6% 下降到 2009 年的 19.03%。自 2006 年起，机电产品（主要包括电机、电气、音像设备及其零附件、核反应堆、锅炉、机械器具及零件、车辆及其零附件）成为我国对俄罗斯出口的第一大类商品，在对俄出口贸易中所占比例不断增加（2002 年、2004 年和 2009 年机电产品所占比重有所下降），我国向俄罗斯出口的机电产品贸易额占对俄出口贸易总额的比例从 2001 年的 18.7% 猛增到 2009 年的 44.4.%[②]。

2010—2015 年，在中国对俄罗斯出口的机电产品、纺织品及原料和贱金属及制品等主要商品中，从出口额度和比例来看，机电产品总体呈不断增长趋势。

随着中俄两国经济结构的不断调整，双边贸易商品结构在保持传统优势的基础上，机电等高附加值产品的占比将不断提高，商品结构不断优化。

三、贸易方式与合作形式的变化

中俄贸易方式的变化体现在由易货贸易、边境小额贸易、补偿贸易向一般贸易、技术贸易、服务贸易等多种方式转变，而且技术贸

---

① 万红先、李莉：《中俄贸易商品结构及其影响因素研究》，《国际商务》2011 年第 5 期。

② 李汉君：《中俄贸易商品结构存在的问题与优化》，《对外经贸实务》2010 年第 8 期。

易、服务贸易方式有不断增多之势。中俄贸易方式因时而异，处于不断调整的态势。

中俄经贸合作形式日益丰富多样，包括一般商品贸易、劳务合作、独资合资、设立境外产业园区、跨境电商合作等多种合作形式。

建立对俄电商合作联盟，制定行业规范，整合集聚业内优质资源，互通市场及相关信息，避免恶性竞争，共同促进对俄电商合作的稳步快速发展。同时，加大对俄电商所需相关人才的培养力度。我国对俄电商合作快速发展，急需大量既熟悉业务，又精通俄语的专门人才。目前，有些高等院校（如黑龙江大学）已经与对俄电商企业（如俄速通）联合培养这方面的人才，实行定单式人才培养。但无论是规模，还是涵盖的业务范围，均比较有限，难以满足实际需求。

四、结算方式的变化

中俄经贸合作的结算方式由最初的易货方式转向开立信用证、汇付、托收、银行保证函，以及本币结算等多种结算方式。

哈尔滨银行是我国境内首家卢布兑人民币直接汇率挂牌银行，开办卢布账户存款业务，成立了卢布现钞兑换中心，建立了黑龙江卢布现钞交易中心。在中俄跨境金融结算平台，俄罗斯用户可在网上用卢布支付，并直接兑换成人民币支付给国内网商企业，节约资金手续成本至少2%[①]。

中俄经贸合作发展几十年，诸多因素的变化都深刻影响着双边合作的走势。中俄不断深化双边各领域合作，尤其是不断加强"一带一路"倡议框架下的政策沟通、设施联通、贸易畅通、资金融通、民心相通等方面的合作，未来双边经贸合作的领域将不断拓展、层次不断提升、规模不断扩大，双边经贸合作将真正步入全方位"提质增量"合作的新阶段，为巩固和深化中俄全面战略协作伙伴关系奠定坚实的物质基础。

---

① 姜振军：《"一带一路"建设背景下中俄实现"五通"问题——学习习近平总书记视察黑龙江省重要讲话》，《西伯利亚研究》2016年第3期。

　　构建中俄经济合作共同体

中俄全面战略协作伙伴关系达到历史最好水平。在经济一体化和全球化的背景下，中俄经济合作日益密切，对两国的经济社会及东北亚乃至亚太地区经济社会的发展起着越来越重要的作用。

在当今国际局势下，尤其是在西方对俄罗斯实施制裁的情况下，中俄经济合作负有对国家和地区发展的使命和责任，两者相互依存，两国经济合作步入"非常态"[①]，从而形成中俄经济合作的命运共同体、责任共同体和利益共同体，实现两国和东北亚及亚太地区的共同发展、繁荣稳定。

一、形成命运共同体

(一) 命运共同体的内涵

2011年《中国的和平发展》白皮书提出，要以"命运共同体"的新视角，寻求人类共同利益和共同价值的新内涵。2012年，中共十八大报告中首次提出"人类命运共同体"的概念，主要是指一个国家在追求本国利益时兼顾他国合理关切，在谋求本国发展中促进各国共同发展。国际社会日益成为一个你中有我、我中有你的"命运共同体"。

随着经济一体化和全球化的迅猛发展，各国在相互依存中形成了一种利益交织关系。一般来说，国家之间经济上的相互依存度越高就越有助于缓和国际形势并保障其稳定。各国可以通过国际体系和机制来维持、规范这种相互依存关系，从而共同维护国家利益。

中国政府视自己为国际社会的"利益攸关方"，以更加积极的姿态参与国际事务，发挥负责任大国的作用，与各国一道共同应对全球性的挑战。

---

① 中俄经济合作"非常态"是指基于两国坚实的合作基础双边经济合作，在外部因素推动下进入"提质增量"超常规发展阶段的一种全新状态。

（二）在两国经济融合发展的基础上形成命运共同体

中俄两国在资本、劳动力、技术等生产要素禀赋方面存在很强的互补性，产业结构差异较大，互为补充。从第一产业来看，中国农业主要出产谷物产品，俄罗斯多为麦类产品。从第二产业来看，中国轻重工业比重较为合理，制造业特别是劳动密集型的制造业发达，相比之下，俄罗斯产业结构畸形，即"轻工业过轻，重工业过重"，军工综合体处于世界领先水平，但是民用产业落后，需要进口大量日用消费品。从第三产业来看，中国旅游、金融、保险、房地产、物流、卫生等行业较为先进，文化教育是俄罗斯的优势产业。

生产要素禀赋和产业结构互补成为中俄两国构建经济融合发展大格局的重要前提条件，为两国开展全方位、多领域合作奠定了良好基础。1992—2014年，中俄两国经济合作整体呈现出稳步快速的上升趋势，双边贸易额从1992年的58.62亿美元增加到2014年的952.8亿美元，增长了约15倍。

尽管受国际金融危机的影响，全球需求低迷，中俄经济合作增速有所下滑，但两国互为重要贸易伙伴，双边贸易额维持在较高水平的势头会延续下去。今后中俄经济合作的发展将逐步从注重量向重质保量的方向转变。中国将更关注与俄罗斯经济合作的质量，推动两国经济合作实现可持续发展。通过在投资和经济技术领域大项目的实施，尤其是石油、天然气等能源合作大项目的落实，中俄经济合作将展现出巨大的潜力和更广阔的发展前景。

目前，中国是俄罗斯最大贸易伙伴，俄罗斯是中国主要贸易伙伴之一。双边贸易额目标正在逐步达成，2020年中俄双边贸易额提高到2 000亿美元的愿景也将如期实现。两国致力于扩大本币结算，以规避双边贸易中的外汇汇率波动带来的风险。双边经济合作为两国经济与社会的稳步发展和安全稳定做出了应有的贡献。中俄两国经济融合发展的大势基本形成，相互依存度逐渐提高，将逐步形成命运共同体。

二、打造责任共同体

中俄开展经济合作需要携手合作，同舟共济，共同应对挑战，努力寻求包容性、可持续性、平稳的经济增长。中俄始终奉行互利共赢的合作发展，为推进建设持久和平、共同繁荣的和谐世界做出不懈努力，最终打造责任共同体。

中俄共同反对霸权主义、强权政治和武力至上的旧安全观，培育以互信、互利、平等、协作为特征的新安全观，积极倡导综合安全、共同安全、合作安全及可持续安全。中俄国家利益深度融合，在应对非传统安全威胁和全球性挑战方面有着密切的合作。只要双方真正尊重和照顾对方的合理利益和关切，不断扩大共同利益契合点，努力求同存异，就能保持两国关系的稳定健康发展。

中俄两国秉持新安全观，坚持互利合作共同发展的原则，就能肩负起维护地区和国际安全的责任。

🌸 三、结成利益共同体

2008年爆发国际金融危机以来，俄罗斯经济一直在低位徘徊，甚至出现了负增长。俄罗斯政府希望从世界第二大经济体吸引资金，投向俄罗斯的房地产、基础设施建设和自然资源等行业。同时，俄罗斯总理梅德韦杰夫指出，在与西方国家经济关系持续恶化的情况下，俄罗斯需要不断扩大在亚太地区市场的影响。

为了大力推进中俄双边和地方经贸合作的跨越式发展，双方努力规避合作风险，国家和地方密切沟通协调，建立起国家和地方政府间常态化的沟通协调与合作机制，建立投资合作风险基金，周密规划合作项目，为了两国企业、公司合作搭建对接平台，引导相互投资合作方向，创造良好的合作条件。

从俄罗斯对中国的出口贸易结构来看，在未来几年内估计不会出现实质性的改变，俄罗斯国内资源禀赋和产业结构因素导致其在国际分工中定位选择的困境，因而其内生性限制了对外贸易结构的优化，能源、资源类初级产品依然会是其主要出口商品，并且可替代性较小。地缘政治和地缘经济使中俄两国原料类贸易更具有稳定性，其他能源类国家出于战略考虑，不会对此市场进行过度竞争，因而，中国是俄罗斯较为稳定的理想市场。中国正处于产业结构调整的阶段，业已形成的贸易结构高级化趋势将进一步深化。

中俄经贸合作的稳步快速发展需要"激发内因活力，借助外因推力"，尤其是应抓住外因带来的难得机遇，多谋划并实施长线大型战略性合作项目，扩大相互投资规模等，使中俄经贸合作的领域得以拓展、层次得以提升、规模得以扩大，由此中俄经贸合作将真正步入全方位"提质增量"合作的"非常态"新阶段，为巩固和深化中俄全面战略协作伙伴关系奠定坚实的物质基础。

第十一章　中俄东部毗邻地区经贸合作

　　俄罗斯远东联邦区和中国东北地区（以下简称"中俄东部毗邻地区"）在各自国家的经济发展中扮演着重要角色、发挥着重要作用。为了平衡国家区域间的发展，确保国家经济安全和边疆安全稳定，中国和俄罗斯先后提出了老工业基地振兴与东部地区经济开发国家政策，并着手实施相应的开发与振兴战略。这为中俄东部毗邻地区开展经济合作，共同发展和繁荣创造了良好的政策条件。

　　自20世纪90年代初以来，中俄东部毗邻地区间经济合作在曲折中不断向前发展。经济合作形式日益多样化，由最初单一的易货贸易，逐步发展到目前的边民互市贸易、边境小额贸易、一般贸易和投资合作等多种方式，形成了以边境小额贸易为主、一般贸易快速发展、其他贸易为补充和加工贸易正在兴起的格局。经济合作规模呈现出不断扩大的总体态势。经济合作领域由少到多，日益多样化，已经涵盖木材贸易、能源领域、矿产资源开采、科技合作、承包工程与劳务合作、旅游合作、园区建设合作和边境物流通道建设合作等诸多领域，并有继续扩展的潜力与可能。

　　在中俄全面战略协作伙伴关系的大背景下，中俄不断加大两国东部毗邻地区的开发力度，同时借助俄罗斯加入世界贸易组织、成立远东联邦区经济发展部、APEC峰会在符拉迪沃斯托克举行等重大利好事件，通过"双向点轴合作开发模式""网状经济合作模式"，中俄两国东部毗邻地区区域间经济合作面临新的机遇，双方的经济合作具有广阔的发展前景。

第一节 中俄东部毗邻地区的地位和作用

为了平衡国家区域间的发展，确保国家经济安全和边疆安全稳定，中国和俄罗斯先后分别提出了老工业基地振兴、东部地区经济开发政策，并着手实施相应的开发与振兴战略。

一、东北地区在我国的地位和作用

我国东北老工业基地在全国的经济发展中起着十分重要的作用，为国家的经济发展、改革开放和现代化建设做出了历史性的重大贡献。然而，改革开放以来，尤其是20世纪90年代以来，由于体制性和结构性矛盾日趋显现，东北老工业基地的企业设备老化、竞争力下降、就业矛盾突出、资源性城市主导产业衰退，经济发展遇到了前所未有的困难，与沿海地区的发展差距不断拉大。为了在全面建设小康社会过程中促进区域经济协调发展，党和国家在实施西部大开发战略以后，不失时机地开始实施振兴东北等老工业基地的战略。东北老工业基地具有许多基础性的有利条件。自然资源、人力资源有一定的优势，具有较为雄厚的产业技术基础，拥有较为便利发达的交通运输网络，具备振兴所需要的条件。

从发挥东北地区的优势出发，针对需要解决的严峻问题，国家提出：振兴东北老工业基地，必须进一步解放思想、深化改革、扩大开放，着力推进体制创新和机制创新，形成新的经济增长机制；按照走新型工业化道路的要求，坚持以市场为导向，推进产业结构优化升级，提高企业的整体素质和竞争力；坚持统筹兼顾，实现东北地区等老工业基地经济和社会全面、协调和可持续发展。

2002年11月，中共十六大报告明确指出，支持东北地区等老工业基地加快调整和改造，支持以资源开采为主的城市和地区发展接续产业。2003年9月10日，国务院常务会议研究实施东北地区等老工业基地振兴战略问题，提出了振兴东北地区等老工业基地的指导思想和原则、主要任务及政策措施。2003年10月，中共十六届三中全会通过《中共中央关于完善社会主义市场经济体制若干问题的决定》，进一步明确提出加强对区域发展的协调和指导的重要方面是振兴东北地区等老工业基地。此后不久，中央又下发了《中共中央关于实施东北地区等老工业基地振兴战略的若干意见》，就振兴东北地区等老工业基地做出系统部署、制定专门政策，决定成立国务院振兴东北地区等老工业基地领导小组。

国家发展和改革委员会和国务院振兴东北地区等老工业基地领导小组办公室于2007年8月正式发布《东北地区振兴规划》。《东北地区振兴规划》的发布标志着东北老工业基地振兴工作进入新阶段。规划范围包括辽宁省，吉林省，黑龙江省和内蒙古自治区呼伦贝尔市、兴安盟、通辽市、赤峰市和锡林郭勒盟（简称"蒙东地区"），土地面积145万平方千米，总人口1.2亿。规划确定了东北振兴的总体思路、主要目标和发展任务，明确提出：经过10~15年的努力发展，将东北地区建设成体制机制较为完善，产业结构比较合理，城乡、区域发展相对协调，资源型城市良性发展，社会和谐，综合经济发展水平较高的重要经济增长区域；形成具有国际竞争力的装备制造业基地，国家新型原材料和能源保障基地，国家重要商品粮和农牧业生产基地，国家重要的技术研发与创新基地，国家生态安全的重要保障区，实现东北地区的全面振兴。

2014年8月，国务院在《关于近期支持东北振兴若干重大政策举措的意见》中提出了全方位扩大开放合作的方针：要实施更加积极主动的开放战略，全面提升开放层次和水平，不断拓展发展领域和空间。

2016年4月，《中共中央　国务院关于全面振兴东北地区等老工业基地的若干意见》提出了全面振兴东北地区等老工业基地的发展目标。

2016年11月，国务院出台《关于深入推进实施新一轮东北振兴战略，加快推动东北地区经济企稳向好若干重要举措的意见》，指出：加快推动东北地区经济企稳向好，对于促进区域协调发展、维护全国经济社会大局稳定，意义十分重大。

结合已经实施、正在实施和可能实施的重要政策举措，全面振兴东北老工业基地，以下十个方面不容忽视：第一，调整产业结构，促进产业振兴；第二，调整所有制结构，大力发展民营经济；第三，调整国有经济结构，深化国有企业改革；第四，切实加强企业技术改造，这是振兴东北老工业基地的重要环节；第五，积极培育、扶持和发展接续产业；第六，促进东北老工业基地积极参与东北亚地区的经济技术合作，促使东北地区成为我国新的开放地带；第七，建立东北地区区域经济区合作框架和协调机制，推进区域经济一体化进程；第八，多渠道筹集振兴东北老工业基地所需要的资金；第九，积极搞好就业和社会保障体系建设，这是振兴东北老工业基地的重要保证；第十，完善振兴东北老工业基地的支持政策。[①]

二、远东地区在俄罗斯的地位和作用

对于俄罗斯，开发与开放东部地区是其重要的经济社会发展战略。不论是在苏联时期，还是在当今的俄罗斯，政府都高度重视东部地区的发展，因为这里集中了俄罗斯70%~80%的重要资源。因而，东部地区对俄罗斯来说，具有重要意义：一是自然资源丰富，是目前世界上"唯一尚未得到很好开发的自然资源宝库"，可以为俄罗斯经济提供资源保障和出口创汇。二是实现俄罗斯与亚太地区的经济一体化。凭借丰富的资源优势，俄罗斯东部地区不仅受到俄罗斯联邦政府的高度重视，也引起世界许多国家的关注，并得到投资，因此该地区成为俄罗斯与东北亚地区开展国际经济贸易合作的热点地区之一，是实现俄罗斯与亚太地区经济一体化的重要前沿。这对俄罗斯来说，具有重要的地缘经济意义。三是东部地区对俄罗斯具有重要的地缘政治意义，开发远东联邦区，有利于维护俄罗斯的领土、主权等国家安全。四是开发东部地区，有利于俄罗斯经济与社会的发展，缩小地区间的差距。

俄罗斯远东和贝加尔地区占其国土总面积的45.2%，但该地区经济所占的比重较低，社会发展也严重滞后。自20世纪90年代中期以来，俄罗斯十分重视其东部地区的开发，制定了一系列东部地区开发的联邦政策，努力发挥其地缘、资源、技术等方面的优势，实现与亚太地区的经济一体化。

叶利钦执政时期，俄罗斯政府出台了《俄罗斯联邦远东与外贝加尔地区1996—2005年经济社会发展专项纲要》，旨在推动该地区经济

---

① 邹东涛：《中国改革开放30年（1978—2008年）》，社会科学文献出版社，2008年，第23页。

与社会的发展，缩小俄罗斯东西部的发展差距。俄罗斯于1996年制定了《俄罗斯联邦远东和外贝加尔地区1996—2005年及2010年前社会经济发展专项纲要》。该纲要阐述了今后这一地区经济发展的总目标，即最大限度地降低阻碍本地区适应新经济形势各种因素的影响；充分利用现有的发展条件，为迅速摆脱危机和以后加速发展创造条件。2000年普京担任俄罗斯总统后，面对新的国际国内形势，十分重视俄罗斯远东联邦区的经济发展问题，加大了对东部地区的开发力度。2002年3月19日，俄罗斯政府发布了第169号命令，批准执行重新修订的《俄罗斯联邦远东和外贝加尔地区1996—2005年和2010年的经济社会发展专项纲要》。2007年3月27日，俄罗斯政府制定了《远东及外贝加尔地区2013年前经济社会发展联邦专项纲要》，计划投资220亿美元，加强远东联邦区的基础设施建设，支撑俄罗斯远东联邦区的GDP由2007年的800亿美元提高到1 400亿美元。俄罗斯国内对实施东部大开发普遍看好，认为已经进入从政策转为实施行动的新阶段。

梅德韦杰夫对俄罗斯东部地区的发展寄予厚望。2009年12月28日，俄罗斯政府批准了《2025年前远东和贝加尔地区经济社会发展战略》。

2012年普京再次执政后，俄罗斯更加重视东部地区的开发，强化其"东方政策"，成立了远东联邦区发展部，主导远东联邦区的开发工作。俄罗斯远东发展部将在国家层面对国家计划和与各联邦主体计划进行协调，并管理相关各联邦主体的财产和事务。该部的成立加强了俄罗斯总统及中央政府对远东联邦区的直接领导，以及对该地区资源开发的调配能力，为远东联邦区的发展创造良好机会。

2015年3月30日，《俄联邦经济社会超前发展区联邦法》正式生效，有效期为70年，到期后，可根据政府决议延长。超前发展区建立的目的在于按照俄罗斯联邦政府决议对企业经营等活动赋予特殊法律制度，营造良好的投资环境，以实现经济社会快速发展，创造宜居条件。

俄罗斯政府已确定14个经济社会超前发展区并提交普京总统批准，包括：滨海边疆区5个："纳杰日金斯克"发展区（运输物流、食品、建材），"俄罗斯岛"发展区（科研、创新、教育、旅游、休闲），"扎鲁比诺"发展区（工业物流及相关工业服务），"东方石化公司"发

展区（石化工业及相关服务），"米哈伊洛夫"发展区（农工产业）；哈
巴罗夫斯克边疆区3个："拉基特诺耶"发展区（农业、加工），"瓦尼
诺-苏维埃港"发展区（港口工业、物流），"阿穆尔共青城"发展区
（造船、航空制造）；阿穆尔州2个："叶卡捷琳诺斯拉夫卡"发展区
（农工产业），"别罗戈尔斯克"发展区（农工产业）；萨哈（雅库特）
共和国2个："玄武岩-新技术"发展区（玄武岩纤维、玄武岩混合材
料）和"北方世界"发展区（珠宝钻石生产）；犹太自治州1个："斯
米多维奇斯克"发展区（农工产业），堪察加边疆区1个："堪察加"
发展区（港口工业）。

　　2015年10月12日，《符拉迪沃斯托克自由港法》正式生效。该法
的特殊制度和优惠政策主要有：（1）简化签证制度。外国人可获得为
期8天的赴俄落地签证。（2）过境服务。实行"一个窗口"过境服务
和二十四小时口岸工作制。（3）自由关税区制度。区内企业可免税运
入、保存和使用外国商品，也可免税运出商品（设备）。（4）保险金率
政策。俄罗斯法律规定，开办企业必须交纳职工工资总额8%~22%的
养老、医疗和事业保险金。该法实行后的前3年，对缴纳10年保险费
的入区企业实行7.6%的优惠保险费率。（5）税收政策。免除入港区企
业前5年的利润税、财产税和土地税，10天内快速办理增值税退税。
（6）管理服务制度。缩短基建项目许可文件审批时间。规范对港区内
企业的检查，减少企业相应负担。管理公司有权维护港区内企业权
益，并为其提起诉讼。成立观察委员会作为自由港唯一管理机构[1]。

　　俄罗斯远东和西伯利亚地区最大的优势和吸引力，就是能源和原
材料资源。俄罗斯开发远东联邦区，不仅是能源和原材料的出口，更
重要的是吸引外资，通过发展深加工行业促进远东联邦区经济发展，
从而达到改善基础设施、增加就业机会、提高人民生活水平、减少人
口流失的目的。

　　通过远东发展部的建立和未来一系列远东联邦区发展计划的出
台，俄罗斯联邦政府能够更好地将政策贯彻到各联邦主体，改善远东
联邦区的投资环境，增强投资吸引力，通过加强与中、日、韩等东北
亚国家的务实合作，最终将远东联邦区打造成俄罗斯经济增长的新

[1]　Федеральный закон "О свободном порте Владивосток".https://rg.ru/
2015/07/15/fz212-dok.html。

动力。

🏵 三、中俄东部毗邻地区经济合作的地位和作用

中俄东部毗邻地区经济合作在加强两国地区和双边的经济往来、推动东北亚地区的经济一体化进程等方面发挥着重要作用：

第一，加强两国地区和双边的经济发展和往来。目前，中国经济发展呈现区域化趋势，国家相继推出"西部大开发""振兴东北""中部崛起"等大型发展战略，表明今后一定时期内，区域经济发展的整体性和协调性将是国家经济发展的主要特点之一。虽然中国东北和俄罗斯远东和西伯利亚地区在两国中属于相对落后的地区，但是彼此利用比较优势进行资源整合从成本收益角度来说是双赢的。相互依赖、相互依存的观点强烈地表现在中俄两国东部毗邻地区的经济合作中，并得到了中俄双方人士的普遍认同。东北东部铁路和哈大客运专线的建设将在能源、交通、物流及旅游等多方面使东北形成合力，极大地提升整个东北地区对俄经贸合作的能力。

中俄东部毗邻地区的经济合作是双边经济合作的重要组成部分和基础，并占据很大比例，对于扩大中俄经济合作发挥着重要作用。以黑龙江省对俄贸易为例，仅"十一五"期间，该省对俄贸易额累计实现440.6亿美元，年均增长23.3%，成为拉动全省对外贸易和经济增长的重要力量。

东北地区加快同俄罗斯东部毗邻地区的经济合作，不仅可以促进企业加快技术升级步伐、提高产品竞争力、实现与国际接轨，而且可以弥补东北地区经济外向度较低的短板，转变经济发展方式，进一步完善东北地区开放型经济格局。黑龙江省的"哈大齐工业走廊"、吉林省的"长吉图开放开发先导区"、辽宁省的"辽宁中部城市聚集经济区"和"五点一线沿海开放带"，已经为东北地区与俄罗斯开展合作奠定了坚实的产业经济基础。对俄沿边大开放作为中国对外开放战略布局中的重要组成部分，对于促进东北地区的务实合作，加快推动东北老工业基地振兴意义重大。国际金融危机爆发后，我国对俄经贸合作进入了战略性调整时期，也为东北地区对俄经贸合作提供了机遇。东北振兴和俄罗斯远东联邦区开发互动对接的全面展开，为东北地区进一步强化以地方经贸为主的"桥头堡""枢纽站"的功能和作用创造了

有利条件[①]。

第二，有利于维护两国东部毗邻地区的安全与稳定。通过开展互利共赢的经济合作，中俄两国东部毗邻地区的经济社会得到了稳步快速发展，振兴两国边境地区的社会经济，不断加深两国人民的传统友谊，促进边疆的共同繁荣和安全稳定，进而有利于巩固中俄全面战略协作伙伴关系。

第三，有利于推动东北亚地区的经济一体化进程。东北亚是世界三大区域经济一体化中心之一，作为欧亚大国的俄罗斯选择参与东北亚经济一体化进程是明智而现实的决定。俄罗斯远东和西伯利亚地区以其地缘优势、资源优势和市场容量优势成为俄罗斯参与东北亚经济一体化的最佳选项。中俄同为东北亚主要成员国，积极推进该地区经济一体化进程是双方的共同诉求，符合双方的国家利益。中俄东部毗邻地区自然成为两国经济合作的优先地带，引起各界的广泛重视。

第二节　远东地区与中国东北地区的经济合作

中俄东部毗邻地区的经济合作形式日益多样化，对俄边贸规模以及区域经贸合作不断扩大。

一、区域经济合作的形式

中俄东部毗邻地区的经济合作形式日益多样化。边境贸易是毗邻国家之间特有的一种贸易方式，是我国全方位开放的重要内容。1982年经中苏两国政府换文批准，恢复了同苏联的边境贸易，边境贸易往来逐步走上了稳步快速发展之路。中俄边境贸易发展历程大体上可分为起步、恢复、快速发展、稳步提高四个历史阶段，贸易结算方式由最初的记账贸易逐渐向易货贸易，易货和现钞贸易、现汇贸易，边境小额贸易方向转变。

[①]　沈悦：《东北三省同俄罗斯远东地区经济合作现状及发展前景研究》，《黑龙江对外经贸》2011年第9期。

二、区域经济合作的规模

（一）对俄边贸规模不断扩大

中俄区域经贸合作，是以边境贸易为先导的。自恢复边境贸易以来，这一领域的合作一直以较快的速度发展，是两国经贸合作的一个重要组成部分，起着"富民、兴边、强国、睦邻"的重要作用。两国边境地区之间经济互补性强，经中国国务院与当地省级政府批准设立的中俄边民互市区共有12个，交通基础设施逐步完善。这些有利条件为中俄东部毗邻地区区域间经济合作创造了良好的基础条件①。

（二）区域经贸合作规模不断扩大

2000年以来，中俄东部毗邻地区区域间经贸合作呈现出整体快速发展的趋势，规模不断扩大，涨幅都在几十个百分点，个别省级行政区有的年份增长幅度较大，如2006年吉林省对俄贸易额同比增长145%。在我国东北地区对俄贸易中，黑龙江省一直处于领先地位，内蒙古自治区排在第二位，辽宁省排在第三位，吉林省排在第四位。

总体来看，中俄东部毗邻地区区域间经济合作基础牢固，呈现出合作形式日益多样化、合作规模不断扩大的趋势。

（三）区域经济合作的具体领域

1. 林业合作

满洲里口岸、绥分河口岸和二连浩特口岸居我国进口俄罗斯木材的前三位。2005—2008年，黑龙江省累计从俄罗斯进口木材3 727万立方米。2009年，黑龙江省自俄罗斯进口原木价值6.5亿美元，纸浆1.2亿美元，锯材1亿美元。2010年，黑龙江省绥芬河市从俄罗斯进口原木395.4万立方米，同比减少6%，进口均价每立方米上涨10.5%，价值5.2亿美元，同比增长3.9%。2011年，绥芬河市自俄罗斯进口原木378.9万立方米，同比增加1.6%，占该市原木进口总量的88.5%。2013年黑龙江省自俄罗斯进口原木435.8万立方米，同比增加3.1%。2014年绥芬河口岸自俄罗斯进口原木为636万立方米，2015年为

---

① 陆南泉：《中俄区域经贸合作发展趋势分析》，《俄罗斯中亚东欧市场》2009年第9期。

202.14万立方米，2016年为406.64万立方米。2017年前9个月，绥芬河铁路口岸自俄罗斯进口木材497万吨，同比增长15%。

为了落实俄联邦有关限制原木出口、增加加工木材的出口量，俄罗斯各地区正在采取相应措施，促进林业资源的合理利用。例如，哈巴罗夫斯克边疆区政府2008年12月颁布了《哈巴罗夫斯克边疆区2009—2018年林业计划》。该计划的宗旨在于通过对哈巴罗夫斯克边疆区林业综合体现状进行分析的基础上，制定并论证该边疆区林业综合体的区域发展战略，以保障提高利润和全面合理地利用林业资源，保证森林采伐和木材加工工业的集约化发展、保护生态环境以及保证在俄罗斯联邦林业法典的框架内有效地管理森林资源[1]。

针对俄罗斯出口木材政策的调整，我国企业应"走出去"，在俄罗斯开办木材加工企业，或与俄罗斯企业合资开办木材加工厂。一方面解决我国进口俄罗斯木材的货源问题，继续保持稳步增长的态势；另一方面，可以解决俄罗斯森工企业的就业问题。

2008年之前，俄罗斯原木在我国进口木材总量中的份额平均保持在50%以上，中俄发展成为最重要的木材贸易合作伙伴。2009年上半年，在政策调整和经济趋缓等多种因素的影响下，我国进口俄罗斯木材总量明显减少。2010年3月，黑龙江省与阿穆尔州达成关于在木材领域加强合作的协议[2]。

俄罗斯提高原木出口关税之后，很多中国企业将有希望到俄罗斯投资建厂或者与俄罗斯的企业合作。但是，对于目前的中国木材商来说，把自己国内的工厂"搬"到俄罗斯去存在着许多困难和问题。一是目前国内大多数从事深加工业的木材商经营规模较小，抵抗风险的能力差，资金实力不足；二是相对别的行业而言，国内多数木材商受视野局限，国际投资与国际产业运营的能力较低；三是俄罗斯的劳动用工管制制度造成了有效劳动力供应不足；四是中俄两国的文化差异

---

[1] Хабаровский край опубликовал план лесной промышленности в период 2009-2018 гг. http://www.regions.ru/26/12/2008.

[2] Соглашение между Амурской областью и провинцией Хэйлунцзян о сотрудничестве в области деревообработки было достигнуто. http://www.regions.ru/news/location01794/2281368/.

与生活环境也是国内木材商的考虑要素①。

在中俄东部毗邻地区建立木材加工园区，形成我国木材加工的规模效应；政府有关方面应密切跟踪、认真研究俄政策导向，因势利导，趋利避害，从战略角度做出对与俄罗斯开展木材合作进行长远规划和具体安排。

从黑龙江省来看，截至"十一五"期末，黑龙江省在俄设立木材加工企业164个，总投资13.86亿美元。《中俄林业二期合作规划》中确定的犹太州下列宁斯科耶木材加工园区和阿玛扎尔林浆一体化项目建设等林业合作项目、图瓦铅锌多金属矿产开发等项目取得积极进展。

2. 能源合作

中俄能源合作不断升级，无疑为东北地区借助地缘优势开展对俄能源合作创造了宝贵的历史机遇。中国东北老工业基地对俄能源合作空间广阔，东北地区地方政府应发挥主导作用，化地区比较优势为绝对优势，在中俄能源合作中抢占先机。

（1）石油

远东和东西伯利亚地区石油和天然气资源蕴藏丰富，仅东西伯利亚南部就已发现40多个油田，石油探明可采储量7亿吨，天然气4万亿立方米②。

俄罗斯东部地区开发是俄罗斯未来长期的战略方针。2007年8月，俄罗斯联邦政府批准了《俄罗斯远东和外贝尔地区2013年前经济社会发展专项规划》，确定石油天然气开采业、石油天然气运输、石油加工和石油化工以及水电和核电等能源产业为优先发展产业，跨边境交通运输通道和石油天然气运输网络也相应地被列为优先发展领域。关于俄罗斯东部开发和中国东北振兴之间的互利合作，中俄两国也已达成共识。2009年6月17日，在莫斯科发表的《中俄元首莫斯科会晤联合声明》指出，协调中俄毗邻地区发展战略有助于加快两国地区经济发展速度。

我国东北地区是连接太平洋和欧亚大陆桥，同时也是中俄经贸交流连接中国南北地区的物流枢纽地带，北与俄罗斯远东联邦区接壤，

---

① 《中俄木材贸易状况：进口总量有所减》，http://news.dichan.sina.com.cn/2009/10/15/73401_all.html。
② 《俄罗斯远东等待开发》，《环球时报》2003年12月15日。

拥有优越的地理位置，且长期存在与俄罗斯的边贸往来。黑龙江省的"五大规划"以及"十大工程"战略部署、吉林省的"长吉图开放促进先导区"、辽宁省的"辽宁中部城市聚集经济区"和"五点一线沿海开放带"，更是为东北地区发展对俄能源合作奠定了坚实的产业经济基础。有关数据显示，东北三省电站成套设备占全国的1/3，原油加工量占全国的2/7，原油产量占全国的2/5，乙烯产量占全国的1/4[①]。

辽宁省是我国传统的重化工产业大省，更是东北三省的龙头，原油加工能力和加工量位列全国第一。根据辽宁省统计局2008年发布的数据，辽宁省石化产业主营业务收入占全国石化工业的6.2%，资产占5.6%，利税占3.0%，工业增加值占5.5%，主要产品中汽油、柴油、润滑油和燃料油的产量居全国第一位，占全国同类产品的比重均在16%以上。辽宁石化工业已拥有工业企业近3 000家，其中大中型企业100多家。据辽宁省发展和改革委员会介绍，目前辽宁省石油加工能力6 000万吨以上，而省内油田的供应只维持在1 200万吨左右，且呈逐年减少趋势。加快引进俄罗斯石油资源成为当前辽宁省发展石化工业的紧迫任务。

吉林省石油化学工业已形成以吉化集团、吉林石油集团为骨干，门类比较齐全、布局日趋合理的体系，是吉林省支柱产业之一。根据吉林省政府发布的数据，吉林省境内的吉林油田2005年初步探明油页岩资源175亿吨，居全国首位。吉林省原油一次加工能力已达800万吨/年，乙烯生产能力达53万吨/年。有机原料产品在全国具有优势。

黑龙江省也是国家重要的石油、煤炭等能源生产基地，2007年生产的原油、原煤和天然气分别占全国总量的22.3%、3.2%和3.7%。能源是黑龙江省四大主导产业之一，2008年黑龙江省能源产业完成工业产值3 115.6亿元，实现利润1 404.6亿元。黑龙江省作为我国对俄经贸合作第一大省，与远东联邦区始终保持着比较密切的经贸关系，尤其是与阿穆尔州、滨海边疆区、哈巴罗夫斯克边疆区和犹太自治州有着相对稳定的经贸合作。随着国际化进程的加快，黑龙江省与俄罗斯之间的贸易合作正逐渐加强，合作领域不断拓宽，两地的经济联系日益密切。

---

① 《东北地区政府宜抓住契机推动对俄能源合作》，http://www.cheminfo.gov.cn/24/06/2009。

　　依托与俄罗斯远东及西伯利亚地区毗邻这一地缘优势，黑龙江省全力推进境外能源原材料的投资合作，较好地贯彻和实施了中国关于"走出去"的方针。油气资源合作快速起步，区块开采、炼化与管道运输多渠道并举，开创了中俄两国区域油气资源合作的新局面。

　　在地区与国家间的经贸合作，尤其是作为国家重要战略物资的能源的合作中，地方政府扮演着重要角色，应从形成对俄能源合作的促进机制、拓展多种合作方式、完善基础设施和服务体系等方面统筹协调，化东北地区比较优势为绝对优势，推动中俄能源合作。

　　（2）电力

　　中俄电力合作发展较为迅速。1992年7月，俄罗斯布拉戈维申斯克至中国黑河的中俄第一条跨国输电线路"布黑线"建成投产，是当时中国国家电网唯一正在运行的500千伏跨国互联电网。1996年，中俄第二条输电线路从俄罗斯锡瓦基至中国大兴安岭十八站，即"锡十线"正式投运送。2005年7月，中俄拉开了大规模电力合作的序幕。2006年达到高峰后开始下滑。

　　2010年，俄罗斯东方电力股份公司将强化实施对我国的电力输出，第一阶段计划的具体实施步骤是在阿穆尔州建设500千瓦的输电线路和在哈巴罗夫斯克建设400~500兆瓦的蒸汽发电机组。这些项目建成后，对中国的电力输出将扩大到每年40亿~50亿千瓦时。目前，最重要的任务是为第二阶段向中国输出180亿千瓦时电力签署合同做好准备[1]。

　　2012年4月28日，为进一步发挥中俄500千伏直流"背靠背"联网工程在中俄能源战略合作中的主导地位，国家电网公司与俄罗斯东方能源公司签署了为期25年的"中俄长期购售电合同"，远东地区向中国东北地区年输送清洁电力达到40亿千瓦时。同年6月，国家电网公司先后与俄罗斯统一电力国际公司签署了《关于扩大电力合作的谅解备忘录》，与俄罗斯燃料公司签署了《合资成立国际绿色能源公司框架协议》，初步规划建设总装机容量约300万千瓦的生物质电厂和年产50万吨生物质饼块或颗粒加工厂，改造俄罗斯生物质供暖锅炉1 000台。同年12月5日，国家电网公司与俄罗斯东方能源公司签署了《2013年

---

[1]　《俄中电力能源合作没有大分歧》，http://www.nengyuan.net/201003/27-563251.html。

供电量和电价的补充协议》，进一步加大中俄能源合作的力度，计划2013年从俄罗斯进口电力33.5亿千瓦时，较2012年增长28.35%。2013年，实际从俄购买电力29.54亿千瓦时。截至2014年年底，国网黑龙江省电力有限公司通过110千伏布黑线（布拉戈维申斯克变—110千伏黑河变）、220千伏布爱甲乙线（布拉戈维申斯克变—220千伏爱辉变）和500千伏阿黑线（500千伏阿穆尔变—500千伏黑河换流站）累计进口结算俄电电量33.75亿千瓦时[1]，2015年为32.99亿千瓦时，2016年前3季度为24.15亿千瓦时。

自1992年开展中俄电力合作以来，到2016年年底国网黑龙江电力有限公司已累计进口俄电突破200亿千瓦时，达到210.03亿千瓦时，相当于节约境内煤耗714.24万吨。

3. 矿产资源开采

有关专家认为，到20世纪中叶，中国45种主要矿产资源（除煤炭以外）将全面短缺。

俄罗斯金属矿藏丰富，拥有大量的金、银、锌、铅、锡等矿产。远东地区和西伯利亚地区蕴藏全俄80%以上的矿物资源，矿产储量潜在价值约25万亿美元。马加丹州是世界上最大的黄金产地之一，而萨哈共和国的金刚石则闻名全球。铁矿石储藏主要集中在东西伯利亚，储量超过40亿吨，有色金属矿藏也相当可观。外贝加尔地区的钨、铜、锡的储藏量也很多。此外，远东联邦区的铁矿资源也非常丰富，矿石含铁量很高，例如皮奥涅尔斯克和西瓦格林斯克铁矿的储量达14亿吨之多，含铁量都在40%以上[2]。与此同时，俄罗斯远东联邦区矿业企业工艺技术、设备落后、人才短缺、资金和劳动力不足等问题。中方可以弥补俄方的上述制约因素。因而，中俄之间形成了矿产品的供需市场格局，双方的矿业合作潜力巨大。

到2013年年底，黑龙江省累计在俄罗斯东部地区设立矿产资源投资企业24个，投资总额8.5亿美元。目前，已经开工投产的矿产资源开发项目4个。

---

① 《黑龙江电力2014累计进口俄电超33亿千瓦时》，http://www.ChinaIRN.com2014/03/30。

① 《中俄再谈矿产联合勘探开发重点为外贝加尔山区》，http://www.cdjhx.com/.html。

辽宁西洋集团从赤塔鲁能集团获得俄赤塔州别列佐夫铁矿90%以上的股权。别列佐夫铁矿储量4.47亿吨，矿石含铁量42%~46%，并富含铅锌[1]。该铁矿矿区面积为220平方千米，目前只勘探了12平方千米，70%以上的矿石可以露天开采。探明储量7.47亿吨，远景储量超10亿吨，品位最高达到65%，平均在40%~55%，开采条件良好[2]。

4. 科技合作

哈工大中俄中心被科技部和国家外国专家局授予国家级国际合作联合研究中心，连续5年得到300万~500万元的国家经费支持；哈尔滨化工研究院通过与俄罗斯科学院合作研发高效环保新型漂白剂——过氧化硼酸钾，现已投放生产，并累计销售产品350余吨，与多家应用厂家签订购货合同1 000吨；在国家科技部对俄合作项目的支持下，哈工大奥瑞德光电技术有限公司通过与俄罗斯合作，开展了直径大于300毫米大尺寸蓝宝石晶体的生长技术研究，并于2008年7月成功制造出直径为325毫米、重量达68.68千克的高质量蓝宝石晶体。该工艺达到世界领先水平，打破了国外的垄断，替代进口，为大尺寸蓝宝石晶体在我国航空航天、半导体产业的广泛应用奠定了坚实的基础[3]。

黑龙江省与俄罗斯有关方面在哈尔滨签订的俄罗斯特洛伊斯克燃煤电站动力岛项目设计和设备供货合同，合同金额达194亿卢布。该项目为俄罗斯新一轮电站建设的标志性项目，也是我国对俄出口成套机电产品中合同标的额最大、技术含量最高的项目。私企和国企优势互补，以全新的方式联合开拓俄罗斯市场，为黑龙江省参加俄罗斯新一轮电站项目建设，扩大对俄工程承包和劳务合作的规模，调整出口产品结构起到了良好的示范作用[4]。

以项目为重点，充分发挥莫斯科中俄友谊科技园、哈尔滨国际科

① 《中国矿企投资俄罗斯商业模式》，http://www.chinaruslaw.com/CN/CnRuTrade/Energy/2009715.htm。
② 《西洋俄罗斯铁矿项目集团中国辽宁民企在俄10亿吨》，http://www.tsubaki-sh.com/news/150357882-1.html。
③ 《黑龙江省成对俄科技合作桥头堡实现效益近35亿元》，《黑龙江日报》2008年9月2日。
④ 马云霄：《平等互利原则下实现双赢 黑龙江对俄科技合作亮点频现》，《黑龙江日报》2005年06月13日。

技城和哈工大八达集团国家中俄科技合作及产业化中心、黑龙江省科学院对俄工业技术合作中心、黑龙江省农科院对俄农业技术中心、黑龙江大学中俄科技合作信息中心、哈尔滨焊接研究所中国-乌克兰技术合作中心等黑龙江省对俄科技合作平台的作用，开展多领域的对俄科技合作。大力加强与俄罗斯在关键、核心技术以及航空航天等高新技术领域的合作。积极引进黑龙江省急需的科技成果和科技人才。到目前为止，黑龙江省已构建起"一城、两园、十三个中心"的对俄科技合作框架，进行信息跟踪、技术引进、中介、孵化和产业化，本着"超前介入、全程跟踪、务求实效"的原则，加强技术创新方式、方法的引进、吸收与利用，开展全方位、多层次、多渠道的对俄科技合作。黑龙江省重点加强了重要装备、工艺及技术的引进与开发，并建立了国内最大的对俄科技合作人才库，成立了对俄科技合作专家咨询委员会，在能源、新材料、环保、现代农业、生物医药等众多领域取得了一批重大科技成果，为老工业基地的振兴提供了有力的技术支撑。

　　黑龙江省被国家科技部誉为"全国对俄科技合作的桥头堡、蓄水池和辐射源"。长春中俄科技园经国家科技部批准，授予国家科技部首批"国家级国际联合研究中心"。吉林省以长春中俄科技园为平台与俄罗斯等独联体国家开展科技合作。已经吸引12户企业入驻园区，2007年已实现产值近1.6亿元。该园组织实施了国家和省市各类科技合作项目23项，争取各类专项资金支持近3亿元。积极推动中国与俄罗斯及独联体国家的科技合作，不仅促成了一批政府间的科技合作项目，组建了联合实验室（工程中心），还孵化出一批高新技术企业及产品。中俄光纤激光器、大气物质和其他混合物在中俄部分地域的跨国界迁移的研究、湿地候鸟在中俄边境迁移对禽流感传播的风险评估等项目，已列入政府间科技合作项目。2007年，科技部将长春中俄科技园纳入国家创新基地序列，批准创建长春国际科技合作与创新园。同年，科技部支持长春中俄科技园5个对俄合作专项，支持经费达3 200万元[①]。黑河市农委、省农科院黑河分院与俄方相关单位合作，在俄建立了良种繁育基地，引进选育适合在俄种植的优良品种。2009年共繁育大豆品种五个，其中中方品种四个、俄方品种一个；建良种提纯田100亩、

① 《北国长春花满园 长春中俄科技园国际合作纪实》，《科技日报》2008年10月8日。

良种繁育田4 400亩；制定了番茄、甘蓝、马铃薯及畜禽养殖等生产质量技术标准，创建了境外农产品品牌，对俄农业开发的科技含量不断提高[①]。

为了不断拓宽中俄科技合作渠道、提升合作水平、加速人才培养，长春中俄科技园积极推动并组建了不同领域的联合实验室或工程技术中心，集成俄罗斯等外方的高新技术成果，通过技术转移、成果转化和规模产业化，开展一批具有战略前瞻性、基础和应用方面的研究与探索。

从2001年开始，辽宁省在沈阳市举办了俄罗斯高新技术展和引进俄罗斯专家项目洽谈会暨高新技术成果展。通过这个平台为我省和俄罗斯在科技交流、引进技术等方面进行合作起到了积极的作用，取得了非常好的效果，进一步推进与俄罗斯在科技领域、技术创新方面的合作。

《中俄地区合作规划纲要》拟订了发展中俄科技合作园区的计划：哈尔滨、牡丹江中俄信息产业园（"一园三区"）、长春中俄科技合作园、辽宁中俄科技园、大连中俄高新技术转化基地、符拉迪沃斯托克中俄信息园区（"一园三区"）、帕尔吉然斯克中俄技术创新实验平台、阿穆尔州中俄农业技术转化中心。

5. 园区建设合作

2007年7月18日，中国第一个中俄边境工业园区——珲春俄罗斯工业园区在吉林省珲春市奠基。此次俄罗斯工业园的建立，其跨境经济合作模式在内地尚属首次。珲春俄罗斯工业园主要面向因俄罗斯高额税收而在域外加工俄罗斯原料并将其成品返内销的企业。这意味着将会有大量俄罗斯独资或中俄合资企业进驻工业园[②]。

珲春俄罗斯工业园位于珲春边境贸易区内，规划占地2平方千米，其中1平方千米在出口加工区内建设。园区内实行"境内关外"的管理模式，包括检验、检疫、报关、核销等一系列手续皆在园区内办理。经备案的内、外资企业均可自主进行料件的进口、出口，从境

---

① 钟建平：《黑龙江省与俄罗斯远东地区的农业科技合作》，《西伯利亚研究》2010年第4期。

② 《中国第一个中俄边境工业园区在吉林省珲春市奠基》，《文汇报》2007年7月19日。

外进入园区的建材、机械设备、零部件及合理的办公用品免税，园区内企业的产品出口或销售给区内企业不收增值税。此外，还有面向区内企业的一系列优惠政策。

当前制约中俄珲春-哈桑区域投资、贸易、旅游及过境运输便利化的主要因素是外贸运输通而不畅；物流量小，过境综合成本高。

珲春与俄罗斯扎鲁比诺港合作开放项目目前基本达成意向，在经过中、俄、韩三国努力后，货物将由吉林省珲春市出发经由铁路至俄罗斯扎鲁比诺港，再由扎鲁比诺港至韩国釜山港并转运到世界各国，不论时间还是费用都会有较大的缩减，届时，东北亚地区海运物流也将出现崭新的格局。

为落实国家"走出去"倡议，加大与俄罗斯的经贸合作力度，黑龙江省从2003年开始探索在俄罗斯辟建境外园区。经过10多年的建设和发展，作为中俄两国项目合作的重要平台和载体，黑龙江省在俄罗斯建立的16个境外园区已成为该省对外开放的重要标志。目前在俄罗斯境内推动建设的16个园区主要分为综合、林业、农业三大类，其中国家级园区1个，总规划面积3 526万平方米，规划总投资41.8亿美元，入区企业达到68家，累计完成投资11.39亿美元。

黑龙江省牡丹江市从2003年开始探索在俄罗斯辟建境外园区，相继在俄罗斯远东联邦区的乌苏里斯克市、十月区、米哈伊洛夫卡区辟建了乌苏里斯克经济贸易合作区、华宇经济贸易合作区、绥芬河远东工业园区3个境外园区。目前，园区按照全面规划、合理布局、分期建设、滚动发展的原则稳步推进[①]。

乌苏里斯克经济贸易合作区是2006年经国家商务部批准建设的首批八家境外经贸合作区之一。合作区规划占地面积228万平方米，建筑面积116万平方米，总投资20亿元人民币。区内划分有生产加工区、商务区、物流仓储区和生产服务区。重点发展轻工，机电（家电、电子），木业等产业。2012年实现销售收入2.8亿美元，为俄方缴纳税金2 500万美元，为东宁市纳税7 659万元，拉动国内就业1 500人，实现出口贸易额2.67亿美元。园区产业已由单一的制鞋、服装生产，向以服装鞋帽加工、展销为主，包装纸箱等配套产业为辅，物流、通

① 《牡丹江加快境外园区建设为企业"走出去"打下坚实基础》，http://www.stats.gov.cn/tjfx/20090522_.htm。

关等综合服务齐全的产业集群方向转变。

华宇经济贸易合作区位于俄滨海边疆区波克罗夫卡（十月区），规划占地120公顷，计划总投资27.8亿元人民币，计划入区企业58家。由波克罗夫卡、扎伊姆、格连基加工区、华森伊瓦农场区和符拉迪沃斯克分区5个区组成。波克罗夫卡加工区是将进口中国的半成品制造成品，格连基加工区是将资源型的原木等制成锯材半成品，扎伊姆加工区则是将板材进行精深加工，制造家具和实木复合地板。目前，五个片区均已初具规模；完成征地120万平方米，竣工建筑面积11.27万平方米，累计完成投资11亿元；已入驻企业19户。

绥芬河市远东工业园区位于滨海边疆区米哈依洛夫卡区，2004年6月由国家发改委与俄罗斯经济贸易部共同组织中俄投资促进合作项目批准建立，园区占地面积145公顷，总投资7亿人民币，2007年开工，到2012年全部完成。目前已投资8 000万元，由广东水电二局承担建设。该园区由轻工产品加工区、机电电子产品加工区、木材加工区组成。地理位置优越，是滨海边疆区符拉迪沃斯托克通往哈巴罗夫斯克及莫斯科等地的公路、铁路必经之地，距滨海边疆区最大商品集散地和交通枢纽的乌苏里斯克市15千米。市场定位在以出口轻工产品、家电及农副产品，以进口俄罗斯木材为主。市场的营销方式为以产权发售与租赁为主。

中俄（滨海边疆区）现代农业经济合作区拥有耕地规模102万亩，已发展成为中国在俄罗斯进行农业开发规模最大、最具影响力的现代农业经济合作区。合作区种植的大豆、玉米、小麦单产连续五年排位俄罗斯滨海边疆区第一名，连续四年被评为俄罗斯滨海边疆区最佳农业企业。目前，该园区包有多家企业入驻，已发展成集种植、养殖、加工于一体的中俄最大农业合作项目。

中俄-达利涅列琴斯克木材加工经贸工业园区位于滨海边疆区达利涅列琴斯克市。园区内将入区2家俄罗斯具有采伐经验的企业，组成中俄采伐联合体，充分发挥中俄优势，形成产业互补，将俄产木材本土消化，同步运回中国并销往其他国家。另外，进行对俄经贸物流园建设，2012年在乌苏里斯克与格城中间建成对俄商品交易批发中心。

目前，在俄建设园区面临的主要问题：[①]一是园区建设企业在基础设施建设上资金投入较大，而国内资金扶持和配套资金尚未到位，导致资金紧张，加之受金融危机影响，资金链愈加不畅，资金短缺问题成为制约境外园区发展的瓶颈。二是俄罗斯在法律法规、投资环境等方面还存在不足。俄罗斯现有的法律法规对合作区和园区没有明确的优惠政策。俄罗斯联邦政府除对规划和建设中的经济特区有明确的优惠政策外，对合作区和园区还没有明确的政策，地方政府也只能在规定的用地范围内，给予低标准执行；另外，对入区企业的税收政策也与俄国内企业相同，没有特殊的税收政策。当地政府对合作区和园区提供的服务措施，没有以文件的形式给予明确。三是存在国内劳务人员出境办理合法务工手续难的问题。俄罗斯新移民政策执行后，国内劳务输出难度增大，持旅游和商务护照不允许在俄打工，并且俄联邦政府分配给远东联邦区的劳务大卡数额减少，办事时间长影响了企业正常生产计划和合作区建设计划的落实。争取劳务指标的工作也成为合作区入区企业和招商企业落户的瓶颈。四是存在通关难、项目批建手续烦琐复杂效率低下、卢布大幅度贬值等，也在一定程度上影响境外园区的建设和发展。

今后应加大招商引企力度，做大境外园区规模。加大对境外园区支持力度，形成加快发展合力。提高境外园区管理水平，营造良好投资发展环境。加大金融支持力度。发挥境外园区的载体、平台作用，加快"走出去"步伐。提升境外承包工程和劳务合作层次，形成规模化发展。

2009年4月21日，国务院正式批准设立黑龙江绥芬河综合保税区，2010年8月31日通过国家验收，2010年12月22日正式封关运营。这是我国第六个综合保税区，是中俄边境地区唯一的综合保税区。绥芬河综合保税区是国家开放战略中一个重要的支撑点，在对外开放中具有举足轻重的地位。绥芬河综合保税区将为国家对外开放，促进中俄两大战略对接，开辟俄罗斯市场，搞活东北和黑龙江经济做出应有的贡献。

作为全国目前政策最优惠、功能最齐全、开放程度最高的海关特

---

① 《牡丹江加快境外园区建设为企业"走出去"打下坚实基础》，http://www.stats.gov.cn/tjfx/20090522_.htm。

殊监管区，到2012年，绥芬河综合保税区已发展成为配套设施完备，集装箱增值服务和口岸物流产业发达，国际中转、采购配送和转口贸易功能突出，服务东北地区经济发展贡献显著，中俄边境最大的外向型产业集聚区。

2013年，绥芬河综合保税区新入区企业70家，累计达到272家，实现贸易额7亿多美元，建成了保税区国际商品展示中心并开始营业。

6. 边境物流通道建设合作

中俄地区合作规划纲要规划了开辟中俄国际铁路联运通道、借江出海、开设跨境公路线路、加快边境区域航空运输网络建设等14个中俄地区运输合作项目。

在黑龙江省已经启动的重要项目有：一是"同—下黑龙江大桥"项目。2008年年底，中俄两国政府就建设同江—下列宁斯科耶的黑龙江大桥签订了协议，这是加快两国经济一体化，和亚太地区各国经济一体化进程的实际举措。这座跨国大桥将使俄罗斯的西伯利亚大铁路与中国铁路接轨，开辟一条交通运输通道。二是租建纳霍德卡港物流码头。牡丹江与韩国釜山港湾会社、俄罗斯远东运输公司共同出资一亿元注册公司租建纳霍德卡港物流码头，正在形成面向东北亚、连接欧美、通达世界的跨国物流体系[①]。

2009年3月，吉林省与俄滨海边疆区签署了《关于推进图们江运输走廊建设的会议纪要》，双方企业通过股权合作，开发利用扎鲁比诺港达成协议。吉林省正在与中俄有关方面和企业通力合作，就恢复珲春—马哈林诺铁路国际联运进行运作。

2014年2月26日，中俄同江铁路大桥开工建设。同江铁路大桥是黑龙江省与俄罗斯2 981千米边境线上的第一座界河桥。中俄同江铁路界河桥位于黑龙江省同江市与俄罗斯犹太自治州下列宁斯科耶之间，将连通向阳川—哈鱼岛铁路与俄罗斯西伯利亚铁路列宁斯科耶支线。

2016年12月24日，黑河—布拉戈维申斯克黑龙江（阿穆尔河）公路大桥在黑龙江上举行开工仪式，标志着横跨中俄两国界河的首座现代化公路大桥进入正式建设阶段。大桥建成后，将极大促进黑龙江两岸经济社会发展，加快俄罗斯远东地区开发和中国东北老工业基地

---

① 朱乃振：《全力打造中俄沿边开放先导区》，《西伯利亚研究》2009年第4期。

振兴两大战略的实施，有利于中国东北地区同俄罗斯远东地区全方位交流合作。预计到2020年，两岸间客货运输量将分别达到148万人次和309万吨，比目前分别增长2倍和10倍。

三、中俄东部毗邻地区区域经济合作模式

（一）"点轴合作开发模式"

1. 点轴开发模式的理论基础

点轴开发模式的理论（点轴理论）最早由波兰经济家萨伦巴和马利士提出。点轴理论是增长极理论的延伸，从区域经济发展的过程看，经济中心总是首先集中在少数条件较好的区位，成斑点状分布。这种经济中心既可称为区域增长极，也是点轴开发模式的点。随着经济的发展，经济中心逐渐增加，点与点之间，由于生产要素交换需要交通线路以及动力供应线、水源供应线等，相互连接起来这就是轴线。这种轴线首先是为区域增长极服务的，但轴线一经形成，对人口、产业也具有吸引力，吸引人口、产业向轴线两侧集聚，并产生新的增长点。点轴贯通，就形成点轴系统。因此，点轴开发可以理解为从发达区域大大小小的经济中心（点）沿交通线路向不发达区域纵深地发展推移。

点轴理论是从增长极模式发展起来的一种区域开发模式。法国经济学家佩鲁把产业部门集中而优先增长的先发地区称为增长极。在一个广大的地域内，增长极只能是区域内各种条件优越，具有区位优势的少数地点。一个增长极一经形成，它就要吸纳周围的生产要素，使本身日益壮大，并使周围的区域成为极化区域。当这种极化作用达到一定程度，并且增长极已扩张到足够强大时，会产生向周围地区的扩散作用，将生产要素扩散到周围的区域，从而带动周围区域的增长。增长极的形成关键取决于推动型产业的形成。推动型产业一般现在又称为主导产业，是一个区域内起方向性、支配性作用的产业。一旦地区的主导产业形成，源于产业之间的自然联系，必然会形成在主导产业周围的前向联系产业，后向联系产业和旁侧联系产业，从而形成乘数效应。

点轴理论是增长极模式的扩展。由于增长极数量的增多，增长极

之间也出现了相互联结的交通线，这样，两个增长极及其中间的交通线就具有了样高于增长极的功能，理论上称为发展轴。发展轴应当具有增长极的所有特点，而且比增长极的作用范围更大。

点轴理论是在经济发展过程中采取空间线性推进方式，它是增长极理论聚点突破与梯度转移理论线性推进的完美结合。

2. 形成和实施"点轴合作开发模式"

在中俄东部毗邻地区区域间经济合作区，应着力实施点轴合作开发模式，以中俄东部沿边对应的口岸城市形成的线状基础设施为轴线，重点发展轴线地带的若干个点，即口岸城市。在中俄东部沿边地带形成"双点轴合作开发"格局，并加以实施。

随着开发活动的逐步推进和经济发展水平的提高，经济开发会由高等级点轴向低等级点轴延伸，通过政策引导促使产业实现梯度转移，产生辐射和拉动效应，使区域经济进入新的发展阶段，继续保持较快增长，实现区域的共同协调发展。

（二）"网状经济合作模式"

1. 网状经济合作模式的内涵

随着中俄东部毗邻地区经济合作的不断发展，迫切需要"打破多年来中俄区域经济合作一直以货物贸易为主的局限，促进双方的合作向技术贸易和产业合作的更高层次的发展，从而带来生产资源的有效配置和生产效率的提高"[1]。全方位、多层次、宽领域的网状经济合作模式是极具潜力的一种选择。所谓网状经济合作模式，主要是指中国东北与俄罗斯东部地区在继续扩大货物贸易的基础上，积极开展木材、能源、机电、农副产品加工等生产领域的纵向合作。同时，通过开展金融、技术、交通、物流、劳务和文化等活动，横向地各生产领域联系起来。纵向与横向合作纵横交错，形成覆盖两个地区各个行业的网络，从而使生产要素加快流动，达到资源的最佳优化配置，最终实现双方利益的最大化[2]。

---

[1] 郭力：《中俄区域合作的"伞"型模式》，《俄罗斯中亚东欧研究》2007年第3期。

[2] 曹英伟、张淑华：《中国东北与俄罗斯远东西伯利亚地区网型合作模式可行性分析》，《辽宁大学学报》（社会科学版）2010年第4期。

2.网状经济合作模式的可行性和必要性

中俄东部毗邻地区振兴战略与开发政策的实施为区域网状经济合作模式的构建提供了难得的机遇和政策保障。双方的经济互补性为其奠定了良好的基础，巨大的经济技术合作潜力为其提供了经济支撑。因而，该模式具有现实可行性。

在网状经济合作模式下，双方的资金往来、国际结算、交通运输将十分便捷，有利于双方货物贸易的顺利进行。该模式能够促进双方的经济合作向更深层次发展，推进双方的经济向规模化、集团化方向发展，从而提高企业的竞争力和抗风险能力。

❖ 四、有利因素

（一）优越的客观地缘优势

中俄共同边界4 300余千米，其中两国东段边界达3 038千米，在如此漫长的边境地区有公路、铁路相通、水路相连，构成了便利的交通运输条件。众多的对接口岸将沿边地区的城镇联结起来，形成了以边界为轴心的合作格局。优越的地缘条件，使得两国的居民自古以来就有着良好的交往历史。优越的客观地缘优势为中俄两国东部毗邻地区开展区域经济合作创造了便利条件。

（二）不断深化的中俄双边关系

中俄双方将发展双边关系作为本国外交主要优先方向之一，双方密切的高层交往和政府及各部门交流合作机制发挥着重要作用，不断加大相互支持、加深全面合作、加固中俄世代友好、加强在国际和地区事务中的战略协作，更好地促进两国共同发展重心，维护地区世界和平安全稳定。中俄双方商定将根据各自国内发展和世界经济形势新特点，发挥两国经济互补性强的优势，改善经贸合作结构，提高经贸合作质量。将保持中俄关系发展延续性，从战略全局和长远角度审视和处理两国关系，推动中俄全面战略合作伙伴关系不断迈上新台阶。不断深化的中俄双边关系为中俄两国双边和毗邻地区之间开展区域经济合作营造了和谐的政治氛围，奠定了坚实的基础。

（三）两国和毗邻地区经济的快速发展

国际贸易的发展建立在国内生产以及经济发展的基础之上，同时对国内经济产生反向推动作用，黑龙江省与俄罗斯贸易规模的不断扩大，既是双方经济发展的必然结果，也是双方发展外向型经济的需要。

普京执政后，俄罗斯改变了经济长期处于负增长的局面，经济增长不仅增强了居民的消费能力，市场需求的增加促使企业增加投资扩大生产规模，在供给与需求的共同推动下，黑龙江省与俄罗斯贸易额不断增加。

由此可见，黑龙江省与俄罗斯经济稳定增长是影响双方贸易规模的主要因素，尤其是俄罗斯国内需求对双方贸易规模产生着重要影响。

（四）两国政府对东部毗邻地区给予的倾斜发展政策

中国振兴东北老工业基地战略的实施，不仅明确了黑龙江省与俄罗斯开展经贸合作的目标，同时还提供了强有力的政策保障。俄罗斯正在将经济开发的重点向东部倾斜，加大了对东部地区的开发力度，制定了东部大开发战略，积极落实超前经济社会发展区和推进符拉迪沃斯托克自由港建设。中俄在"一带一路"倡议框架下的合作，双方在战略和政策上的耦合性，为双方开展合作创造了良好条件，双方经贸联系将更加紧密。

俄罗斯一方面看到了中国改革开放产生的巨大经济效应，同时也看到了中国东北经济高速发展带来的机遇，这一契机促使俄罗斯利用东北振兴战略，加大与黑龙江省合作的决心和力度。另一方面，俄罗斯经济的高速增长，经济环境的不断改善，陆续出台的扩大与亚太国家与地区，特别是与中国经贸合作的举措，使我国对俄边疆地区看到了发展对俄贸易趋好的合作环境，双方在制定贸易合作的策略上达成了共识。

（五）俄罗斯加入WTO带来的机遇

2012年8月22日，俄罗斯正式加入WTO。作为全球第九大经济体，俄罗斯"入世"将为全球贸易带来新的增长动力，而作为俄罗斯最大贸易伙伴，中国对俄经贸合作也将面临新的机遇。俄将遵从各项

WTO 规则，其投资和贸易活动将更加开放，低效的进口替代战略和产业补贴制度也将改善。将降低关税，从2012年的9.5%逐年递减，2013年降至7.4%，2014年降至6.9%，2015年降至6.0%。在 WTO 框架下，中俄两国的经贸合作将更加顺畅，合作机遇更多。

（六）要素禀赋互补

广义的要素禀赋说，是指除生产要素供给比例说之外，还包括要素价格均等化的原理。狭义的要素禀赋说，是指生产要素供给比例说，它通过对相互依存的价格体系的分析，用不同国家的生产诸要素的丰缺，解释国际分工和国际贸易产生的原因和一国进出口商品结构的特点。中俄两国在劳动力、资金、技术、自然资源等要素禀赋方面存在较大差异，为双方开展经贸合作创造了客观条件。

（七）使用本币结算

2011年6月23日，中国人民银行与俄罗斯联邦中央银行签订双边本币结算协定，将双边本币结算从边境贸易扩大到一般贸易，扩大了地域范围，标志人民币跨境贸易结算试点及人民币国际化又向前迈进一步。协定规定，中俄两国经济活动主体可自行决定用自由兑换货币、人民币和卢布进行商品和服务的结算与支付。加深中俄两国的金融合作，促进双边贸易和投资增长，有利于两国贸易投资便利化以及双边经贸合作。这一措施为中俄双边和区域间经济合作创造了便利条件，并且规避了使用美元结算的汇率波动带来的风险。

2012年3月29日，金砖五国的国家开发银行之间签署了两项协议，《金砖国家银行合作机制多边本币授信总协议》和《多边信用证保兑服务协议》，目的在于稳步推进金砖国家间本币结算与贷款业务，为金砖国家间开展贸易和投资便利化提供货币结算和金融服务。这是金砖国家合作的又一大重大进展。根据协议，中国国家开发银行、巴西开发银行、俄罗斯开发与对外经济活动银行、印度进出口银行、南非南部非洲开发银行等五家成员行，将稳步扩大本币结算和贷款业务规模，服务于金砖国家间贸易和投资便利化。

2016年，中国外汇交易中心人民币对卢布全年即期交易量达117.7亿元人民币，当时已经有18家金融机构参与人民币对卢布即期交易。截至2017年5月底，银行间外汇市场共达成37笔人民币对卢布远期等衍生交易，累计成交金额1.52亿元人民币。

（八）乌克兰危机后俄罗斯实施"向东看"战略

乌克兰危机后，因俄罗斯接纳克里米亚和塞瓦斯托波尔市，西方对进行多轮严厉的制裁，俄罗斯亦予以反制裁。在这种情况下，俄罗斯寻求其他路径开展国际合作，实施"向东看"战略，加强与亚太地区国家开展经贸合作，尤其是与中国的石油、天然气等战略性大项目接连落实，中俄经贸合作各个领域合作规模将不断扩大，层次将日益提高。

第十二章　中俄经贸合作的制约因素及发展对策

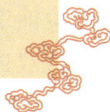

中俄经贸合作具有地缘、要素禀赋互补、市场规模较大等优势，取得了较为显著的成绩，同时存在着诸多制约因素，对此需要提出相应对策。在尽可能消除不利因素的情况下，双边经贸合作前景值得期待。

第一节　中俄经贸合作的制约因素

中俄经贸合作存在着诸如贸易商品结构低度化、贸易信息服务体系不健全、相关政策的后续影响、国际竞争日益激烈、思想认识和社会心理因素的影响以及视野的局限等制约因素，对双边经贸合作的稳步发展产生着一定的消极影响。

一、贸易商品结构低度化

目前，中俄贸易商品结构仍然不尽合理。中国对俄罗斯出口的商品结构状况为：纺织品及原料和鞋靴类产品所占比重逐步下降；机电类产品出口稳步增加，成为中国对俄罗斯出口的第一大类产品；高新产品出口额虽不断增长，但比重较低。俄罗斯向中国出口的商品结构状况为：依然以原材料为主，商品结构改善力度小；机电类产品出口量有所增加。由于进出口商品结构受地域因素及两国生产结构的调整和技术的提高的影响，短期内很难改变。

目前，中俄两国贸易商品结构层次低，主要是中方的劳动密集型商品与俄方的资源密集型商品的贸易，其主要原因在于两国产业结构问题，产业结构决定了进出口贸易的商品结构。贸易结构问题带给双边贸易的负面影响虽长期难以改变，但我们必须对这种现象保持关注，并予以解决。

二、贸易信息服务体系不健全

中俄贸易过程中贸易信息服务体系不完善、信息沟通渠道不畅，对中俄双边进出口贸易造成了消极影响。优质的服务保障体系可以大大加快贸易发展，调动企业的积极性。优良的贸易信息服务体系是贸易过程中的重要推动因素，因此，在经济全球化条件下，建立起完善的贸易信息服务体系是十分必要和迫切的。

三、相关政策的后续影响

从我国的角度来看，为大力发展对外贸易，20世纪90年代，国家和地方政府出台了诸多鼓励边境地区对外经贸发展，特别是对从事边境小额贸易的企业实施了税收减半的优惠政策。以黑龙江省为例，在国家政策的大力扶持和内外部环境的综合作用下，黑龙江省边境小额贸易进出口规模不断扩大，由2001年的10.9亿美元提高到2007年的54.1亿美元，增长近4倍，但增速呈现逐渐趋缓的态势。2008年10月，国家发布了边境小额贸易的新政策，按照《财政部、海关总署、国家税务总局关于促进边境贸易发展有关财税政策的通知》的要求，从2008年11月1日起边境小额贸易方式进口的商品一律照章征税，国家将通过增加转移支付方式进行补贴等一系列新的政策措施。这些新政策的实施，短期内不会扭转黑龙江省边境小额贸易低速前行的态势，长期可能会给该省发展边境小额贸易带来新的生机。新政策采取以专项转移支付的办法替代边境小额贸易进口税收减半征收，会提高企业的运营成本、缩小利润空间，对企业进出口积极性的影响较大；提高边民互市进口生活用品免税额度（每人每日人民币8 000元，原为3 000元），一定程度上鼓励了边民互市贸易；优先考虑在边境地区扩大以人民币结算办理出口退税试点政策、对在边境地区申请具有保税功能的跨境经济合作区，由海关总署在全国海关特殊监管区域宏观布局规划中统筹考虑等政策，一定程度上为企业从事进出口贸易创造了便利条件，有利于边境小额贸易的发展；支持边境口岸建设，安排专项资金对边境一类口岸查验设施建设和完善给予补助；税收减半的优惠政策取消后，口岸进出口货运量过少而造成口岸资源的浪费现象。不过，此项政策的实施有利于加强一类口岸建设和口岸资源的优化[1]。

从俄罗斯的角度来看，为了提高高附加值商品的出口，俄罗斯限制原木出口。自2007年以来，俄罗斯方面不断上调木材出口关税。2007年7月木材出口关税由6.5%上调到20%；2008年4月，又从20%上调到25%。2008年年底，俄罗斯方面曾宣布2009年将出口木材关税上调到80%以上，但是由于国际金融危机，这一政策暂缓执行。中国海关的统计数据显示，自2003年以来，中国进口俄罗斯木材的年增长率均超过了10%，最高达到了20%。2008年自俄罗斯进口量达到1 964万立方米，约占2008年中国全部木材进口量的56%。2009年，自俄罗斯木材进口超过了2 000万立方米[2]。俄罗斯限制原木出口、增加木材加工的国策已定，其原木出口关税未来还有调高的可能，俄罗斯计划在今后7至8年时间内对远东联邦区开采的木材完全实现境内加工，以加工木材出口取代原木出口。这意味着，俄罗斯执行出口木材关税上调到80%以上的政策后，中国自俄罗斯进口木材将出现相当幅度的下降，需要加大木材加工合作的力度。

俄罗斯限制原木出口等政策措施的实施，对中俄双边贸易的发展产生了较大的影响，要求中俄经贸合作应从以商品贸易为主向多元合作与贸易多元相结合、从一般初级合作向高科技产业合作、从原材料贸易向精深加工合作的转变。

❖ 四、国际竞争日益激烈

根据统计，目前俄罗斯自然资源总价值约为300万亿美元，居全球之首。俄罗斯西伯利亚和远东联邦区自然资源丰富，而且品种繁多，是各类资源储量最大的地区，开发潜力巨大。世界有关国家竞相与俄罗斯合作开发西伯利亚和远东联邦区的自然资源。例如，在对俄

---

① 《对黑龙江省边境小额贸易发展的简要回顾与展望》，http://www.customs.gov.cn/ctl/InfoDetail/mid/60432。

② 《俄罗斯木材出口关税上调八成》，http://www.zcom.com/rollnews/61332/。

森林资源合作开发方面，一些发达国家，如美、日、德等已先后在这两个地区进行投资，并获取了森林资源的开发利用权，一家美国公司投资 8 600 万美元租赁了大片森林，将在 49 年内每年开采 100 万立方米木材。此外，一些国际大公司也纷纷看好对俄的森林资源采伐市场，而韩国、马来西亚、新加坡等国已积极参与对俄罗斯远东联邦区森林的采伐。一家马来西亚公司投入 2 亿美元，取得了俄远东联邦区 60 万公顷森林的采伐权，采伐期为 49 年，年采伐木材 55 万立方米。中俄签订了《森林采伐协议》，俄方表示欢迎中国企业，特别是大型企业集团赴俄投资采伐森林并开展木材深加工①。

再如，在对俄能源领域合作竞争更为激烈。能源是俄罗斯的战略资源。俄罗斯拥有世界石油资源的 13%，天然气资源的 45%，煤炭资源的 23%。有关国家积极与俄罗斯开展能源领域的合作，共同开发俄罗斯东部地区，包括太平洋大陆架的燃料动力资源，在产品分成协议基础上开发萨哈林陆架的油气资源，开发科维克塔凝析气田等。

❖ 五、思想认识和社会心理因素的影响

中国有些部门和企业一般更重视与西方发达国家的经贸合作，对俄罗斯市场规模和潜力认识不够，未从全局的角度和战略高度认识到加强中俄经贸合作的重要性，在实际工作中对中俄两国实施合作项目的态度不够积极，支持力度不够大，这在一定程度上对与俄罗斯开展投资项目合作产生了负面影响。

从俄罗斯方面来看，国人对俄罗斯能源原材料等初级产品出口耿耿于怀，一直担心俄罗斯会沦为其他国家的原材料"附庸"，无法接受长期难以改变的现实。例如，俄罗斯有些人对中俄《中国东北地区与俄罗斯远东和东西伯利亚地区合作规划纲要（2009—2018）》的签署持反对态度，认为"俄罗斯成为又一个国家的原材料附庸，俄罗斯把远东和东西伯利亚原材料基地提供给了中国"②。这种片面的观点在一定程度上会影响到两国经贸合作的开展。

---

① 安岩：《从自然资源的视角解读俄罗斯的可持续发展问题》，《俄罗斯中亚东欧市场》2006 年第 1 期。

② По какой рубеж своя?http://www.anti-glob.ru/st/kitrsput.htm。

六、视野的局限

中俄经济贸易合作已经形成了对口区域的往来渠道，由于受到视野的局限，双方只习惯于已有的对象和合作地域。实际上，双方在合作的对象和地域方面仍然有很大的潜力和空间，需要进行认真的实地调研，寻找新的商机，扩大新合作伙伴的范围。

外国商品更加通畅地进入俄罗斯市场为其国内经济引入更激烈的竞争，将促使其国内企业加快转型，提高自身竞争力。此外，俄罗斯还将开放电信和银行等领域的投资，这将极大地促进外商对俄投资，创造更多的就业机会并激励本土企业进行创新和提高生产率。

第二节　中俄经贸合作的发展对策

中俄东部毗邻地区经济合作对于促进两国区域经济社会发展、稳定国家边疆安全等具有重要政治和经济意义。为了加强两国区域的经济合作，需要两国和地方层面有关部门采取措施尽快落实中俄东部地区合作规划纲要，并努力实现与东北亚和亚太地区的经济一体化。针对存在的影响中俄东部毗邻地区经济合作的不利因素，提出以下几点对策建议。

一、正确认识中俄东部毗邻地区经济合作的重要性

中俄东部毗邻地区经济合作在加强两国地区和双边的经济往来、维护边疆地区安全稳定、推动与东北亚地区的经济一体化进程等方面发挥着重要作用。中俄东部毗邻地区区域经济合作对于促进两国区域经济社会的共同发展、稳定两国边疆地区的国家安全、实现与东北亚和亚太地区的经济一体化具有较为重要的现实意义。这正是中俄两国区域间经济合作的重要性之所在。

因此，应采取措施尽快落实中俄东部毗邻地区合作纲要。中国东北与俄罗斯远东和东西伯利亚地区合作规划纲要为双方开展合作指明方向，规划合作路径和范围。中俄两国有关方面应积极行动起来，以互利共赢、共同发展、共同繁荣的正确、健康、平衡心态，共同采取

相应切实有效的措施，稳步推进中俄东部毗邻地区的经济合作向前发展。根据俄罗斯远东及外贝加尔地区开发纲要，制订并实施的《黑龙江省参与俄远东及外贝加尔地区开发行动计划》，重点推进外贝加尔边疆区阿玛扎尔林浆一体化、特洛伊斯克燃煤电站等项目。新签订对俄经济技术合作项目38项，合同额2.9亿美元，完成营业额2.7亿美元，增长15.3%；新增对俄投资项目61个，投资额8.34亿美元，增长22.4%。积极推动绥芬河综合保税区申报和规划建设工作。

❧ 二、大幅度扩大中俄相互投资规模

相互投资是改变中俄贸易商品结构的有效途径之一。目前，中俄两国相互投资规模不大，对机电产品贸易的拉动作用明显不足。中俄相互投资额累计100多亿美元，与两国的经济发展水平和规模极不相称。据《中国统计年鉴》统计，2009年中俄双方相互投资总额为3.8亿美金，其中包括中方对俄方投资3.5亿美元，俄方对我方投资0.3亿美元。2010年中俄相互直接投资额总为6.0亿美元，其中，中国对俄投资5.7亿美元，同比增长62.9%，俄罗斯对中国投资0.3亿美元。

中俄在相互投资方面已经取得了初步的经验，今后双方应从战略高度出发，发挥各自的特点和优势，积极扩大双向直接投资，包括资源开发、加工工业、高新技术成果转化和电子信息技术等领域的投资合作，以此带动机电产品和高新技术产品贸易的发展。

中俄两国已经签署了《中俄政府间投资保护协定》，建立了良好的投资促进机制。中俄双方将落实《中俄投资合作规划纲要》，扩大投资合作，继续本着平等、协商、互利、共赢原则，深化油气、核能、电力、新能源等领域的合作，构建能源战略合作关系，开展高技术和创新合作，加快两国产业升级，开展战略性大项目合作，共同提高两国经济国际竞争力，推进跨境基础设施建设，加快两国毗邻地区发展。

随着"一带一盟"对接合作规划的推进，经过共同努力，努力实现中俄贸易额2020年达到2 000亿美元，2020年中国对俄投资额达到120亿美元的目标。这有利于提升两国毗邻地区的经贸和投资合作的水平和质量。

❀ 三、加快境内外园区建设

哈牡绥东对俄贸易加工区建设高起点启动、高效率推进、高水平发展，产业集聚度进一步提高，区域经济发展内生动力明显增强，对黑龙江全省经济社会发展的引领和牵动作用日益突出。区域内加工中心、商贸中心、旅游中心、现代物流中心和会展中心建设成果显著。启动建设面积118平方千米，投放资金超过400亿元。18个园区共入驻上千个项目，可口可乐、江苏雨润等一批国内外知名企业落户园区。绥芬河综合保税区获国务院批准后，各项建设全面展开，已有20多家境内外企业确定入区投资。该区域将成为带动黑龙江省对俄经贸合作加快发展的引擎，成为深化中俄区域合作的战略支点，成为全国对俄经贸合作的重要平台和沿边开放的示范区。

2006年，为贯彻国家关于实施"走出去"倡议，经国务院批准，乌苏里斯克经贸合作区成为国家首批19个境外经贸合作区之一。该合作区是离我国最近的境外经贸合作区，是我国在俄设立的首个中国企业集中投资园区，也是当时我国在俄远东联邦区最大的非能源和资源类投资项目。

乌苏里斯克经贸合作区由黑龙江省东宁吉信集团、浙江康奈集团和浙江华润公司共同建设，规划面积2.28平方千米，总投资20亿元。合作区按生产类别和园区功能划分为5个区域：家电电子生产加工区、鞋类纺织生产加工区、木材综合利用精深加工区、物流园区和生活服务区，已累计完成3.3亿元的投资。来自浙江、福建、黑龙江等地的18家企业形成了汇集国内不同地区优势、共同开发俄罗斯市场的基本格局，并且效益已经显现。例如，2009年入区企业实现销售收入1.7亿美元，纳税1 900万美元，成为俄罗斯乌苏里斯克市的第一纳税大户。

国家主席习近平访问俄罗斯滨海边疆区期间，对乌苏里斯克经贸合作区给予了高度评价。合作区起步阶段态势良好，已经形成了一定规模的生产加工能力，受到了地方政府和人民的肯定和认同，赢得良好的社会反响，为我国企业在俄开展合作搭建了重要平台，也对改善中俄贸易结构、转变发展方式产生了积极的作用。乌苏里斯克经贸合作区通过科学规划，将朝着国际化、现代化、实业化的园区方向发展。

❖ 四、构建"双向点轴合作开发模式"和"网状经济合作模式"

中俄东部毗邻地区对应口岸城市之间逐步形成"双向点轴合作开发模式"。中俄东部毗邻地区的口岸城市和其他城市之间逐渐形成密切关联的"网状经济合作模式"。

在这两种模式下，中俄东部毗邻地区区域经济合作将使要素禀赋更加优化配置，充分发挥其优势，区域经济合作将得到稳步、快速发展，最终实现双方利益的最大化。

❖ 五、共建贸易信息服务平台

中俄双边贸易涵盖贸易谈判、结算、信贷、货物运输等多种贸易服务体系，需要不断加强服务型和谈判型的中介服务，如中俄分别设立专门的法律咨询、综合信息服务机构，为相关单位和个人提供法律和商务信息咨询，为中俄开展经贸合作提供较为全面、系统的信息服务。

❖ 六、积极应对新形势，适应新趋势

危机往往蕴涵合作机遇，中俄"贷款换石油"的合作项目的实施正是在国际金融危机背景下实现的。中俄东部毗邻地区的经济合作应积极应对新形势，尽快适应新趋势，推动区域合作的发展，实现与东北亚乃至亚太地区的经济一体化。

中国东北地区和俄罗斯东部地区在各自国家的经济社会发展中扮演着重要的角色、发挥着重要的作用。中国和俄罗斯先后提出了老工业基地振兴与东部地区经济开发国家政策，并着手实施相应的开发与振兴战略，俄罗斯加入世界贸易组织、成立远东联邦区经济发展部、APEC峰会在符拉迪沃斯托克举行、俄罗斯推行"向东看"战略、建立超前发展区和符拉迪沃斯托克自由港等诸多利好要素，均为中俄两国东部毗邻地区间开展经济合作带来了新的机遇，具有广阔的发展前景。

中俄东部毗邻地区区域经济合作已经呈现出新趋势：贸易秩序日益规范、合作主体层次不断提升（以具有一定规模的大中企业为主），表现在贸易与投资合作相结合，商品结构中高附加值，深加工商品比

例增加，地理布局扩大（从以口岸中小城市为主向以哈、大、齐、牡、佳等大中城市与口岸扩展），一般合作与产业（如通信信息产业、装备制造业、矿产资源开采与加工业等）合作相结合。

中国继续推进东北老工业基地振兴工作，积极促进与俄罗斯的经贸合作，双方努力开展产业互动。为与亚太地区经济实现一体化、加大远东联邦区的开发力度，并将该地区发展为俄罗斯在亚太地区的影响力中心，俄罗斯总统普京2012年5月签署命令，在政府中成立远东联邦区发展部，任命总统驻远东联邦区全权代表伊沙耶夫兼任远东联邦区发展部部长。伊沙耶夫说，俄罗斯非常重视开发远东联邦区。2015年，《俄联邦经济社会超前发展区联邦法》与《符拉迪沃斯托克自由港法》生效，使俄罗斯远东地区开发步入新阶段。

目前，该地区正在修建一些重要的交通和能源基础设施，建立各种类型企业，开设新的社会服务机构。俄罗斯的目标就是要集中力量，推动远东联邦区经济、社会实现大发展。

我们应抓住这一难得的机遇，利用好各种有利条件，不断增进双方的相互了解，巩固原有合作基础，努力挖掘合作潜力，推动双方向合作形式多样化、合作领域多元化、合作规模扩大化趋势向前发展，并且积极应对各种挑战，实现中俄东部毗邻地区区域经济合作互利共赢、共同发展、共同繁荣的目标。

参考文献

[1] Л. И. 阿尔巴金院士. 俄罗斯发展前景预测:2015年最佳方案. 北京:社会科文献出版社版,2001.

[2] 安德鲁·C. 库钦斯. 俄罗斯在崛起吗. 沈建,译. 北京:新华出版社,2004.

[3] А. А. 别洛乌索夫. 俄罗斯及其社会经济安全:观点、理论、实践. 符拉迪沃斯托克:国立远东大学,1998.

[4] 董晓阳. 走进二十一世纪的俄罗斯. 北京:当代世界出版社,2003.

[5] 顾志红. 普京安邦之道:俄罗斯近邻外交. 北京:中国社会科学出版社,2006.

[6] 海运. 叶利钦时代的俄罗斯·政治卷. 北京:人民出版社,2001.

[7] В. Л. 拉林. 九十年代上半期的中国与俄罗斯远东:地区合作问题. 符拉迪沃斯托克:远东科学出版社,1998.

[8] 普京. 普京文集. 北京:中国社会科学出版,2002.

[9] 斯·日兹宁. 国际能源政治与外交. 强晓云,史亚军,成键,等译. 上海:华东师范大学出版社,2005.

[10] В. К. 先恰戈夫. 经济安全:生产·财政·银行. 国务院发展研究中心国际技术经济研究所,译. 北京:中国税务出版社,2003.

[11] 郑羽,庞昌伟. 俄罗斯能源外交与中俄油气合作. 北京:世界知识出版社,2003.

[12] 殷剑平,陈明凡. 俄罗斯远东利用外资进程浅析. 西伯利亚研究,1999(6):6-12,16.

[13] 郑羽. 俄罗斯国家经济安全战略与1998年金融危机. 东欧中亚

研究,1999(6):47-54.

[14] 齐斌. 试析俄罗斯新时期的地缘战略. 欧洲,1999(3):52-58.

[15] 安·弗·奥斯特洛夫斯基,崔志宏. 俄罗斯远东和西伯利亚参与亚太地区经济合作的主要方向. 东北亚论坛,2000(4):32-34.

[16] 李国玉. 俄罗斯丰富的油气资源及其能源外交. 世界石油工业,2001(6):11-14.

[17] 施建新,王俊文. 今日俄罗斯市场. 北京:中国对外经济贸易出版社,2001.

[18] 孙午生. 俄罗斯外交政策分析. 东欧中亚研究,2002(3):10-13.

[19] 姜振军. 俄罗斯远东地区的国际经济合作问题. 东欧中亚研究,2002(10):9-14.

[20] 王义祥. 普京社会保障政策评析. 俄罗斯中亚东欧研究,2003(6):45-49.

[21] 陆忠伟. 非传统安全论. 北京:时事出版社,2003.

[22] 刘桂玲. 中俄能源管道合作的现状. 国际资料信息,2004(4):21-23.

[23] 刘军. 全球化与俄罗斯外交政策的形成:从戈尔巴乔夫到普京. 俄罗斯中亚东欧研究,2004(4):53-56.

[24] 王新俊. 俄罗斯军事安全战略与军队建设. 俄罗斯研究,2004(3):19-25.

[25] 许志新. 普京时期俄罗斯对外战略解析. 俄罗斯中亚东欧研究,2004(3):50-57.

[26] 徐向梅. 东北亚能源安全形势与多边能源合作. 国际石油经济,2004,12(10):25-29.

[27] 姜毅. 普京的军事改革与强军计划. 俄罗斯中亚东欧研究,2005(5):69-75.

[28] 李福川. 影响中俄石油管道项目的两个最重要因素. 俄罗斯中业东欧研究,2005(1):84-85.

[29] 张寅生,鲍欧. 俄罗斯科技创新体系改革进展. 经济社会体制比较,2005(3):56-62.

[30] 常喆. 俄罗斯自然资源总价值约300万亿美元居全球首位. 环球时报,2005-08-16(5).

[31] 乐峰. 东正教史. 北京:中国社会科学出版社,2005.

[32] 安岩. 从自然资源的视角解读俄罗斯的可持续发展问题. 俄罗斯中亚东欧市场,2006(1):18-23.

[33] 王海滨. 试论俄军武器装备现代化. 国际论坛,2007,9(4):63-68.

[34] 葛新蓉. 俄罗斯西伯利亚地区对外贸易发展战略评述. 商业研究,2007(5):24-27.

[35] 郭力. 中俄区域合作的"伞"型模式. 俄罗斯中亚东欧研究,2007(3):55-60.

[36] 崔亚平. 俄罗斯远东地区与亚太国家的经济联系. 俄罗斯中亚东欧市场,2008(8):34-40.

[37] 李中海. 普京八年:俄罗斯复兴之路(2000—2008):经济卷. 经济管理出版社,2008.

[38] 郑颖. 影响中俄旅游合作的主要因素及开发俄罗斯旅游市场的对策分析. 科技和产业,2008(1):23-25.

[39] 朱乃振. 全力打造中俄沿边开放先导区. 西伯利亚研究,2009(4):14-15.

[40] 张巍. 后普京时代俄罗斯对外贸易形势与外贸政策走向研究. 哈尔滨:黑龙江大学,2009.

[41] 孙键. 中俄科技合作重点项目管理模式与评价体系研究. 重庆:重庆大学,2009.

[42] 陆南泉. 中俄区域经贸合作发展趋势分析. 俄罗斯中亚东欧市场,2009(9):1-16.

[43] 钟建平. 黑龙江省与俄罗斯远东地区的农业科技合作. 西伯利亚研究,2010(4):38-41.

[44] 曹英伟,张淑华. 中国东北与俄罗斯远东西伯利亚地区网型经济合作模式可行性分析. 辽宁大学学报:社会科学版,2010,33(4):25-27.

[45] 王利荣. 俄罗斯远东地区吸引外资的态势分析. 广东技术师范学院学报:社会科学版,2010,31(2):41-43.

[46] 邹秀婷. 俄西伯利亚联邦区与中国贸易合作前景分析. 西伯利亚研究,2010,37(2):20-24.

［47］ 李华,杨恺. 俄罗斯矿产资源现状及开发. 中国煤炭地质,2012,
24(12):69-72.

［48］ 程敏,申达宏,张健. 世界大国(地区)文化外交·俄罗斯卷. 北京:
世界知识出版社,2014.

［49］ 黄登学. 普京新任期俄罗斯外交战略析论. 俄罗斯中亚东欧研
究,2014(2):43-52.

［50］ O. M. 普罗卡帕洛,A. Г. 伊萨耶夫,Д. B. 苏斯洛夫,等. 2013
年俄罗斯远东联邦区经济形势. 李传勋,译. 俄罗斯学刊,2015
(1):88-93.

［51］ 郭晓琼. 俄罗斯经济增长动力与未来发展道路. 俄罗斯研究,
2014(4):192-212.

［52］ 高际香. 制裁背景下的俄罗斯经济:困境与应对. 欧亚经济,2015
(2):2-9.

［53］ 孙景宇,胡秋阳,苏立君. 俄罗斯的结构转型与经济增长:基于国
内生产总值的产业解构研究. 数量经济技术经济研究,2016
(11):144-160.

［54］ 张红侠. 制裁与反制裁:俄罗斯经济困局及脱困之路. 俄罗斯东
欧中亚研究,2016(6):51-67.

［55］ 熊李力,潘宇. 乌克兰困局:俄罗斯外交的延续性与断裂性. 外交
评论:外交学院学报,2015(2):123-137.

［56］ 谢晓光. 普京时代俄罗斯公共外交政策评析. 当代世界与社会主
义,2016(3):168-173.